Hermann Rudolph Das erste Jahrzehnt

Hermann Rudolph

Das erste Jahrzehnt

Die Deutschen zwischen Euphorie und Enttäuschung

Mit einem Vorwort von Lothar de Maizière

Deutsche Verlags-Anstalt Stuttgart München

Die Deutsche Bibliothek — CIP-Einheitsaufnahme
Ein Titeldatensatz für diese Publikation ist bei
Der Deutschen Bibliothek erhältlich.

Typographische Gestaltung: Brigitte Müller
Satz: Sabon und Frutiger (QuarkXPress) im Verlag
Druck und Bindearbeit: Friedrich Pustet, Regensburg
Diese Ausgabe wurde auf chlor- und säurefrei gebleichtem,
alterungsbeständigem Papier gedruckt.
Printed in Germany

ISBN 3-421-05433-9

Inhalt

Schwierigkeiten mit dem ost-westlichen Seelenleben oder: Die Einheit wächst doch

Die neue Geschichte zehrt die alte auf oder: Auf dem Weg zur Berliner Republik

Vorwort

In den Jahren 1989 und 1990 erlebten wir Geschichte mit einer historischen Plötzlichkeit, wie sie sie nur wenige Generationen erfahren. Es war fast so, als hätten die alten Griechen das Wort *Kairos*, das Wort, das den einmaligen, günstigen Augenblick beschreibt, den Augenblick, der dem Menschen oder gar einer Nation schicksalhaft entgegentritt und der aber auch vom Menschen als der rechte Moment sinnvollen Handelns erkannt und genutzt werden muß, allein für uns erfunden. Alles gelang uns Deutschen! Die schandbare Mauer stürzte, in Ostdeutschland fanden freie Wahlen statt, Deutschland wurde zunächst Einig-D-Mark-Land, dann auch Einig-Vaterland, selbst die Alliierten beeilten sich und unterzeichneten in Moskau, in der Hauptstadt des altbösen Feindes, so etwas Ähnliches wie einen Friedensvertrag, den sie Zwei-plus-vier-Vertrag nannten. Und weil all dies nicht reichte, wurde Deutschland Fußball-Weltmeister, und Boris Becker gewann das Tennis-Turnier in Wimbledon.

In diese Situation hinein, genaugenommen: am Tag der Feier der Wiedervereinigung, schrieb Hermann Rudolph seinen Leitartikel »Der erste Tag der Einheit«, mit dem dieser Band beginnt. Während die Festakte und Volksfeste noch andauerten, stellte er die Frage, ob Theodor Heuss nicht doch recht gehabt habe, als er, fast vierzig Jahre vorher, meinte, daß die »deutsche Geschichtsmelodie zerbrochen« sei. Wenige Monate später fragte er gar in einem anderen Kommentar: »Verspielen wir die Einheit?« Die Artikel wurden zwar gelesen, doch hören wollte es, so schien es mir damals, keiner. Wenn die Fahne flattert, ist der Verstand in der Trompete, lautet ein altes russisches Sprichwort. In solchen Zeiten hat der Zuhörer kein Ohr für leise, vielleicht sogar bratschenartige Töne.

»Das erste Jahrzehnt« im Titel dieses Buch: das sind die Jahre des wiedervereinten Deutschland, die wir erlebt haben. Hermann Rudolph hat dieses Dezennium mit seinen Leitartikeln begleitet – in den ersten Jahren, in denen sich die Ereignisse noch überschlugen, in kurzer Folge, später, als der Rhythmus dieses Prozesses sich änderte, in größeren Abständen. Es sind Zeitungsartikel, geschrieben für den Tag, immer wieder neu ansetzend, um das Geschehen zu kommentieren, zu deuten, zu erhellen. Die hier getroffene Auswahl ruft uns in Erinnerung, daß die alten Griechen nicht nur das Wort *Kairos*, sondern auch das Wort *Chronos* hatten, das Wort, das für die gleichförmig fließende Zeit steht. Doch zusammengenommen geben diese Artikel einen Eindruck von dem Weg, den die Bundesrepublik in dieser Zeit gegangen ist. Verknüpft mit kurzen »Ortsbestimmungen« der Situation, aus der heraus und auf die bezogen diese Artikel geschrieben worden sind, entsteht so etwas wie eine Geschichte dieser Dekade – eine Geschichte, die gerade dabei ist, ein eigener Geschichts-Abschnitt zu werden, die es vielleicht schon ist, jedenfalls eine Geschichte, die noch qualmt, wie man mit einem Wort der Historikerin Barbara Tuchman sagen kann.

Rudolphs Leitartikel sind kompetent, engagiert und bei aller Besorgtheit doch nicht larmoyant. Sie zeichnen sich aus durch eine aus seiner Biographie erklärbare Betroffenheit. Aus dem Osten in den fünfziger Jahren in den Westen gegangen, hat er wie manch anderer seiner Generation die Teilung besonders schmerzhaft empfunden und an die Herstellung der deutschen Einheit wie an einen verbotenen Traum gedacht. Der Traum war so verboten, daß die meisten ihn sogar vor sich selbst verheimlichten. Um so wichtiger war es ihm, den Prozeß der Vereinigung journalistisch zu begleiten, nachdem der Traum doch wahr geworden. Er beweist dabei ein unabhängiges Urteil und mißt mit dem bei diesen Themen notwendigen rechten Maß, das heißt mit der notwendigen intellektuellen Distanz und zugleich mit emotionaler Nähe. Man spürt in jeder Zeile: es ist ihm nicht gleichgültig, was aus Deutschland einig Vaterland wird.

Es hat seine eigene Faszination, die Stationen dieser kurzen und zugleich so ereignisreichen Zeitspanne noch einmal Revue passieren zu lassen – ihre Erwartungen und Befürchtungen, ihre Hoffnungen und Enttäuschungen, ihre Aufschwünge, Wendungen und Einbrüche. Der Streit um Berlin als Parlaments- und Regierungssitz begegnet uns ebenso wie die vielbeschworene Mauer in den Köpfen. Die Stasi-Debatte und der Versuch, mittels zweier Enquete-Kommissionen des Bundestages unsere Geschichte zu begreifen, kommen zur Sprache und die mehr oder weniger hilflosen Versuche der strafrechtlichen Geschichtsaufarbeitung. Der Autor lenkt den Blick auf die Veränderung des Parteiengefüges in den neuen Ländern, aber auch auf das Ringen um den Umbau der ostdeutschen Wirtschaft und den Streit um die Eigentumsfrage. Die Schlag- und Reizworte dieser Jahre: De-Industrialisierung, Verteilungskonflikte, Rückgabe statt Entschädigung, fortdauernde Ungleichgewichtigkeit bei Einkommen, politischen Ämtern, Besitz- und Vermögensverhältnissen – wieder eingetaucht in die Aktualität von damals gewinnen sie den spezifischen Stellenwert, den sie für den Vereinigungsprozeß hatten. Was dem Beobachter heute im Rückblick teils als Erfolgsgeschichte, teils auch als Fehlentwicklung erscheint, wird erkennbar als Gratwanderung zwischen dem Gewollten und dem Machbaren, als immerwährendes Vorbeisteuern an größeren und kleineren Übeln, als atemberaubendes Wagnis.

Und noch etwas zeigt uns dieses Buch: Zurückschauen, Erinnern ist nicht nur Trauerarbeit. Es kann auch erleichtern. Es vermag uns sogar eine gewisse Genugtuung einzuflößen, indem es die Erkenntnis vermittelt: Was haben wir nicht schon alles hinter uns gelassen und geschafft! Wie überschrieb Rudolph seinen Leitartikel im *Tagesspiegel* zum 2. Oktober 1995, dem fünften Jahrestag der Wiedervereinigung? »Und die Einheit wächst doch.«

Berlin, im Juli 2000 *Lothar de Maizière*

Einheitsjubel und politische Alarmglocken oder: Lernen in der Krise

Der erste Tag der Einheit

4. Oktober 1990

Am 3. Oktober 1990 wird in Berlin, 45 Jahre nach Kriegsende, vierzig Jahre nach der Gründung zweier deutscher Staaten, die staatliche Wiedervereinigung Deutschlands vollzogen. Der Tag markiert weniger den Beginn der Einheit als eine Station in dem Prozeß, der mit dem Mauerfall am 9. November 1989 begonnen hat, überlagert von den Problemen, die mittlerweile aufgebrochen sind. Anders als der 9. November, bei dem die Geschichte selbst Regie geführt hat, ist die Wahl dieses Tages die Folge praktischer Abwägungen. Einerseits sollte die außenpolitische Absicherung der deutschen Einheit mit der Unterzeichnung des Zwei-plus-vier-Vertrags abgewartet werden, die am 12. September in Moskau stattfand. Andererseits wollten die ostddeutschen Parteien die Vereinigung vor dem 7. Oktober, dem Staatsfeiertag der DDR, vollziehen. So wird der 3. Oktober zum Tag der Einheit.

Theodor Heuss, der erste Bundespräsident, hat seine Klage über den Gang der deutschen Dinge einmal in das Wort gefaßt, daß die »deutsche Geschichtsmelodie zerbrochen« sei. So begriff er, der im Einheitsstaat des Kaiserreichs aufgewachsen und in der Weimarer Republik zur politischen Wirksamkeit gelangt war, die tiefen Folgen, die der Höllensturz des Dritten Reichs und die deutsche Spaltung dem Schicksal der Deutschen zugefügt haben. In den Jahrzehnten, in denen die Teilung unaufhebbar zu werden schien, mag die Bereitschaft, ja, die Fähigkeit, die Dinge so zu empfinden, verblaßt sei. Nun, nachdem Deutschland wieder eins geworden ist und sein Einswerden gefeiert hat, stellt sich die Frage: Hebt diese Geschichtsmelodie wieder an? War etwas von ihr in dieser Nacht und an diesem ersten Tag der Einheit vernehmbar?

Man muß darauf heute noch keine Antwort geben. Es genügt die Frage zu stellen, um die historische Dimension dieses Tages heraufzurufen. Die war freilich ohnedies gegenwärtig, nicht zuletzt in der Zeremonie, mit der der Übergang von der Zeit der Zweistaatlichkeit zum neuen, einheitlichen Deutschland in Berlin begangen wurde. Denn es ist ein Vorgang von unübertreffbarer symbolischer Bedeutung, daß sie – wie das Volksfest, das sie begleitete – in eben dem Geviert stattfand, das auch der Schauplatz so ziemlich aller entscheidenden Ereignisse war, welche die nationale Geschichte von der Revolution von 1848 an bestimmt haben, im guten wie im bösen. Mehr noch: Es ist von kaum noch zu steigernder Demonstrationskraft, daß die Einigung an der Stelle, in der Mitte Berlins, zelebriert wurde, wo sich die tiefe Versehrtheit der deutschen Geschichte mit Mauer und Todes-Zone über die Jahrzehnte hinweg gegen die Normalität verteidigte, die in die beiden deutschen Staaten einzog.

Man wird, ohne zu beschönigen, einräumen müssen, daß der Ablauf der Vereinigungsfeier wie die offiziösen Worte, die ihren Sinn zu exemplifizieren suchten, dieser historischen Bedeutung entsprachen – soweit das Gesten, Prozeduren und Worte vermögen. Es bleibt ja ein erstaunlicher Vorgang, daß die Reden, die da gehalten wurden, eigentlich nie in die Gefahr der selbstgenügsamen, gar der selbstsicheren Selbstfeier gerieten. Selten mag ein Ereignis, das Gefühle und Stimmungen derart herausforderte, so ohne nationalen Überschwang begangen worden sein. Statt dessen Fragen, Mahnungen, Nachdenkliches die Fülle, zumal in den Staatsakten in Ost-Berlin und in der West-Berliner Philharmonie: Zeugnisse der Einsicht in die vielfältigen Bedingtheiten – und Gefährdungen – der deutschen Existenz, aber auch wohl Beschwörungsformeln, das unverhoffte Glück nicht zu versuchen.

Und es ist ja wahr: Auch über der Feier der Vereinigung lag noch immer die Ahnung, einen Vorgang zu erleben, dessen Tragweite sich dem Begreifen entzieht. Verwundern muß das nicht: wenn ein Zeitraum zu Ende geht, der über den Gedächtnis-Horizont der meisten Lebenden hinausreicht, der, andererseits, zu lang war, als daß ihm die Lebensdauer vieler hätte standhalten können, braucht es seine Zeit, um ein Bewußtsein der neuen Gegenwart zu gewinnen. Aber vieles hängt für die Zukunft des vereinigten Deutschlands davon ab, daß wir wirklich begreifen, was geschehen ist. Der Bundespräsident hat es in der ihm eigenen nüchternen Eindringlichkeit umrissen: daß die Deutschen nun zum erstenmal »keinen Streitpunkt auf der europäischen Tagesordnung« bilden, weil das ganze Deutschland seinen »dauerhaften Platz im Kreis der westlichen Demokratien findet«. Es ist schon fast so etwas wie das Versprechen der Auflösung der Knoten und Verstrickungen, mit denen die Deutschen und ihre Nachbarn seit Generationen rangen.

»Wodurch hat man die Gnade Gottes verdient, so große und mächtige Dinge erleben zu dürfen? Und wovon wird man nachher leben?« So beschrieb der nationalliberale Historiker Heinrich von Sybel sein Erlebnis der Reichseinigung von 1871. Etwas von einer solchen Überwältigung des Gemüts mag auch noch die Mit-Erlebenden der dramatischen Entwicklung berühren, die vom 9. November des vergangenen Jahres bis zum gestrigen Tage reicht. Ganz anders stellt sich heute die Frage nach der Zukunft, und es gehört zu den Verdiensten der Festredner, daß sie diesem Umstand nichts schuldig blieben. Keiner ließ im unklaren, wovon und woraufhin wir demnächst leben müssen. Keiner versäumte, dem Prozeß der inneren Wieder-Vereinigung der Deutschen aus dem Westen und dem Osten einen zentralen Rang zuzumessen. Niemand vergaß, darauf hinzuweisen, welcher Zuwachs an europäischer und weltpolitischer Verantwortung mit der Einheit verbunden ist – und sein muß, wenn sie zugleich ein Kapitel in der Geschichte der Einigung des ganzen Europa sein soll. Denn jene Präambel des Grundgesetzes, die uns vom Beginn der Bundesrepublik an zur Einheit gemahnt hat, enthält auch den verpflichtenden Hinweis auf Europa. Insofern war EG-Präsident Delors jetzt nicht zufällig in Berlin.

Doch auch die kleinen symbolischen Akte werden zählen: Nun muß man nicht mehr die künstliche Umschreibung »gesamtdeutsch« bemühen, um die Gemeinsamkeit der Nation zu beschwören. Gewiß blieben die beiden deutschen Staaten immer verwiesen auf jenes Deutschland, das beide nicht waren, aber ohne das beide auch nicht gewesen wären, was sie vier Jahrzehnte lang darstellten, und das sie deshalb auch nicht abschütteln konnten. Aber erst seit gestern – so schlicht wie pathetisch ausgedrückt – gibt es Deutschland wieder.

Verspielen wir die Einheit?

6. Januar 1991

Der Jahresanfang 1991 steht im Zeichen wachsender Verunsicherung in den neuen Ländern. Zwar ermittelt das Demoskopische Institut Allensbach, daß 50 Prozent der Ostdeutschen mit Hoffnungen in das neue Jahr gehen, nur 22 Prozent mit Befürchtungen. Zugleich spitzt sich die wirtschaftliche Lage rapide zu. Bereits im zweiten Halbjahr 1990 war die Produktivität etwa auf die Hälfte ihres früheren Niveaus zurückgegangen, die Arbeitslosigkeit auf mehr als das Doppelte gewachsen. Dazu kommt eine massive, in dieser Form unerwartete Massenabwanderung von Ost nach West. Pro Monat verlassen rund 10000 Menschen Sachsen, klagt der sächsische Wirtschaftsminister Schommer in den ersten Januartagen. Auch der brandenburgische Ministerpräsident Manfred Stolpe erwartet eine weitere Verschärfung der Situation, glaubt allerdings auch, im Herbst werde »Licht am Ende des Tunnels« zu sehen sein.

Jeder weiß es, keiner verschweigt es, aber dennoch ist am Beginn dieses Jahres, das das Jahr 1 der vollzogenen deutschen Vereinigung ist, die Feststellung alles andere als überflüssig: Es steht nicht gut um diesen Jahrhundert-Prozeß der Zusammenführung der beiden Teile – jedenfalls nicht so, wie zu hoffen war und zu wünschen wäre. Die praktischen Probleme, welche die Vereinigung aufwirft, haben zumal die Bewohner der Länder der ehemaligen DDR tiefer in Existenz-Sorgen und Befindlichkeits-Unsicherheiten hineingerissen, als das irgendeiner gedacht hätte. Aber mehr noch als die Latte der Schwierigkeiten, die sich beim Blick auf den Einigungsprozeß aufdrängt – die Arbeitslosigkeit, die Hiobsbotschaften von Firmen-Zusammenbrüchen, die Hemmnisse beim Aufbau von Wirtschaft und Verwaltung –, muß etwas anderes betroffen machen. Es ist die Stimmungslage, die offenbar in den neuen Bundesländern um sich greift. Denn zu registrieren sind da nicht nur Unzufriedenheit, Ratlosigkeit und Ängste, die angesichts der Situation kaum überraschen können. Unübersehbar ist so etwas wie ein Absinken, ja ein Umschlagen der seelischen Temperatur im Lande. Es hat, sieht man auf den grandiosen Vorgang, der sich im letzten Jahr vollzogen hat, dramatische Züge.

Dabei besteht für Pessimismus eigentlich kein Anlaß, jedenfalls auf längere Sicht. Kaum etwas von dem, was sich in den neuen Ländern vollzieht, war nicht zu erwarten, und daß es – was fatalerweise nicht zu bestreiten ist – realiter nicht erwartet wurde, nun also Bestürzung hervorruft, hat seinen Grund teils in wider besseres Wissen gepflegten Illusionen, teils in den Unabsehbarkeiten des Einheitsprozesses selbst. Andererseits ist ernstlich gar nicht daran zu zweifeln, daß es sich bei den gegenwärtigen Nöten größtenteils um die Schleifspuren eines notwendigen Umbaus handelt. Ungewiß ist nicht die Zukunft, sondern die Gegenwart: Alle politische und wirtschaftliche Logik spricht dafür, daß die Ex-DDR-Länder in ein paar Jahren über den Berg der Probleme sind, vor denen sie im Moment so verzagt stehen.

Überraschen muß nicht einmal die Neigung der Deutschen im Westen wie im Osten, nun, nachdem die Einheit erreicht ist, wieder zurückzufallen in alte Vorstellungen und Vorbehalte: westdeutsch-bundesdeutsch hier, östlich-teildeutsch dort. War nach vierzig Jahren Teilung denn im Ernst zu erwarten, daß die Menschen von gestern auf heute realisieren, also als *ihre* Wirklichkeit annehmen, was nun Realität geworden ist: daß nämlich die Probleme im Osten nun nicht mehr etwas sind, was »denen dort« zugestoßen ist, sondern unser aller Probleme – wie umgekehrt für die Ex-DDR-Bürger die Bundesrepublik, vulgo »Be-Err-De« nicht mehr das ganz andere, jenseits der Zäsur des Rentenalters Gelegene ist, sondern das Eigene? Es ist richtig und notwendig, sich nicht damit abzufinden, daß uns die Teilungsgeschichte, die wir hinter uns haben, noch immer in ihren Fängen hält. Aber auch der Umzug der Gefühle und Vorstellungen in das gemeinsame Deutschland braucht Zeit.

Um so gefährlicher ist die Verschiebung ins Graue, Mutlose, Resignative, die in den neuen Bundesländern zunehmend in öffentlichen Auseinandersetzungen wie in privaten Bekenntnissen zutage tritt. Es verschlägt da nichts, daß vieles, was da zu hören ist – von der Klage über westliche Überfremdung bis zum plötzlich erwachten Eindruck, daß »doch nicht alles schlecht war« an der alten DDR –, der komplizierten Lage im vereinten Deutschland nicht gerecht wird. Das Gefühl das dahinter steht, ist so massiv wie deprimierend; in ihm schlägt sich die Befürchtung nieder, daß es trotz Einheit und politisch-staatlichem Umbau »doch nichts wird«. Das sind die Zweifel, aus denen die Pläne gemacht sind, gerade jetzt in den Westen abzuwandern; die Zahlen, die etwa der sächsische Wirtschaftsminister Anfang der Woche genannt hat, fordern unsere Aufmerksamkeit nicht zuletzt deshalb heraus, weil sie ein Indikator für das Ausmaß dieser Stimmungslage sind.

Diese Entwicklung in den neuen Bundesländern muß die politischen Alarmglocken läuten lassen, denn sie gehen an den Nerv des Einigungsprozesses. Psychologie ist, man weiß es, die Hälfte des wirtschaftlichen Erfolges. Nicht anders verhält es sich mit der gewaltigen Operation, welche die Zusammenführung der beiden, einander entfremdeten Teile im allgemeinen und die politische und ökonomische Rekultivierung der Ex-DDR im besonderen darstellen. Keine noch so überlegte Politik, kein Förderprogramm, selbst nicht die großzügigste Finanzausstattung und die Unterstützung westlicher Fachleute kann den neuen Bundesländern auf die Beine helfen, wenn den Menschen dort der Mut abhanden kommt, ihre Angelegenheiten in die eigenen Hände zu nehmen und selbstbewußte Bürger der neuen Bundesrepublik zu werden. Wo aber der Prozeß der Vereinigung nicht mehr als Anlaß zur Freude, sondern vor allem als Verunsicherung empfunden wird und an die Stelle der Genugtuung, die er am Anfang auslöste, das Gefühl der Bedrückung tritt – und das scheint vielfach in den neuen Bundesländern der Fall zu sein –, besteht die Gefahr, daß die Motivation für die Gestaltung der Einheit versiegt.

Das ist nicht nur ein Problem, das die Deutschen im Osten betrifft. Es geht auch die Deutschen im Westen an, und zwar nicht nur als Mitbetroffene, sondern, durchaus in einer aktiven Rolle, als Hauptträger der Politik in der neuen Bundesrepublik. Denn das Unbehagen am Fortgang des Einheitsprozesses hängt eben auch damit zusammen, daß die Politik gegenwärtig weit davon entfernt ist, auf der Höhe der Aufgaben zu sein, die ihr die Vereinigung stellt. Denn was hätte sie denn in der gegenwärtigen Lage zu leisten? Sie müßte die Perspektive der Vereinigung im Bewußtsein der Menschen diesseits wie jenseits der früheren Grenze wachhalten – gegen die Macht der politischen Routine, die diversen Egoismen und die Versuchung, sich zurückfallen zu lassen in die alten teil-deutschen Gewohnheiten. Doch gerade davon kann nicht die Rede sein.

Denn die deutsche Politik bleibt bislang dem Einigungsprozeß der Konsequenz, die Einfühlungsgabe und den historischen Atem schuldig, den dieses Unternehmen doch brauchte. Oder ist etwa bei den laufenden Koalitionsgesprächen – in Bonn wie in Berlin – etwas zu spüren von den besonderen Aufgaben, vor denen die zu bildenden Regierungen in den nächsten Jahren stehen? Sie kultivieren, im Gegenteil, unverdrossen jene Positions- und Koalitionsspielchen, die Politiker interessieren und das Publikum amüsieren. Es reicht ja nicht einmal dazu, im Präsidium der ersten gesamtdeutschen Volksvertretung – ein Gremium, in dem ohnedies weniger Macht als symbolische Gesten dominieren – den Anspruch der Abgeordneten aus dem Osten auf Teilhabe an der gemeinsamen Repräsentanz gebührend zu verdeutlichen.

Natürlich, jenes Zusammenwachsen von hüben und drüben, von »Ossis« und »Wessis«, das die Versprechung der Einheit ist, kommt bestimmt; es wird sich aus dem schlichten Zusammenleben ergeben. Aber *wie* diese Einheit kommt, mit welchen äußeren und inneren Kosten, mit welchen Fehlentwicklungen und welchen Verlusten an Substanz: das ist durchaus noch offen. Hier liegt die Aufgabe der Politik. Sie muß diesen Prozeß mit Bedacht, Sensibilität und Phantasie steuern. Gegenwärtig, am Beginn des Jahres 1 der deutschen Einheit, sieht es eher danach aus, daß sie diese Aufgabe verfehlt.

Ein Blickwechsel ist fällig

10. Februar 1991

Angesichts der sich dramatisch verschlechternden Lage in den neuen Ländern wächst die Nervosität der Politiker. Überall ertönt der Ruf nach Aktionsplänen. Anfang Februar plädiert der FDP-Vorsitzende Otto Graf Lambsdorff für einen Vorschuß an die neuen Länder in Höhe von mehreren Milliarden. Auf 60 Milliarden DM ist das wirtschafts- und beschäftigungspolitische Sofortprogramm beziffert, das der DGB verlangt. Der sächsische Ministerpräsident Kurt Biedenkopf droht mit einer Verfassungsklage, wenn der Bund und die alten Bundesländer sich nicht bis spätestens Mitte März auf ausreichende Finanzhilfen einigen. Die Bundesregierung kündigt ein großangelegtes Hilfsprogramm an. Zum ersten Mal spricht sie auch von der Möglichkeit von Steuererhöhungen – das Tabu, daß es keine Steuererhöhungen wegen der Einheit geben werde, wird brüchig.

Muß es eigentlich sein, daß die Politik ein Problem erst dann wirklich wahrnimmt, wenn es knüppeldicke kommt? Offenbar muß es so sein. Insofern bestätigt die Auseinandersetzung, die sich an der Finanzmisere der neuen Bundesländer entzündet hat, nur eine alte, fatale politische Regel. Denn die Hiobsbotschaften, die Politiker und Öffentlichkeit jetzt aufschrecken, können im Ernst niemanden überraschen. Wer hören wollte, konnte die Knirsch-Geräusche und das Enttäuschungsgemurre seit langem wahrnehmen, die von dort herüberdrangen, wo früher »drüben« war. Nur blieben die Klagen darüber, es gehe weder mit dem wirtschaftlichen Umbau noch mit der politisch-administrativen Erneuerung so voran, wie es gehen müßte, wenn denn vermieden werden soll, daß die Erfolge auf diesem Wege nicht immer wieder von den Sorgen aufgefressen werden, undeutlich und fern wie hinter einer Milchglasscheibe. Erst der Umstand, daß Städte wie Leipzig und Dresden nun vor dem finanziellen Offenbarungseid stehen, und die neuen Länder nicht wissen, wie sie ihre Haushalte aufstellen sollen, hat diesen Problemen den Zutritt zur politischen Bühne erzwungen.

Inzwischen kann kein Zweifel mehr daran sein, daß die deutsche Vereinigung in eine Gefahrenzone geraten ist. Bei der finanziellen Malaise, die in den neuen Bundesländern nun offenbar geworden ist, geht es ja nicht nur um die Lücken und Löcher, die überall immer mal wieder aufklaffen, wo mit öffentlichen Geldern umgegangen wird; damit würden unsere Haushalts- und Steuer-Dompteure schon fertig werden. Die drohenden finanziellen Einbrüche signalisieren eine tiefe Instabilität der Verhältnisse. Weil die Wirtschaft noch weit davon entfernt ist, anzuspringen, fehlt es Ländern und Kommunen an Einnahmen. Weil die öffentliche Hand schwach ist, kann sie die Rahmenbedingungen nicht schaffen, die die Wirtschaft brauchte. Hier droht ein Kreislauf der Demotivierung, der, wird er nicht durchbrochen, alle Anstrengungen ins Leere gehen ließe. Was sich hier spürbar macht, ist, natürlich, die Zerrüttung von Wirtschaft, Verwaltung und Politik, die das schwere Erbe von 40 Jahren SED-Herrschaft ist. Aber inzwischen schützt die Bestürzung darüber, was alles hinter der Fassade real-sozialistischer Biederkeit falsch gemacht worden ist, nicht mehr vor der Frage, ob wir richtig machen, was nun an der Zeit ist.

Es liegt auf der Hand, daß alle bisherigen Vorstellungen über die Finanzierung der deutschen Einheit von der Entwicklung über den Haufen geworfen worden sind. Das ist eine deprimierende Einsicht, denn an der Professionalität der Beamten und Politiker – und auch in ihrem guten Willen –, die diese Vorstellungen erarbeitet haben, kann kein Zweifel bestehen. Zur Erklärung reicht auch der Verweis auf die Knausrigkeit nicht aus, mit der die Bundesrepublik das Jahrhundert-Unternehmen Einheit finanziell ausgestattet hat – obwohl er so berechtigt wie beschämend ist, zumal in bezug auf die alten Bundesländer, die glaubten, sich mit ihrem Beitrag zum »Fonds deutsche Einheit« von allen weiteren Belastungen freikaufen zu können. Die Ursache liegt tiefer. Sie ist begründet in den politischen und mentalen Verwerfungen, die der Einigungsprozeß nach vierzig Jahren getrennter, immer stärker auseinanderdriftender Entwicklung zu tragen und auszutragen hat: Es kann keine Frage mehr sein, daß auch der Rahmen für die Finanzierung der Einheit zu sehr aus dem Geist der Alt-Bundesrepublik heraus entworfen ist.

Es fehlt ja in den neuen Bundesländern weitgehend an den Experten, Erfahrungen und Mechanismen, die für ein konsolidiertes, funktionierendes Staatswesen wie die Bundesrepublik so selbstverständlich sind, daß man sie schon gar nicht mehr als notwendige Voraussetzung in Rechnung stellt. Was unter diesen Bedingungen richtig ist, braucht es in der Ex-DDR – die bisher eben nur nach Recht und Form, aber nicht nach ihrer Wirklichkeit Bundesrepublik ist – noch lange nicht zu sein. Geld allein genügt deshalb auch nicht, um den neuen Ländern aus der finanziellen Misere herauszuhelfen. Zumindest ebenso wichtig ist die Forderung des In-Gang-Bringens der Verwaltung – zu deutsch: die energische Förderung der Tätigkeit westdeutscher Beamter im Osten, der Schulung ostdeutscher Aspiranten, schließlich der Aufbau der Verwaltungsstrukturen überhaupt, eingeschlossen einer Gemeinde- und Kreisreform, die unumgänglich ist, um leistungsfähige Einheiten zu schaffen. Denn eine funktionierende Verwaltung ist die vielleicht wichtigste Bedingung dafür, daß die Bemühungen um die Wiederbelebung der fünf Länder wirksam werden.

Von der »Umsetzungsleistung«, die von den Menschen in der DDR in bezug auf die neu auf sie hereinstürmenden Probleme erbracht werde, hat der sächsische Ministerpräsident Biedenkopf gesprochen; es stellt sich die Frage, ob Politik und Gesellschaft im Westen ihren Teil an dieser Leistung, die der vielleicht entscheidende Beitrag zum Gelingen der Einheit ist, schuldig bleiben. Die Frage betrifft nicht nur die finanziellen Schwierigkeiten, die sich im Moment hervordrängen. Muß für den Umbau der Landwirtschaft einzig der bäuerliche Familienbetrieb das Leitbild sein? Immerhin trifft die – notwendige – Roßkur auf Dörfer, denen zwei Generationen bäuerlichen Lebens fehlen. Die an die Fundamente gehende Umgestaltung von Hochschulen und Akademien muß sein. Ist es richtig, sie (fast) nur auf administrativem Weg – via »Abwicklung« – zu betreiben, ohne öffentliche Debatte und Begründung? Bei der Aussprache zur Regierungserklärung von

Kanzler Kohl hat der Abgeordnete Schultz, für das Bündnis 90 im Bundestag, dem gegenwärtigen Stand der deutschen Einigung das alarmierende Etikett aufgeklebt, indem er Willy Brandts historische Formel – nun wachse zusammen, was zusammengehört – beschwörend umbog: wenn wir nicht aufpaßten, falle »endgültig auseinander, was zusammengehören soll«. Fragen wie diese sind das Feld, auf dem sich das entscheidet.

Im übrigen zeigt nicht nur die Drohung des sächsischen Ministerpräsidenten, notfalls in Sachen Finanzausstattung der neuen Länder das Verfassungsgericht anzurufen, daß mit dieser Auseinandersetzung eine neue Stufe des Einigungsprozesses erreicht ist. Die neuen Länder treten nicht mehr als Bittsteller auf; sie fordern den Anteil am Leistungsvermögen der Bundesrepublik ein, auf den sie als Teilhaber der deutschen Staatlichkeit Anspruch haben. Die finanziellen Regelungen des Einigungsvertrages, deren Kern ja eine Ausnahme von den Grundsätzen der bundesstaatlichen Ordnung war – nämlich die Aussetzung des Finanzausgleichs zugunsten der Leistungen aus dem »Fonds deutsche Einheit« –, können dagegen keinen Bestand haben, im Rechtlichen sowenig wie im Praktischen. Denn es wäre eine Illusion, wenn jemand im Westen glaubte, man könne sich im Bundesstaat Bundesrepublik auf Dauer dem Forderungs-Druck entziehen, den es im Osten gibt – und so lange geben wird, wie nicht ein spürbarer Schritt in Richtung auf eine Gleichartigkeit der Lebensverhältnisse getan sein wird.

Daß der finanziellen Misere in den neuen Ländern mit Geld allein nicht abzuhelfen ist, bedeutet, versteht sich, nicht, daß die bisherige Politik der bestenfalls einen wohlkalkulierten Spalt geöffneten Taschen fortgesetzt werden könnte. Im Gegenteil: nur wer hier schnell – und generös – hilft, hilft wirklich. Dringlich ist jedenfalls ein Sofortprogramm, das Ländern und Städten über ihre Liquiditäts-Probleme hinweghilft. Aber unumgänglich ist es auch, die Maßstäbe für die Verteilung der Lasten neu zu bestimmen. Sie sind bislang noch, bewußt oder unbewußt, orientiert an den Vorstellungen und Möglichkeiten der Alt-Bundesrepublik. Sie müssen ausgerichtet werden – daran führt kein Weg vorbei – an den Erfordernissen des Zusammenwachsens des ganzen Deutschland.

Der Maßstab für Berlin

24. Februar 1991

Im Einigungsvertrag wurde Berlin zur deutschen Hauptstadt erklärt, die Frage des Sitzes von Parlament und Regierung jedoch – auf Druck der westdeutschen Länder – offen gehalten. Seither gehen die Wogen der Debatte über das künftige politische Zentrum der Bundesrepublik hoch und wirbeln tiefe Sentiments und Ressentiments auf. Die Kritiker einer Entscheidung für Berlin beschwören die Gefahr, daß damit die mit Bonn verbundene demokratische Nachkriegs-Entwicklung der Bundesrepublik in Frage gestellt werden könne, befürchten die Wiederkehr Preußen-Deutschlands und Schaden für den Föderalismus. Die Befürworter Berlins klammern sich an die Nachkriegs-Bekenntnisse zur Hauptstadt Berlin. Eine wichtige Rolle spielen auch die Kosten. Im Februar kalkuliert eine Prognos-Studie sie auf 50 bis 60 Milliarden Mark, allerdings ist sie im Auftrag der Stadt Bonn erarbeitet worden. Insgesamt scheint sich in diesen Frühjahrswochen die Waage zugunsten Bonns zu neigen. Zunehmend werden taktische Gründe wichtig: Während Bonn im Gefühl seiner Chancen auf eine rasche Entscheidung drängt, hält Berlin sich zurück, um keine Entscheidung gegen die Stadt zu provozieren.

Ist die Hauptstadt-Debatte gelaufen? Viele von denen, die für sich in Anspruch nehmen, das Gras wachsen zu hören, geben sich davon überzeugt, vor allem in Bonn. Und unbestreitbar ist, daß es in der Auseinandersetzung darüber, ob der im Einigungsvertrag festgeschriebene Hauptstadt-Titel für Berlin die Folge der Verlagerung der Regierungsarbeit haben soll oder ob er folgenlos bleibt, nicht gut für die einstige Reichshauptstadt steht. Der Druck wächst, vollendete Tatsachen zu schaffen – in der vermutlich richtigen Einschätzung, daß die Zeit in den vergangenen Monaten für die Beibehaltung des gegenwärtigen Zustands gearbeitet hat, also gegen den Anspruch Berlins, auch Sitz von Regierung und Parlament zu werden. Ob damit das letzte Wort schon gesprochen ist, steht dahin; in der Politik ist nichts entschieden, bevor es nicht durch Verfahren und Abstimmung entschieden ist. Aber sicher ist etwas anderes: die Debatte selbst ist dabei zu mißraten. Sie wird mit verqueren Argumenten aberwitzigen Alternativen und anhand der falschen Fragen geführt. Sie bleibt damit der Sache, um die es geht, fast alles schuldig. Der Stand des Streites hat auch damit zu tun.

Denn die Debatte über das politische Zentrum des vereinigten Deutschland ist in Gefahr, zu einem Tauziehen zu verkommen, bei dem die eine Seite – nennen wir sie Bonn – sich auf die Kosten, die andere – Berlin – sich auf seinen verbürgten Hauptstadt-Anspruch versteift. Beides hat seine Berechtigung; beides führt, zum Hauptargument erhoben, an der Sache vorbei. Natürlich kann nicht vernachlässigt werden, was die Übersiedlung von Parlament und Regierung nach Berlin kosten wird. Aber die Konzentration auf diese Frage eröffnet nicht nur eine Rechnung mit (fast) lauter Unbekannten; sie ist auch, unterm Deckmantel der Objektivität, eine subtile Begünstigung des Status quo – Bonn ist schon Regierungsstadt, Berlin müßte es erst werden. Und was den Hauptstadt-Anspruch Berlins angeht, so wäre es gewiß ein schlimmer Offenbarungseid der deutschen Politik, wenn sie ihn in dem Augenblick preisgäbe, in dem er die Chance hat, eingelöst zu werden. Doch ist unbestreitbar, daß das, was sich da offenbart, eines der Resultate der Nachkriegsentwicklung ist: die Alt-Bundesrepublik ist in weiten Teilen zu einem West-Staat geworden, für den die Einheit eine starke Herausforderung seines Selbstbewußtseins und Berlin eben nicht Zentrum, sondern äußerste Peripherie ist. Das ist nichts, dessen man froh sein könnte, aber es ist so, auch wenn es weder dem politischen Anspruch der Bundesrepublik noch ihrer Staatsraison entspricht; es hat keinen Sinn, sich da etwas vorzumachen.

Was folgt daraus – und aus den anderen, überfälligen Einsichten: daß es nämlich die Hauptstadt-Frage nicht verdient, zum Sängerkrieg der Historiker, zum Wettbewerb um die deutsche Ideal-Hauptstadt oder zum »Russisch-Roulette« (so Bundessenator Radunski) entscheidungsentschlossener Bundestagsabgeordneter gemacht zu werden? Sie kann nur vernünftig entschieden werden, wenn sie als das gestellt und beantwortet wird, was sie im Kern ist: eine politische Frage. Das heißt: Es kann bei dieser Entscheidung zuletzt nicht darum gehen, was opportuner, effektiver und kostengünstiger wäre oder was die davon Betroffenen lieber hätten – seien es die Politiker, die Bonner Beamten oder, auch dies, die Berliner –; es muß darum gehen, was für den politischen Prozeß, in den uns die deutsche Vereinigung gestürzt hat, die richtige Lösung ist. Die Hauptstadtfrage ist kein Nebenschauplatz, auf dem man relativ folgenlos mit den einschlägigen Sympathien und Antipathien, Besitzstands-Ängsten und Begehrlichkeiten die politik-üblichen Scharmützel aufführen könnte. Sie ist ein Teil der Antwort auf die Herausforderung, vor die uns das vereinigte Deutschland stellt: was bedeutet uns die Einheit? Was machen wir aus ihr? Was für Veränderungen ist sie uns wert?

Der Streit um Bonn und Berlin enthüllte so den prinzipiellen Charakter, der verdeckt wird, wenn immer nur, wie bisher, Umzugspreise aufgerechnet oder Gebäude-Listen für Behörden durchgezählt werden. Es geht auch hier um die Gestaltung der Einheit. Von wo aus, von Bonn oder Berlin, kann man das neue, größere Deutschland eher denken, erfühlen, zusammenfügen? Von wo aus besser der Gefahr entgegenwirken – die, wie die aktuelle Lage in den fünf neuen Ländern zeigt, wahrhaftig keine Fiktion ist –, daß das staatlich vereinigte Land innerlich geteilt bleibt? Es sind diese Fragen, an denen sich die Auseinandersetzung schließlich entscheiden muß, wenn sie auf der Höhe der Probleme bleiben will.

Allerdings, wenn es etwas gibt, was die Entscheidung für Berlin rechtfertigen kann, dann ist es dieser Maßstab, den die neue Lage uns aufzwingt. Denn nur die Entscheidung für Berlin manifestiert den Willen, daß die Einheit mehr sein solle als die Hinzufügung der Ex-DDR zur Alt-Bundesrepublik. Nur sie macht klar, daß die Einheit nur gelingen kann, wenn sie als Ereignis begriffen wird, das auch der Alt-Bundesrepublik neue räumliche, politische und, nicht zuletzt, seelische Koordinaten abverlangt. Umgekehrt der Widerstand gegen Berlin: im Grunde genommen verteidigt sich in ihm die Alt-Bundesrepublik sozusagen selbst gegen die Zumutung der Einheit – als jener West-Staat, der sie zwar nach dem

Willen ihrer Gründer nicht werden sollte, aber, genötigt durch die Umstände, doch geworden ist.

Zur notwendigen Neu-Justierung der Debatte gehört freilich auch, daß Klarheit darüber gewonnen wird – und vor allem: verbreitet wird –, was eine Entscheidung für Berlin nicht bedeutet. Die Vorstellung, sie müßte den Umzug einer ganzen Stadt zur Folge haben, danach ein Chaos an der Spree, Brache dagegen am Rhein, ist fernab aller Notwendigkeit. Weder muß alles, was in Bonn regiert und administriert, nach Berlin noch, Gott bewahre, erwüchse aus dieser Entscheidung eine Bedrohung der deutschen Bundesstaatlichkeit. Alle Ministerien und Behörden in Berlin zu versammeln, ist nicht nur nicht nötig; es ist beim gegenwärtigen Stand der Kommunikation, bei der eine Fax-Nachricht vom Kanzleramt am Adenauerplatz zur Hardthöhe, dem Sitz des Verteidigungsministeriums, genauso lange dauert wie vom Kronprinzenpalais Unter den Linden, auch erstmals möglich. Und politisch richtig wäre es auch. Denn die Bestimmung Berlins zur Haupt- und Regierungsstadt soll das in den Nachkriegsjahren gewachsene Gefüge regionaler politischer Zentren gerade nicht rückgängig machen. Es soll, im Gegenteil, die starke bundesstaatliche Struktur der Bundesrepublik in die ehemalige DDR hineintragen.

Indem Eberhard Diepgen in seiner Regierungserklärung davon gesprochen hat, Berlin wolle »in unserer föderalen Ordnung nicht zentrales Machtzentrum, sondern Hauptstadt *für* Deutschland« sein, hat er hier immerhin für Klarheit gesorgt. Der nächste Schritt müßte sein, präzis zu beschreiben, wie sich Berlin die Aufgabenteilung mit Bonn vorstellt. Unverzichtbar sind die genuin politischen Funktionen: Parlament, Kanzleramt, Auswärtiges Amt; verzichtbar fast alles andere, selbst einige der klassischen Ministerien. Wenn Berlin in bezug auf die Hauptstadt auf ein Entweder-Oder setzt, das von der Sache nicht getragen wird, läuft es Gefahr, alles zu verlieren. Wenn es seinen Anspruch mit der Rolle begründet, die in Deutschland nur diese Stadt spielen kann – nämlich Werkplatz der Einheit, Instrument der Integration und »Balancepunkt« (Diepgen) deutscher Politik in der Mitte des werdenden neuen Europa zu sein –, hat es alle Chancen zu gewinnen.

Anspruch gegen die Zukunft?

10. März 1991

Zu den umstrittensten Konfliktfeldern der deutschen Vereinigung gehört der Umgang mit dem enteigneten Eigentum, vor allem mit dem im Einigungsvertrag niedergelegten Prinzip, daß Rückgabe vor Entschädigung gehe. Die dadurch erzeugte Behinderung der nötigen Investitionen steht gegen den Schutz des Rechts auf Eigentum. Die Fronten gehen mitten durch die Regierungskoalition. Ein Gesetzentwurf von Justizminister Klaus Kinkel, der am Rückgabe-Prinzip festhält, es aber vereinfachen soll, stößt auf Widerspruch von Wirtschaftsminister Jürgen Möllemann, seines Parteifreundes. Bei einer Anhörung im Rechtsausschuß des Bundestages am 5. März wird er weitgehend abgelehnt, zwei Tage später spricht sich der Wissenschaftliche Beirat des Wirtschaftsministeriums sogar dafür aus, der Entschädigung den Vorrang vor Rückgabe zu geben. Die Mühlen der Konflikt-Beilegung mahlen heftig. In Sitzungen des FDP-Präsidiums und der Koalitionsrunde wird schließlich ein Kompromiß erreicht, der am Vorrang der Rückgabe festhält, aber weitreichende Ausnahmeregelungen zuläßt.

Oft genug sind es die Strategen, die die Themen der politischen Auseinandersetzung bestimmen. Gelegentlich jedoch sind es die Probleme selbst. Der Streit um die Eigentumsfrage, der in der vergangenen Woche in aller Heftigkeit entbrannt ist, gehört dazu. Denn es ist die in den letzten Monaten und Wochen offenbar gewordene Krise des Prozesses der deutschen Einigung, die dieses Thema, das man zu Zeiten des Aushandelns des Einigungsvertrags noch für ein bürokratisch-praktisches Randthema halten konnte, zum Politikum gemacht hat.

Daß der Vorrang der Rückgabe vor der Entschädigung, die der Einigungsvertrag fixiert hat, zum entscheidenden Investitionshemmnis geworden sei, mag als Diagnose zutreffen. Aber zumindest zur Hälfte verdeckt die Rede von den verminderten Investitionen zugleich, worum es eigentlich geht. Denn sie rückt das Problem in eine Ebene mit den bekannten Kleinkriegen, die der Bauherr in einem Rechtswege-Staat wie dem unseren mit Auflagen und Einsprüchen auszufechten hat, bevor er den Grundstein für seinen Supermarkt oder seine Fabrikhalle legen kann. Aber die Ansprüche auf Rückübereignung und die Unfähigkeit der Ämter über sie in absehbarer Zeit zu entscheiden, verhindern nicht nur diese oder jene Investition. Sie drohen – natürlich nicht jeder für sich, aber alle zusammen – die dringliche Rückkehr wirtschaftlicher Normalität in die Länder der Ex-DDR zu strangulieren. Dahinter wächst die Gefahr, daß sich die ohnedies in Gang gekommene Enttäuschungs-Spirale beschleunigt und den Willen zum Neuaufbau weiter unterminiert.

Den Knoten der gegenwärtigen Kalamitäten so zu schürzen, heißt nicht, klammheimlich den Schlag mit dem Damoklesschwert vorzubereiten, mit dem der Konflikt von Eigentums-Anspruch hier, Investitions-Absicht dort aufgelöst würde – zu Lasten derer, die die unrechtmäßig enteigneten Grundstücke und Häuser zurückfordern. An der fundamentalen Rolle, die unsere Rechtsordnung dem Eigentum zumißt, ist nicht vorbeizukommen, mithin auch nicht an der Garantie, die das Grundgesetz ihm gibt, also schließlich nicht an der Spannung, in der das wirtschaftspolitisch Notwendige und rechtlich Gebotene in den neuen Bundesländern steht. Bei der Ordnung der Eigentumsfragen, so haben die beiden evangelischen Kirchen-Organisationen erklärt, dürfe »Unrecht nicht nachträglich zu Recht erklärt werden«. Daran ist nichts abzustreichen. Aber gefragt werden muß, was denn unter den obwaltenden Umständen Recht sein könne.

Zu bedenken ist dabei in erster Linie die Sozialbindung des Eigentums, die das Grundgesetz in dem lapidaren Satz verankert hat, daß Eigentum verpflichte. Es ist wahr, daß der Spielraum nicht sehr groß ist, den dieser Satz den Politikern für eine Relativierung der Eigentumsgarantie eröffnet – die Entscheidung des Verfassungsgerichts, den Einsprüchen stattzugeben, mit denen sich die Bauern im baden-württembergischen Boxberg gegen die Daimler-Benz-Teststrecke zur Wehr setzten, belegt das. Aber die Ex-DDR ist nicht irgendeine strukturschwache Region, der – wie die Befürworter der Enteignung argumentierten – durch eine Investition auf die Beine geholfen werden soll. Das Recht am Eigentum stößt hier zusammen mit der Notwendigkeit, eine ganze Gesellschaft vor dem Absturz in eine Mezzogiorno-Existenz zu bewahren. Der Tübinger Wirtschaftsjurist Wernhard Möschel, der bisher am prinzipiellsten dafür plädiert hat, der Entschädigung Vorrang vor der Rückgabe zu geben, hat deshalb in bezug auf das Ingangbringen des Wirtschaftskreislaufs in der früheren DDR mit Recht von einem »überragenden Gemeinschaftsinteresse« gesprochen.

Der Streit, ob Entschädigung statt der Rückübertragung, in der Fachterminologie: Restitution, Rechtens sein könne, führt aber noch tiefer ins Grundsätzliche: Wie weit kann nach vierzig Jahren denn noch restituiert, also wiederhergestellt werden? Daß die Nicht-Rückgabe von Grundstücken, die unter einem Unrechtsregime enteignet wurden, als Rechtfertigung des Unrechts begriffen wird, ist nur die eine Gefahr, der zu begegnen ist. Die andere besteht darin, daß das Beharren auf diesem Recht von denen als Unrecht empfunden werden kann, die dieser Anspruch um ihre Lebensperspektive bringt. Was wiegen gegenüber dem am Zustand von, sagen wir, 1958 oder 1949 festgemachten Anspruch die vierzig Jahre, in denen man guten Gewissens mit der nun einmal vorgegebenen Eigentumsordnung lebte? Was die Hoffnungen und Erwartungen, die man sich nach dem Zusammenbruch des Regimes gemacht hat – und die nun durch diesen Griff der Vergangenheit nach der Gegenwart belastet werden? Ist das alles gegenüber dem Grundbuch-Eintrag (wenn es ihn denn gibt) ohne Gewicht: die gelebte Zeit, der Anspruch, der aus Gewohnheit wächst, die Zurücksetzung gegenüber den glücklicheren Deutschen im Westen, die nun, endlich, ihren Ausgleich will?

Das alles mag sich der juristischen Erfaßbarkeit auf ärgerliche Weise entziehen. Aber die Auseinandersetzung um Entschädigung oder Rückgabe ist nicht allein die Stunde der Juristen. Es geht auch hier am Ende darum, als was wir die Einigung verstehen: als Wiederherstellung von etwas, was war, oder als Aufgabe, etwas Neues zu gestalten. Und so sehr der Prozeß der Vereinigung für die neuen Bundesländer darin besteht, das in vierzig Jahren

Verdrängte, Bekämpfte und Ausgelöschte wieder zu beleben: Es ist nicht möglich, die DDR sozusagen ungeschehen zu machen, indem man dort wieder anzusetzen versucht, wo die Geschichte in die real-sozialistische Sackgasse abbog. Etwas von diesem Wunsch – der ja wahrhaftig verständlich ist – trägt vermutlich auch die Woge der Besitzansprüche mit, mit der die Ex-DDR überflutet worden ist. Ob der Prozeß der Einheit gelingt, hängt nicht zuletzt davon ab, ob wir die Illusion erkennen, die in diesem Wunsch steckt.

Es spricht also einiges dafür, in der Eigentumsfrage eher auf eine Entschädigungslösung zu setzen. Es spricht im Moment noch mehr dafür, fürs erste den Versuch von Justizminister Kinkel fortzuführen, mit einem Gesetz den Investitionen Vorfahrt vor der Entscheidung über die Besitzverhältnisse zu verschaffen. Denn Kinkels Gesetz könnte noch im März verabschiedet werden, und die Zeit drängt. Aber wenn der Erfolg ausbleibt, muß die Grundsatzdebatte fortgeführt werden – auch bis hin zur Korrektur der Regelung des Einigungsvertrages. Die Konsequenzen einer solchen Revision, das ist wahr, sind kaum absehbar; sie können bis zu einem riesigen Lastenausgleich zur Begleichung der dann anstehenden Entschädigungen reichen. Aber schwerer wiegt, daß die Folgen einer Nicht-Korrektur dann um so absehbarer wären: Sie bestünden in der Gefährdung der Einheit selber.

Anschlag auf den Einigungsprozeß

3. April 1991

Am späten Abend des 1. April wird Detlev Rohwedder, der Vorstandsvorsitzende der Treuhandanstalt, in seinem Haus in Düsseldorf ermordet. Als Täter bekennt sich die Rote Armee Fraktion. Rohwedder, ein renommierter Manager, in den siebziger Jahren Staatssekretär im Bundeswirtschaftsministerium, hatte die Leitung der Behörde im Juli 1990 übernommen. Noch unter der Regierung de Maizière gegründet, sollten sie die ostdeutsche Wirtschaft umgestalten, um sie an marktwirtschaftliche Verhältnisse anzupassen. Die Behörde, die zu diesem Zeitpunkt noch am Berliner Alexanderplatz untergebracht war – sie war gerade dabei, ins Haus der Ministerien umzuziehen –, war in den vergangenen Wochen wegen zahlreicher Firmenzusammenbrüche und steigender Arbeitslosigkeit, die ihr angelastet wurden, zur Zielscheibe heftiger Kritik geworden.

Der Mord an Detlev Rohwedder hat jene Erbitterung ausgelöst, die uns aus der nun wieder um ein Glied länger gewordenen Geschichte des individuellen Terrorismus in der Bundesrepublik leider nur allzu vertraut ist. Es will nicht in den Kopf hinein, daß Menschen dergleichen tun können; es übersteigt deshalb die Fassungskraft, daß es gleichwohl geschieht. und die Empörung, die die Tat hervorruft, gilt auch nicht nur dem Umstand, daß mit dem Attentat auf den Treuhand-Chef das Leben eines Mannes ausgelöscht wurde, den dieses Land brauchte. Sie hat zu tun mit der beleidigenden Diskrepanz zwischen dem Mann und seiner Leistung und den Motiven der Täter. Das Empfinden wehrt sich dagegen, daß aus einer längst ins Wahnhafte hineingeratenen Deformation des Denkens heraus zerstörerisch in eine Existenz eingegriffen wurde, deren Verdienste – bei aller Kritik an der Arbeit der Treuhandstelle – außer Zweifel stehen und deren Arbeit für diesen Staat und diese Gesellschaft notwendig war. Sinnlos wäre dieser Tod auch, wenn ein Verkehrsunfall ihn herbeigeführt hätte; dies geht tiefer, macht nicht nur ratlos, sondern zornig.

Die politischen Folgewirkungen dieses Anschlags mögen hinter den Reaktionen der Betroffenheit fürs erste zurücktreten. Aber sie liegen auf der Hand und sind ernst zu nehmen. Das Ziel der Schüsse in der Nacht zum Dienstag war Rohwedder, aber getroffen werden sollte der Prozeß der deutschen Vereinigung. Von den Spannungen, Konflikten und Verletzungen, die das Zusammenwachsen der Deutschen in den neuen Bundesländern erzeugt hat, hoffen die Täter zu profitieren. Vieles von diesen Nöten hat sich in der Kritik an der Treuhandanstalt ausgedrückt, durchaus – wie die Demonstrationen der letzten Woche gezeigt haben – in einer Form, die den Vergleich mit der Entstehung von Sprengstoff rechtfertigt. Das hat den Treuhand-Chef zur Zielscheibe für die Attentäter gemacht. Das begründet aber auch ihre abgefeimte tiefere Absicht: mit ihren Schüssen die Unruhe in den neuen Bundesländern zu schüren und damit das neue, vereinigte Deutschland an der Stelle zu treffen, an der es gegenwärtig am verletzlichsten ist.

Um so mehr kommt es darauf an, dieser Absicht keine Chance zu geben. Es darf kein Zweifel daran bleiben – sofern die Täter durch die Ruchlosigkeit ihrer Tat nicht schon selbst dafür gesorgt haben –, daß jeder Schein der Berechtigung, der aus der Kritik an der Treuhandanstalt hinüberfiele auf die Tat von Düsseldorf, ganz abseitig wäre. Das kann nicht bedeuten, daß Kritik an der Treuhand abgewürgt wird. Aber es muß heißen, daß diese Kritik sachlicher, gerechter, den tatsächlichen Leistungen und Schwächen dieser Institution angemessener wird. Das Attentat sollte in der Tat, wie der brandenburgische Ministerpräsident Stolpe angemerkt hat, die »letzte Warnung« für alle sein, mit der gegenseitigen Schuldzuweisung in der Auseinandersetzung um die Bewältigung der Krise in den neuen Bundesländern aufzuhören und die Treuhand nicht weiter zum »Buhmann« zu machen.

Der Mord an Rohwedder sollte freilich auch Anlaß sein – auch das hat Stolpe gefordert, völlig zu Recht –, die sozialen Notstände in den neuen Bundesländern gemeinsam anzugehen. Heimtückische Anschläge wie jener in Düsseldorf lassen sich nie ganz verhindern. Aber Sorge dafür zu tragen, daß der politisch inspirierte Terror in der Gesellschaft weiterhin keinen Nährboden findet, kann und muß Politik.

Die Erwägungen und Konsequenzen, zu denen die Mordtat Anlaß gibt, dürfen indessen die Trauer um den Mann nicht verdrängen, der ihr zum Opfer fiel. Daß Rohwedder nicht einfach war, oft kühl und herrisch wirkte, hat verdeckt, daß hier einer wirklich zu jenem Dienst am Gemeinwesen bereit gewesen ist, der in republikanischen Staatswesen als höchste Ehre gilt. Es ist ja wahr, daß Rohwedder auf seinem Sessel bei Hoesch im sicheren Westen hätte bleiben können. Daß er sich der Arbeit an der Überwindung der Folgen der Teilung zur Verfügung stellte, die wahrhaftig wenig Glanz versprach, hat er, der gebürtige Thüringer, selbst als »patriotische Aufgabe« verstanden. Er hat dafür mit dem Teuersten bezahlt, was der Mensch hat.

Deutschlands kritische Größe

5. Mai 1991

Der Golfkrieg, der in der Nacht zum 17. Januar mit Angriffen von amerikanischen, britischen und saudischen Flugzeugen gegen den Irak begann, stellt die deutsche Haltung in der Außenpolitik auf den Prüfstand. Die Friedensbewegung erlebte eine unvermutete Wieder-Auferstehung. Wie zu Zeiten der Nachrüstungsdebatte protestierten Tausende, gelegentlich mit Schlagwort-Formeln wie »Kein Blut für Öl«. Die Frage, ob die Bundeswehr außerhalb des Nato-Gebiets eingesetzt werden darf, wird heftig diskutiert. Das alles verunsichert die Partner der Bundesrepublik. Es wirft die Frage auf, wie denn die Deutschen mit ihrem durch die Wiedervereinigung gewonnenen Gewicht außenpolitisch umgehen wollen.

Die Debatte war überfällig, und daß das deutsche Verhalten im Golfkrieg den ersten Anstoß gab, sie zu führen, war eher ein Zufall. Die nun immer wieder aufgeworfene Frage nach der außenpolitischen Rolle des vereinten Deutschland ergab sich ja nicht nur daraus, daß sich die Deutschen auf das Ansinnen, sich am Krieg gegen Saddam Hussein zu beteiligen, unschlüssig verhielten. Die Erwartungen der Verbündeten wie das deutsche Zögern brachten nur an den Tag, was im Grunde genommen seit der Herstellung der deutschen Einheit als Problem schwelte: wie denn die Deutschen Aufgaben und Standort des neuen, größeren und den Besonderheiten seines Nachkriegsstatus endgültig entwachsenen Staates in der Mitte Europas begreifen.

Denn daß ein Akt wie die Wiedervereinigung ohne Folgen für die internationale Lage bleiben könne, ist eine Illusion, und ihr hingegeben haben sich auch allenfalls die Deutschen selbst. Dabei hätten auch sie es besser wissen können. Die Formel von der »kritischen Größenordnung« eines wiedervereinigten Deutschland zieht seit über zwanzig Jahren ihre Spur durch die außenpolitischen Debatten in der Bundesrepublik. In die Welt gesetzt hat sie seinerzeit Kurt Georg Kiesinger, der anno 1967 davon sprach, ein solches Deutschland sei »zu groß, um in der Balance der Kräfte keine Rolle zu spielen, und zu klein, um die Kräfte um sich herum selbst im Gleichgewicht zu halten«. Nun ist Deutschland größer geworden, größer, nach Bevölkerung und Wirtschaftskraft, als alle anderen Staaten zwischen Atlantik und Sowjetunion. Wird es nun »kritisch«, das heißt: zu einem Unruhepotential in Europa?

Es gehört zu den erstaunlichen Vorgängen im Zusammenhang mit der Wiedervereinigung, daß offenbar keiner der Nachbarn diese Befürchtung hegt. Das Widerstreben gegen ein vereintes Deutschland, von so ziemlich allen Auguren besorgt für den Fall der Fälle beschworen, ist ausgeblieben. Der Wiedereintritt eines nationalstaatlich organisierten Deutschland in die europäische Staatenwelt hat nicht dazu geführt, daß sich die Pandora-Büchse der alten Traumata, Unwägbarkeiten und Animositäten öffnete, die sich im Verhältnis von Deutschland und Europa angesammelt haben.

Nicht weniger bemerkenswert ist freilich, daß Irritationen über die Rolle des vereinigten Deutschland eher in der Bundesrepublik zu spüren sind. Denn was anderes als die Furcht vor dem Rückfall des neuen Deutschland in alte deutsche Unkalkulierbarkeiten steckt hinter dem Argument, daß Bonn Regierungsstadt bleiben müsse, um die West-Bindung der Bundesrepublik zu symbolisieren? Was sonst trägt die Empfehlung, »Angst vor der eigenen Stärke« müsse »eine Leitlinie deutscher Politik sein« (wie sie der Historiker Eberhard Jäckel formulierte)? Nicht anders sind schließlich die Versicherungen von Außenminister Genscher zu verstehen, das vereinigte Deutschland habe zwar ein »größeres Gewicht«, wolle aber nicht, um keinen Preis, »mehr Macht«.

Es gibt, keine Frage, gute Gründe für diese Zurückhaltung. Sie zeigt, daß die Deutschen ihre Lektionen gelernt haben. Aber angesichts der Rolle, die die Bundesrepublik in den vergangenen Jahrzehnten in der Weltpolitik gespielt hat, und einer Bevölkerung, deren Leitbilder – wie zum Jahreswechsel eine Umfrage bestätigte – die Schweiz und Schweden sind, nimmt diese Angst vor dem Rückfall in alte Verhaltensmuster allmählich Züge von Phantom-Angst an. Für die Neubestimmung der deutschen Rolle in der Welt reicht das alles jedenfalls nicht aus. Und das immerhin haben die

Debatten im Zusammenhang mit dem Golfkrieg gezeigt: Die deutsche (Zurück-)Haltung beruhigt die anderen nicht, sondern flößt ihnen die Frage ein, was denn die Deutschen eigentlich wollen. Die Fixierung auf die Austreibung der alten Unsicherheiten stärkt nicht das Vertrauen in die Berechenbarkeit deutscher Politik, sondern birgt, so scheint es, in der gegenwärtigen Lage die Gefahr, daß bei den anderen der Eindruck neuer deutscher Unsicherheiten entsteht.

Denn die Bundesrepublik hat nun einmal durch die Wiedervereinigung eine entscheidende Stellung in Europa bekommen. Sie ist keine Großmacht, aber auch nicht mehr die mittlere Macht, die sie war, solange Deutschland geteilt war, und die zu sein ihr zur lieben, weil beruhigenden Gewohnheit geworden ist. Das nicht wahrhaben zu wollen, hieße, sich wie ein Kind zu verhalten, das sich die Augen zuhält, weil es glaubt, dann nicht gesehen zu werden. Es bedeutete, sich der Verantwortung zu entziehen, die mit mehr Größe und mehr Macht im internationalen Zusammenspiel verbunden ist.

Daß die deutsche Politik mehr Verantwortung übernehmen müsse, sagen freilich alle, quer durch die Parteien; die Frage ist nur, was das praktisch heißt. Und in der Tat ist es leichter, zu sagen, was es nicht bedeuten kann: nicht die Freiheit, nun politisch aufzutrumpfen, aber auch nicht das taktierende Ja-aber-Exercise, das die Parteien über den Einsatz der Bundeswehr außerhalb des NATO-Gebiets vorgeführt haben. Die Bundesrepublik wird sich, früher oder später, auch militärisch an Aktionen unter dem Dach der Vereinten Nationen beteiligen müssen – weil, wie Christoph Bertram, der frühere Chef des Instituts für Strategische Studien in London, festgestellt hat, die UN-Abstinenz einer Macht wie der Bundesrepublik die »Autorität der einzigen Organisation unterhöhlt«, die zur internationalen Konflikteindämmung in der Lage ist.

Aber die Frage des militärischen Einsatzes ist nicht der Prüfstein für die Bereitschaft, Verantwortung wahrzunehmen. Er liegt vielmehr dort, wo es um die Vertiefung und Erweiterung jener Formen gemeinschaftlicher Politik geht, die, von europäischer Gemeinschaft und atlantischem Bündnis bis zur KSZE, die eigentlichen Innovationen in den internationalen Beziehungen darstellen. Hier hat die alte Bundesrepublik eine wichtige Rolle gespielt; hier muß die neue in erster Linie ihre Aufgabe sehen.

Einheit in der Zweiheit

9. Juni 1991

Zwei Wochen vor der Abstimmung, die für den 20. Juni angesetzt ist, nimmt die Hauptstadt-Debatte an Intensität zu. Unter den Bonner Politikern wächst die Neigung, Hauptstadt und Regierungsfunktionen zwischen Bonn und Berlin aufzuteilen. Hamburgs Bürgermeister Voscherau, derzeit Bundesratspräsident, schlägt vor, daß lediglich Bundesrat, Bundespräsident und Auswärtiges Amt nach Berlin ziehen, Bundestag und Regierung dagegen in Bonn bleiben sollen. Heiner Geißler, stellvertretender CDU/CSU-Fraktionsvorsitzender, plädiert für die Trennung von Regierung und Bundestag. Alle Verfassungsorgane sind in die Beratungen einbezogen und handeln sich die spöttische Bezeichnung »Organbank« ein. Ein dreistündiges Treffen am 6. Juni unter Leitung von Bundestagspräsidentin Süssmuth führt nicht zur Einigung, sondern nur zur Einsetzung von Arbeitsgruppen. Acht der neuen SPD-Ministerpräsidenten beantragen im Bundesrat – gemäß dem Beschluß des Bremer SPD-Parteitags – eine Volksabstimmung im Herbst. Die frühere Bundestagspräsidentin Annemarie Renger nennt die Debatte eine »Farce«.

Der Spott, gewiß, fällt leicht, betrachtet man den Eifer, mit dem nun Bundestag und Bundesrat, Ministerien und Behörden zwischen Bonn und Berlin hin- und hergeschoben werden. Es braucht auch keine große intellektuelle Anstrengung, um zu erkennen, daß der eilige Modell-Handel zum guten Teil nur die Fortsetzung des alten Kampfs um Bonn beziehungsweise Berlin ist, nun eben verkleidet als Konsens-Suche. Aber man darf darüber die Veränderung nicht übersehen, die die vergangene Woche in die Haupt- und Regierungsstadt-Debatte gebracht hat. Die hektischen Anstrengungen, einen Kompromiß zu finden, signalisieren eine neue Ebene in dieser Auseinandersetzung. Den Kombattanten ist klar geworden – nicht zuletzt dank der Abstimmung auf dem SPD-

Parteitag, die mit ihrer Ein-Stimmen-Mehrheitsentscheidung drastisch gezeigt hat, wie es nicht gehen darf –, was politisch auf dem Spiele steht. Das Bewußtsein wächst, daß das innerlich noch keineswegs geeinigte neue Deutschland eine Kraftprobe nicht ertragen kann, die gerade jene Ost-West-Spaltung zu aktivieren droht, die überwunden werden muß. Und deshalb dämmert auch die Erkenntnis, daß – wie es der Historiker Heinrich August Winkler ausgedrückt hat – das Wort, die Teilung könne nur durch Teilen überwunden werden, »sich auch bei der Lösung der Hauptstadtfrage bewähren« muß.

Nur tritt bei dieser Wendung der Debatte etwas in den Hintergrund, was für die befriedigende Antwort auf diese Streitfrage unabdingbar ist. Es ist ja nicht zu übersehen, daß die Konsens-Suche sich nicht der Einsicht verdankt, sondern der Angst vor den Folgen einer Entscheidung nach der Poker-Logik: Der Sieger nimmt alles. Aber kann eine Lösung Bestand haben, die die Hauptstadt-Frage in erster Linie als eine Art Verteilungsproblem zwischen zwei Städten zur Vermeidung von regionalen Strukturproblemen angeht? Es ist akkurat diese schwache Stelle der gegenwärtigen Diskussion, die die Bonner Lästermäuler aufs Korn nehmen, wenn sie böse von der »Organbank« witzeln, zu der die Runde der obersten Verfassungsorgane geworden ist, die über die Konsens-Lösung nachdenkt.

Auch die neue Stufe im Streit um Bonn und Berlin hat sich insofern noch nicht gelöst von dem fatalen Niveau der Aufrechnung von Umzugskosten und Gebäude-Listen, auf dem sich diese Debatte lange bewegt hat. Noch immer wird sie geführt, als handele es sich um zwei Städte, die sich um die Ausrichtung von, sagen wir, einer Olympiade oder den Sitz von Behördensilos bewerben, die die Ansiedlung von braven Steuerzahlern versprechen. Aber im Grunde genommen geht es gar nicht um Bonn oder Berlin. Es geht darum, was für eine Haupt- und Regierungsstadt das neue Deutschland braucht. Und das wiederum zwingt dazu, sich klar darüber zu werden, welchen historisch gewordenen Gegebenheiten und welchen politischen Anforderungen die Lösung der Hauptstadtfrage gerecht werden muß. Was muß sich in dieser Lösung widerspiegeln? Was soll sie ausdrücken?

Stellt man die Frage so, wird sogleich offenkundig, daß die Aufteilung der Regierungsfunktionen kein Ausweichen vor der Entscheidung, sondern die einzige Entscheidung wäre, die der schwierigen Wirklichkeit des neuen Deutschland entspricht. Im Konflikt zwischen Bonn und Berlin schlagen sich ja nicht nur Besitzstandsdenken, Metropolen-Ehrgeiz und verdrängte Schwüre auf die Rückkehr in die alte Reichshauptstadt nieder. In diesem Streit drückt sich auch aus, was in diesem Deutschland an Grund-Orientierungen existiert, halb schon mit-, halb nur nebeneinander und zum Teil auch gegeneinander: die Alt-Bundesrepublik, die im Laufe der Jahre vom Provisorium zum Definitivum wurde, und jene wider alles Erwarten doch noch zustande gekommene Einheit, die sich nun Schritt für Schritt gegen die verfestigte Hinterlassenschaft der Zweistaatlichkeit durchsetzen muß. Es sind sozusagen die Konsequenzen von 1949 und 1989, von Bundesrepublik-Gründung und dem von den DDR-Bürgern getragenen, dann ins westliche Deutschland hineingetragenen Einheits-Prozeß, die in diesem Deutschland stecken. Darin hat der Gedanke der Aufteilung der Regierungsfunktionen seine historische und politische Rechtfertigung. Er ist die Anerkennung dessen, was ist und auf noch kaum absehbare Zeit sein wird, ja, vermutlich, beharrlich wie Geschichte ist, aus dem künftigen Deutschland nie mehr ganz auszutreiben sein wird.

Freilich kommt die Frage, was denn die Hauptstadt-Lösung erbringen müsse, auch nicht daran vorbei, daß diese Hauptstadt vor allem funktionieren muß. Das ist auch ein Organisationsproblem, aber eben nicht nur; die Gefahr, daß die Aufteilung der Regierungsfunktion zwischen Berlin und Bonn die notwendigen Entscheidungsstrukturen zerstückeln und damit im Namen des Konsensus die Politik ruinieren könnte, ist wahrlich nicht von der Hand zu weisen. Es muß also beides im Auge behalten werden: die fatalen Wirkungen, welche die Nicht-Aufteilung der Regierungsfunktionen für die gerade erst begonnene Einheit hätte, und die Folgen, die aus einer unbedachten Aufteilung für die Politik erwachsen könnten.

Das ergibt eine ungemein schwierige Abwägung, und ob die beiden Modelle, die sich nun in den Vordergrund der Debatte geschoben haben – Trennung von Regierung und Parlament oder Verlagerung lediglich von Präsident, Bundesrat, Auswärtigem Amt nach Berlin –, ihr entsprechen, darf man bezweifeln. Ohne die Versammlung der genauen politischen Funktionen in Berlin bliebe nicht nur der Hauptstadt-Status der Stadt ausgehöhlt; auch die Funktionsfähigkeit der Politik wäre gefährdet. Das hieße, daß zumindest Bundestag, Kanzleramt und Auswärtiges Amt ihren Sitz in Berlin haben müßten – neben dem Bundespräsidenten –; alles andere müßte nach Maßgabe der praktischen Erfordernisse bedacht werden.

Mit weniger Umdenken ist der Knoten nicht aufzulösen, zu dem die Hauptstadt-Frage geworden ist – nicht des Mutwillens der Beteiligten, sondern der Verschlungenheit des deutschen Schicksals wegen. Eben das verpflichtet auch dazu, sich diese Entscheidung schwerzumachen.

Eine Hauptstadt für alle Deutschen

21. Juni 1991

Fast zwölf Stunden dauert die Debatte des Bundestags am 20. Juni, bis um 21 Uhr 47 Bundestagspräsidentin Süssmuth die Entscheidung verkündet: 337 Abgeordnete stimmen für den Umzug des Bundestags nach Berlin, 320 für seinen Verbleib in Bonn. In der Debatte, der durchweg ein hohes Niveau bescheinigt wird, ergreifen nicht weniger als 106 Redner das Wort, 53 Abgeordnete geben ihre Beiträge zu Protokoll. In den beiden großen Fraktionen überwiegen die Bonn-Befürworter. Die Entscheidung für Berlin kommt durch das Votum der FDP zustande, die sich mehrheitlich für Berlin ausspricht, und durch die fast einhellige Zustimmung der PDS. Bis kurz vor der Abstimmung war eher mit einem Erfolg für Bonn gerechnet worden. Den Ausschlag für Berlin haben nach allgemeinem Eindruck die Reden von Wolfgang Schäuble und Willy Brandt gegeben.

Anlaß zum Jubel? Zu lautem Triumph wird nach dieser Entscheidung auch unter denen, die unbeirrt für Berlin als Hauptstadt und Regierungssitz waren, kaum jemandem zumute sein. Vermutlich ist es eher Erleichterung, die das knappe Votum für Berlin hervorruft. Und auch dafür ist der Grund weniger der Umstand, daß Berlin nun das Schicksal erspart bleibt, mit den Epauletten der Hauptstadt-Ehre ausgestattet zu werden, der Kompetenzen jedoch beraubt zu sein, die erforderlich wären, um diesem Rang politisch-praktisch gerecht zu werden. Vor allem wird die Genugtuung über die Bundestags-Entscheidung getragen von der Überzeugung, daß mit ihr die Gefahr abgewendet worden ist, eine große Chance zu verspielen – die nämlich, dem schwierigen Prozeß des Zusammenwachsens des vereinigten Deutschland die dringlich notwendige symbolisch-praktische Solidarität zu geben, Mut zu machen.

Denn um nichts anderes ging es in Wahrheit bei dieser Parlamentssitzung, die mit gemischten Gefühlen erwartet und schließlich doch zu einem denkwürdigen Ereignis wurde. Anders als 1949 war da ja nicht nur ein geeigneter Ort für das Regieren zu wählen oder zur Feier der Einheit die repräsentativen und praktischen Funktionen der Politik neu zu sortieren. Zur Debatte stand die Frage, wie die deutsche Politik auf die Herausforderung reagiert, welche die staatlich vollzogene, innerlich jedoch noch ganz und gar nicht vollendete, vielmehr zunehmend gefährdet erscheinende Einheit bedeutet. Die Entscheidung für Berlin ist in dem Versuch der Selbstklärung und Selbstbestimmung, der uns – wie wir allmählich begreifen – in bezug auf das neue, größere Deutschland aufgegeben ist, ein Zeichen dafür, wie ernst es der Bundesrepublik mit dieser Einheit ist. Mit ihr vollzieht sie jene symbolisch-praktische Blickwendung, ohne die die Einheit, die Revolution im Herbst 1989 wie das folgende Zerbrechen der Grenzen zu einem guten Teil um ihren historischen Rang gebracht worden wäre.

Auch nach dieser Entscheidung bleibt freilich an der Bundesrepublik die Erinnerung an den verbissenen öffentlichen Streit hängen, der der gestrigen Bundestagsdebatte vorausging und der teilweise gespenstische Züge trug. Die Debatte selbst mag dazu beigetragen haben, die Maßstäbe wenigstens zum Teil wieder gerade zu richten. Aber die politischen, historischen und moralischen Offenbarungseide, die in diesem Streit geradezu reihenweise abgelegt worden sind, werden so rasch nicht aus dem Gedächtnis zu löschen sein. Sie haben die Deutschen in einer Verfassung gezeigt, die zu Sorgen Anlaß gibt. Wenn es in der Hauptstadt-Frage, wie Eberhard Diepgen formuliert hat, um eine »politische Standortbestimmung« gegangen ist, dann hat diese Debatte jedenfalls eine beklemmende Unsicherheit der Deutschen über ihren Standort offenbart.

Mehr als eine Weichenstellung konnte die Entscheidung ohnedies nicht sein. Da ist es schon viel, daß die Weichen in die richtige Richtung gestellt worden sind. Daß dies bei dem bis zum Überdruß verfahrenen Streit überhaupt noch gelingen konnte, nährt einen Glauben an die Kraft der Vernunft, der einem in den letzten Wochen gerade in dieser Frage abhanden zu kommen drohte. Man wird diese Wendung nur erklären können mit den eindrucksvollen Auftritten gerade der Fürsprecher Berlins – von Willy Brandt bis Helmut Kohl, von Wolfgang Schäuble bis Hans Jochen Vogel.

Kein Berlin-jetzt-freue-dich also? Natürlich liegt es auf der Hand, daß die Stadt die Bonner Entscheidung mit Freude und Dankbarkeit begrüßt. Aber es ist gut, wenn diesen Empfindungen, die nach über vierzigjähriger Existenz im Ringen und schließlichem mühsamen Sich-Arrangieren mit einem in der Weltgeschichte ziemlich einzigartigen Stadtschicksal wahrhaftig verständlich sind, Nachdenklichkeit und Bescheidenheit beigemischt sind. Denn die Hauptstadt-Rolle setzt die Stadt auch unter den Druck einer gewaltigen Erwartung. Die Stadt hat die Jahrzehnte, die sie im Wartesaal der Geschichte abgestellt war, wahrhaftig nicht unversehrt überstanden. Es wird immenser Anstrengungen bedürfen, um wieder der Aufgabe, Hauptstadt für alle Deutschen zu sein, gerecht zu werden.

Der gezauste Beschluß

19. Juli 1991

Der Umzugsbeschluß schlägt in Bonn hohe Wellen. Schon eine gute Woche später findet die erste Demonstration »Pro Bonn« auf dem Bonner Marktplatz statt. Organisiert von örtlichen Wirtschaftskreisen, sucht sie Stimmung gegen den Umzug zu machen und wird nun Woche für Woche wiederholt. Der Druck aus den betroffenen Verwaltungen wächst. Zeitraum und Grundlage des Umzugs werden zu Streitpunkten: vier Jahre, wie beschlossen, oder acht? Per Gesetz, womit neue Debatten garantiert wären, oder ohne? Bald werden dem Beschluß zusätzliche Forderungen aufgeladen: Umzug nur bei voller Funktionsfähigkeit der Hauptstadt, Absicherung der sozialen Verträglichkeit aller Veränderungen. Knapp einen Monat nach dem Umzugsbeschluß des Bundestags besucht Bundestagspräsidentin Rita Süssmuth Berlin.

Mit ihrem Besuch hat die Bundestagspräsidentin immerhin demonstriert – einen knappen Monat nach der Entscheidung des Parlaments für Berlin –, daß es dem Bundestag ernst damit ist, seinem Beschluß zu den notwendigen praktischen Konsequenzen zu verhelfen. Aber an dem verheerenden Eindruck, den die Bonner Diskussionen über die Folgen dieser Entscheidung hinterlassen haben, ändert das wenig; nur die Hornhaut, die dem Gemüt beim langen Umgang mit der Politik wächst, hindert daran, die Sache so unglaublich zu finden, wie sie ist. Denn im Mittelpunkt stand da nicht das Nachdenken über das Naheliegende und Selbstverständliche: was getan werden muß, damit nun, nachdem der Knoten der Hauptstadt-Frage gelöst ist, Bundestag und Regierung möglichst bald den erwählten Sitz beziehen. Geredet worden ist in erster Linie darüber, unter welchen Umständen der Umzug keineswegs stattfinden dürfe, welche Bedingungen erfüllt sein müßten, damit er überhaupt erfolge, und wann er denn frühestmöglich geschehen könne.

Nun wird kein Fühlender den Politikern verdenken, daß ihnen die hohen Wogen der Enttäuschung in Bonn und um Bonn herum zu schaffen gemacht haben; schließlich sitzen sie noch dort inmitten von Beamten, Sekretärinnen und Zuarbeitern, die keinen Hehl aus ihrer Abneigung gegen deren Entscheidung machen. Auch ist nichts dagegen zu sagen, daß sich die Bundestagsabgeordneten Gedanken über ihre Arbeitsbedingungen machen. Aber es stellt die Dinge auf den Kopf und ist geeignet, die Entscheidung – deren Zustandekommen doch eine große Stunde des Parlaments gewesen sein soll – schrittweise zu entwerten, wenn nicht das Ziel die Debatte bestimmt, sondern die Abfederung der Folgen – und bei einigen wohl auch ihre Abwendung.

Keiner will ja beispielsweise die Abgeordneten mit dem Umzug zurückbefördern in die Baracken-Enge der früheren Bonner Provisorien-Jahre (obwohl die offenbar der Politik so schlecht gar nicht bekommen ist). Aber was hat die Verwaltungs- und Fraktionsnotabeln geritten, den Umzug nach Berlin an die Herstellung der »vollen Arbeitsfähigkeit in einem umfassenden Sinne« zu binden – weshalb er dann auch, wen wundert's, noch »mindestens« acht Jahre auf sich warten läßt? Es ist im Ernst niemandem klarzumachen, daß in einem Deutschland, das sich für die nächsten Jahre insgesamt in einem schwierigen Umstellungsprozeß befinden wird, nicht auch den Abgeordneten einige Ungelegenheiten zuzumuten sein sollen. Der Bundestagsbeschluß wird um Sinn und Wirkung gebracht, wenn über seine Realisierung die Zahl der Quadratmeter der Abgeordnetenbüros oder die Perfektion der Sitzorganisation entscheidet.

Es bleibt ohnedies eine groteske Vorstellung, daß nach diesem Beschluß der politische Betrieb ruhig in seinem bewährten Bonner Refugium verharren könnte – allenfalls gelegentlich ambulanterweise in Berlin und anderswo eine Gastrolle gibt –, bis ihm in der künftigen Parlaments- und Regierungsstadt kurz vor der Jahrhundertwende das neue Gehäuse übergeben wird, bezugsfertig und nach neuestem Standard. Wäre die Entscheidung für Berlin so gemeint, hätte man sie besser gelassen. Tatsächlich bezog sich das Votum für die Verlagerung des Parlaments- und Regierungssitzes nicht auf eine Option für irgendeinen fernen Zeitpunkt. Daß das neue Deutschland von Berlin aus regiert werden soll, ist eine politische Entscheidung, die, nicht zuletzt, auf die Probleme, Spannungen und Verspannungen antwortet, mit denen die deutsche Vereinigung zu ringen hat. Damit die Bestimmung des Parlaments- und Regierungssitzes das Zeichen für diesen unendlich mühsamen Prozeß setzt, das nach Überzeugung der meisten Befürworter Berlin geben soll, müssen mithin so bald wie möglich politisch-staatliche Funktionen von hier aus wahrgenommen werden. Dafür ausreichende Bedingungen zu schaffen, muß deshalb im Vordergrund aller Überlegungen stehen.

Ist das nicht der erste und bestimmende Richtpunkt aller Konzepte und Planungen zur Verwirklichung des Bundestagsbeschlusses, müssen Bundestag und Regierung ins Zwielicht geraten. Es liegt auf der Hand, daß die politischen Institutionen dafür den hohen Preis einer Beeinträchtigung ihrer Glaubwürdigkeit zahlen müßten.

Die Einheit – auch ein Seelendrama

21. Juli 1991

Je weiter der Prozeß der deutschen Vereinigung fortschreitet, desto deutlicher tritt hervor, daß die wirtschaftlichen Schwierigkeiten nur einen Teil seiner Problematik ausmachen. Noch nicht zwei Jahre seit der Öffnung der Mauer, noch nicht ein Jahr seit der Herstellung der staatlichen Einheit zeigt eine wachsende Zahl von Gesprächen und Berichten, daß vor allem im Osten die Einheitserwartungen von Einheitsenttäuschungen eingeholt, ja, überholt werden. Inmitten der wirtschaftlichen Misere werden Gefahren und Belastungen spürbar, die nicht weniger real sind als Arbeitslosigkeit oder die Mühen der Umstellung auf die neuen Verhältnisse. Im Osten breiten sich Unsicherheiten und Orientierungsprobleme aus, und im vereinten Land greift ein strapaziöses Spannungsverhältnis von Ost und West um sich.

Wer hören kann, der hört es. Zwischen der Flut der täglichen Neuigkeiten, die der Prozeß der deutschen Einigung hervorbringt – immer noch mehr Hiobs- als Frohbotschaften, von der steigenden Arbeitslosigkeit über den zögernden Wirtschafts-Aufschwung bis zu den gewaltigen finanziellen Transferleistungen, die der Neuaufbau in den östlichen Ländern uns abfordern wird –, tritt immer dringlicher ein neuer Ton hervor. Er kommt aus den neuen Ländern und ist gestimmt auf Klage, Bitterkeit, Verletztheit. Er macht deutlich, daß dieser Prozeß nicht nur eine ebenso grandiose wie gewagte Operation gleichsam am offenen Herzen von Politik, Ökonomie und gesellschaftlichem Leben ist. Mehr und mehr und je länger, desto stärker wird in diesem ersten Sommer nach der vollzogenen staatlichen Einheit erkennbar, daß dieser Prozeß alle Züge eines Seelendramas angenommen hat.

Die Code-Formeln dafür tauchen in jedem zweiten Gespräch auf, in dem sich Deutsche-Ost gegenüber Deutschen-West äußern. Das »So-haben-wir-uns-das-nicht-vorgestellt« ist noch die schlichteste davon, weil sie nur die einfache Enttäuschung darüber ausdrückt, daß – was wahrhaftig kein Wunder ist – nicht alle Blütenträume der Einheit gereift sind. Anderes wiegt schwerer, geht näher. Vom Gefühl des »Versagens« und der »Überwältigung« ist die Rede, von »Verlusten« und den Bedrohungen des Selbstgefühls, und das Bild, daß anstelle der Mauer zwischen Ost und West, die nun überall abgerissen worden ist, neue, unsichtbare Grenzen zwischen Ost- und Westdeutschen wachsen, gehört schon fast zum ständigen Versatzstück dieser neuen deutsch-deutschen Dialoge.

Aus westlicher Sicht nehmen sich die Äußerungen, mit denen derart die Innenseite des Einigungsprozesses abgetastet und ausgeleuchtet wird, oft genug mindestens paradox, wo nicht larmoyant aus. Da fällt das Wort von der »Enteignung« – obwohl nun unzweifelhaft alle mehr Chancen haben, als sie sich je erträumten. Und dieselben Menschen, die eben noch ihre DDR-Eigentümlichkeit nicht rasch genug loswerden konnten, reklamieren nun eine eigene Identität – oder zumindest die Zugehörigkeit zu »einer Art Schicksalsgemeinschaft von Betroffenen« (wie es der Anwalt Rolf Henrich, seinerzeit Mitbegründer des »Neuen Forums«, formuliert hat).

Das alles sind keine (oder nur zum Teil) Ungereimtheiten. Es deutet auf die Tiefendimension der Erschütterung hin, welche die Vereinigung für viele in den neuen Bundesländern bedeutet hat und weiterhin bedeutet. Neben dem, was sie politisch, wirtschaftlich und historisch unbestreitbar ist – nämlich Befreiung, Eröffnung bisher ungekannter Chancen und, auch dies, ein Stück Erfüllung –, ist sie auch ein Kulturschock von unglaublicher Wucht gewesen. Mit dem System des Zwangs, der Reglementierung und des Sich-Arrangierens ist eine Welt zusammengebrochen, mit der die Menschen über Jahrzehnte gelebt haben. Zugleich sind sie eingetreten in eine ganz neue, andere Welt, die zwar ersehnt, aber unvertraut, bewundert, doch fremd, nun hautnah und immer noch im Innersten fern ist.

Es ist diese an die Wurzeln gehende Veränderung, die die Menschen im eigenen Land ein Stück weit zu Fremden macht und sie ein Leben als Überforderung erfahren läßt, das sie doch gewünscht haben. Sie sind nun – was sie sein wollten – Bürger der neuen, größeren Bundesrepublik, mit allen Rechten und Pflichten, mit Reisefreiheit, D-Mark in der Tasche und Absicherung im sozialen Netz. Aber in Wahrheit sind sie innerlich in diesem neuen Land noch nicht angekommen.

Man muß sich also über die neuen, zweifelnden und verzweifelnden Stimmungen im Osten nicht wundern. Sie sind dem ungeheuren Ereignis der Einigung gefolgt wie das Beben dem Bergsturz. Aber es wäre falsch, sie nur als Äußerungen der Wehleidigkeit abzufertigen. Sie zeigen an, daß der deutsche Einigungsprozeß seine kritische Phase noch längst nicht hinter sich hat, ja vielleicht seinem Höhepunkt – jener Krise im präzisen, medizinischen Sinn des Begriffes, in der sich entscheidet, ob die Heilung greift oder der Rückfall droht – erst entgegengeht. Jedenfalls baut sich da ein Potential an Enttäuschung und Sichunverstanden-Fühlen auf.

Insofern ist es richtig, das Bewußtsein dafür zu schärfen, daß das Gelingen der deutschen Einigung nicht allein abhängt von den Milliarden, die aus der Alt-Bundesrepublik in die neuen Länder transportiert werden, von Supermärkten und erneuerten Autobahnen. Das Aufeinanderzugehen, von dem der Bundespräsident gesprochen hat, muß hinzukommen. Freilich soll man sich darüber auch keiner Illusion hingeben. Das Brachland an Mißverstehen und Vorbehalten, das sich unter und zwischen den Deutschen aufgetan hat – wie der wüste Streifen, der nun dort verläuft, wo früher die Grenze war –, ist das eine; das andere ist das riesige Gefälle zwischen Wohlstand und Mangel, Komfort und Ruiniertheit, Sicherheit und Unsicherheit, das durchs geeinte Deutschland geht. Wie lange kann ein Land dieses Gefälle aushalten? Wie kann es *ein* Land werden, wenn es dies nicht überwinden kann?

Das rhetorische Hand*auf*legen allein kann die Schieflage, die im Seelenleben der vereinten Nation zunehmend spürbar wird – mehr vom Osten aus als im Westen –, nicht geraderichten; am Ende wird es auch vom Erfolg des Hand*an*legens abhängen, ob und wann die Verwerfungen zwischen Ost- und Westdeutschen sich einebnen. Es bleibt der bittere Schluß, den Friedrich Schorlemmer, der Wittenberger Pfarrer und Mitbegründer der Bürgerbewegung, aus den Reibungen und Frustrationen des Einigungsprozesses gezogen hat: es sei dessen Grundproblem, daß die Ex-DDRler die Westdeutschen brauchten, dieser aber jene nicht; alles andere folge daraus. Es ist eine Wahrheit, an der man sich nicht vorbeidrücken kann, aber es ist nicht die ganze Wahrheit. Das Ungleichgewicht zwischen West- und Ostdeutschen ist in der Tat gar nicht zu beschönigen. Aber spätestens seit dem Vollzug der Einheit trifft es nicht mehr zu, daß die Westdeutschen die Ostdeutschen nicht mehr brauchen: sie brauchen sie, weil auch ihr Schicksal am Gelingen der Einheit hängt. Nur wissen das viele noch nicht.

Was bedeutet uns die Mauer-Zeit?

13. August 1991

Am ersten Gedenktag an den Bau der Mauer am 13. August 1961, an dem sie weitgehend abgetragen ist – am 30. November 1990 ist das letzte Stück von ihr abgerissen worden –, hat die Auseinandersetzung mit der Vergangenheit voll eingesetzt. Bundeskanzler Kohl und der CSU-Vorsitzende Waigel fordern, die Verantwortlichen für den Schießbefehl zur Rechenschaft zu ziehen. Das Bundeskabinett verabschiedet einen Gesetzentwurf zur Rehabilitierung und Entschädigung von DDR-Häftlingen. Am Tag danach beginnt vor einem Schweriner Gericht der erste Prozeß gegen einen der 15 Stasi-Bezirkschefs der DDR, den 61jährigen Generalmajor Werner Korth. Der Berliner Senat beschließt die Errichtung einer Mauergedenkstätte an der Bernauer Straße, deren Kern ein siebzig Meter langes Mauerstück sein soll. Dagegen wehrt sich die Kirchengemeinde, durch deren Friedhof die Mauer verlief.

Diese dreißigste Wiederkehr des 13. August 1961 wird ähnlich begangen wie die Vorgänger-Gedenktage – mit der Kranzniederlegung für die Opfer der Mauer, der Rekapitulation der Umstände ihrer Errichtung, der Vergegenwärtigung der Ungeheuerlichkeit, die diese brutale Teilung einer Stadt – und eines Landes – in der Geschichte der Zivilisation bedeutete. Aber zugleich beginnt etwas ganz Neues. Dieses Mauer-Gedächtnis, dank der runden Jahreszahl von besonderem Gewicht, steht unter dem Vorzeichen ihres Fast-schon-Verschwundenseins aus dem Bild der Stadt, die sie für fast drei Jahrzehnte unnachsichtig in ihrem Beton-Griff hielt. Über den Rückblick hinaus auf den Tag, der die Gedanken und Gefühle bewegte wie kein anderer in der Nachkriegsgeschichte, beginnt die nun eigentliche Anstrengung der Erinnerung: Was bedeuten die Mauer und ihre Zeit nun, nachdem sie Geschichte geworden sind? Was bleibt von ihr, die so lange unüberwindbar schien und nun so rasch dahingesunken ist, daß bald schon schwerfallen wird, sich vorzustellen, daß es sie gegeben hat?

Das verkehrte radikal die Blickrichtung, die dieser Tag uns aufgibt. Bisher mußte man sich bei ähnlichen Gedenktagen ins Gedächtnis rufen, daß die Stadt einmal nicht geteilt war. Nun muß man sich klarmachen – und es macht schon fast Mühe, das zu tun –, daß und wie lange sie geteilt war. Früher galt die Klage den Wunden, die die Mauer schlug – zumal den Menschen im Osten, die sie daran hinderte, das Leben zu führen, das sie führen wollten –, und den Opfern, die sie gefordert hat. Jetzt besteht die Gefahr, daß mit den Resten der Mauer allzuschnell auch die Erinnerung dahinschwindet an das Leid, das sie hervorrief, und die politischen Verirrungen, die sie ermöglichten. Und wenn über die Jahrzehnte so viel Mühe, Phantasie und Energie aufgewendet werden mußten, um Wege zu finden, mit der Mauer zu leben, so wissen wir inzwischen, wie schwierig es ist, ohne Mauer zu leben.

Daß die Mauer mit Stacheldraht und Beton gefallen sei, dafür jedoch andere, innere Mauern zwischen den Deutschen hüben und drüben ständen, gehört mittlerweile fast schon zum Argumentations-Repertoire jeder Debatte über die gegenwärtige Lage. Tatsächlich erweist sich gerade an diesem, gar nicht zu leugnenden Befund die Mauer als Ereignis von immenser, fortwirkender Gewalt. Aber es sind nicht nur die von ihr verursachten Blessuren und Deformationen, mit denen die Mauer in den Köpfen und den Gemütern fortbesteht. Schwerer noch wiegen vermutlich die »positiven« Bemühungen, mit der Existenz der Mauer fertig zu werden. Die erbrachten Leistungen des Sich-Gewöhnens an das Unerträgliche, des Rechtfertigens, wo im Grunde genommen nichts zu rechtfertigen war, auch der Einsicht ins Unabwendbare: auch sie stecken in den Distanzen, die nun zwischen den Deutschen aufbrechen, da die erzwungene Entfremdung zu Ende ist. Sie waren notwendige Techniken des Überlebens, solange die Mauer stand. Nun stehen sie uns im Wege – bei dem notwendigen Versuch nämlich, solidarisch miteinander umzugehen.

Das wirft ein scharfes Licht darauf, was für ein sperriges Kapitel unserer Geschichte mit der Epoche der Mauer hinzuwächst – und wie weit wir noch davon entfernt sind, ein Verhältnis nicht zuletzt dazu zu finden. Denn die Mauer ist ja errichtet worden, um der Zweiteilung der deutschen Geschichte, die in der Gründung zweier deutscher Staaten angelegt war, Endgültigkeit zu geben. Und für ein, zwei Generationen ist es immerhin dazu gekommen, daß dieser Zustand so etwas wie Normalität gewann. Es war immer eine schmerzliche, mit Verrenkungen und Verwerfungen erkaufte Normalität, zumal im Osten – aber es war eine. Daran kommen wir nicht vorbei, wenn wir begreifen wollen, was die Zeit der Mauer gewesen ist – für unser Bewußtsein von uns selbst, unsere Vergangenheit, unseren moralisch-politischen Haushalt.

Wie immer, wenn es um »Vergangenheitsbewältigung« geht, führen Vergessen und Verdrängen nicht weiter. Das gilt auch für die fast drei Jahrzehnte, in denen die Deutschen mit der Mauer leben mußten – und gelebt haben. Das Gedenkdatum für das Monstrum, das es nicht mehr gibt, wäre gut genutzt, wenn wir uns das vor Augen führten.

Ein später Sieg der Stasi?

8. September 1991

Am 6. September tritt Lothar de Maizière, der letzte Ministerpräsident der DDR, von allen seinen Ämtern in der CDU zurück, fünf Tage später gibt er auch sein Bundestagsmandat auf. Damit endet sein Rückzug aus der Politik, an dessen Anfang Ende 1990 eine Spiegel-Veröffentlichung gestanden hatte, die behauptete, er sei unter dem Decknamen »Czerny« Stasi-Mitarbeiter gewesen. Er ist nicht der erste und auch nicht der letzte Politiker, der über den Vorwurf stürzt, mit der Stasi zusammengearbeitet zu haben. Enthüllungen über Stasi-Kontakte werden zur Begleit- und Drohkulisse des Wiederentstehens des politischen und gesellschaftlichen Lebens in den neuen Ländern.

Inzwischen reichen die Finger beider Hände nicht mehr aus, um jene Politiker in den neuen Bundesländern zu zählen, die wegen Stasi-Kontakten zurücktreten mußten. Und noch viel größer ist die Zahl derer in den neuen Landtagen, die unter dem Verdacht der Stasi-Mitarbeit stehen. Man kann sicher sein, daß sich ein gut Teil davon bestätigt. An spektakulären Meldungen über Erfolge bei der Fahndung nach Verstrickungen von Politikern – und, natürlich, Ärzten, Professoren, Verwaltungsleuten und wer sonst in der Ex-DDR herausgehobene Funktionen innehatte – wird es also nicht mangeln. Aber mittlerweile ist die Frage fällig: Erfolge für wen? Wirklich für die Demokratie, die sich im Osten Deutschlands nun bewähren muß?

Die Stasi wurde einst von den Machthabern als Schwert der Partei gerühmt. Aber statt, wie es recht und billig wäre, verschrottet zu sein, hängt dieses Instrument totalitärer Machtausübung nun wie das sprichwörtliche Damoklesschwert über den neuen Ländern. Es ist aus Gründen der politischen Hygiene unerläßlich, daß das neue politische und gesellschaftliche Leben dort unter dem Schatten des Mißtrauens gegenüber der Vergangenheit steht. Aber zugleich ist es, sind zumal die Formen, in denen das geschieht, unerträglich.

Es gibt keinen Anlaß, diejenigen zu entschuldigen, die ihre Stasi-Mitarbeit erst geleugnet haben, um dann, als die Belege erdrückend wurden, das Handtuch zu werfen. Es besteht auch kein Grund, Leute mit Stasi-Vergangenheit in Parlamenten, Ministerien und führenden Positionen öffentlicher Institutionen zu dulden; es gibt genügend andere Möglichkeiten zu nützlicher Tätigkeit. Dringlich zu stellen aber sind die Fragen danach, welcher Art die Verstrickungen waren und ob sie den Urteilsspruch rechtfertigen, den wir alle dann fällen.

Nach erfolgreicher »Überführung« ähneln sich die Tatorte ja in fataler Weise: Der gestellte Stasi-Informant politisch tot, aber keiner weiß, worüber er, wie intensiv, mit welchen Folgen informiert hat. Um so üppiger wuchert das Vokabular, mit dem diese Jagdszenen in den neuen Ländern ausgemalt werden. Da werden parteiübergreifende »Stasi-Fraktionen« ausgemacht, das unglückliche Sachsen-Anhalt, in dem zwei Minister wegen verschwiegener Stasi-Kontakte zurücktreten mußten, avanciert zur »Stasi-Hochburg«, und natürlich ist jeder, über den sich eine Aktennotiz über Kontakte zu Mielkes Leuten findet, ein »Stasi-Spitzel«, als hieße er Guilleaume oder Schnur.

So aber droht die unausweichliche Auseinandersetzung mit der Vergangenheit zu entarten: zu einer Prozedur der Demoralisierung, zur Sündenbock-Suche, wo nicht – zumal bei Beteiligung derer, die der Gnade westdeutscher Geburt teilhaftig geworden sind – einem peinlichen Akt der Selbstgerechtigkeit. Diese Entwicklung trifft nicht nur den einzelnen Fall, sondern inzwischen den Prozeß der Einigung insgesamt. Unüberhörbar aus tief verletzter (Ost-)Seele hat der brandenburgische Regierungschef über »die stillschweigend erwartete Beweislast« geklagt, die allen Deutschen aus der früheren DDR auferlege, darzutun, »nicht für Honecker oder Mielke gearbeitet zu haben«. Das lade, so Stolpe, »die ganze deutsche Nachkriegsgeschichte einseitig den Ostdeutschen auf«. Und er setzt den stummen Fragen nach dieser Vergangenheit, die viele im Osten auf sich gerichtet fühlen, die Gegenfrage entgegen: »Warum sollen sich alleine die Ostdeutschen dafür entschuldigen, daß sie bis zum Herbst 1989 den Status quo mitgetragen haben?«

So kann man es jedenfalls auch sehen. Muß man es nicht wenigstens zum Teil so sehen? Es darf nicht in Vergessenheit geraten, daß die Stasi in der Ex-DDR kein Verbrecher-Syndikat war, mit dem in Kontakt zu kommen einen gehörigen Schuß krimineller Energie erforderte, sondern ein Teil dieses Staates, dessen Zugriff man sich, von bestimmten Funktionen an, nur schwer entziehen konnte. Und es gehört zum Bemühen um ein gerechtes Urteil, sich klarzumachen, daß es sehr unterschiedliche Berührungen mit diesem Staat im Staate gab: vorsätzliche und erzwungene, überzeugte und abwehrende, von Ehrgeiz und Menschenverachtung bestimmte und solche, die von der Absicht geleitet waren, den kurzen Weg zum Ohr der Mächtigen für gutgemeinte Botschaften zu nutzen.

Das Mindeste, das zu verlangen ist, genauer: was wir uns beim Umgang mit Stasi-Vorwürfen abzuverlangen haben, ist also das genaue Bedenken der Frage, wo das Sich-Arrangieren mit den Verhältnissen aufhörte und die Schuld beginnt. Dafür müssen Kriterien gefunden und gegen die Neigung, alles in einen (Stasi-) Topf zu werfen, verteidigt werden. Es kann nicht angehen, daß jede Aktennotiz dieser manisch schnüffelnden Behörde den Stab über einen Lebenslauf brechen kann, so unbescholten er sonst gewesen sein mag. In der alten Bundesrepublik sind wir, nach erbitterten Debatten, immerhin so weit gekommen, verdienstvollen Leuten nicht mehr die Zugehörigkeit zu NSDAP oder K-Gruppe in ihrer Jugend Maientagen anzuhängen. Soll das für den Stasi-Kontakt des Studenten oder Assistenten nicht gelten? Gibt es für Stasi-Mitarbeit nicht, was es überall gibt, wo gerichtet wird: mildernde Umstände, Verjährung, ja, Gnadenerweis?

Keine Frage: nichts darf vertuscht, klein geredet, verdrängt werden, was anderen Menschen geschadet hat. Es muß aufgeklärt werden, was sich aufklären läßt – auch wenn es weh tut. Aber auch dies muß klar sein: der Kampf gegen die Giftwolke der Zweifel und Verdächtigungen, die die Stasi hinterlassen hat, kann nie ganz, bis zur völligen Reinigung, gewonnen werden. Wird er ohne Rücksicht auf Verlust geführt, sozusagen bis zum letzten

Blockpartei-Funktionär, Kreistierarzt oder Hochschuldozenten, gibt er der Stasi ein Stück von der Macht wieder, die sie verloren hat. Es ist das alte System, es sind seine Exekutoren und Propagandisten, die auf die Anklagebank gehören. Sitzen dort jedoch vor allem jene, die sich bei dem Versuch kompromittiert haben, da einen kleinen Vorteil zu erreichen, dort – vielleicht – sogar die Folgen des Systems zu mildern: es wäre, sozusagen noch aus dem Grabe heraus, ein später Sieg des alten Regimes.

Am eigenen Schopfe aus dem Sumpf

3. November 1991

Am 19. Oktober wird der Ministerpräsident von Mecklenburg-Vorpommern, Gomolka, zum Präsidenten des Bundesrates gewählt. Damit tritt zum ersten Mal der Vertreter eines ostdeutschen Landes an die Spitze eines Verfassungsorgans. Die neuen Länder sind zu diesem Zeitpunkt ziemlich genau ein Jahr alt – am 14. Oktober 1990 haben sie sich mit ihrer gemeinsamen Landtagswahl konstituiert, am 11. November haben ihre Vertreter zum ersten Mal an einer Bundesratssitzung teilgenommen. Natürlich sind sie keine neuen Länder; sie müssen nur neu begründet werden, weil sie 1952 von der DDR zugunsten der Bildung von Bezirken aufgelöst wurden. Inzwischen sind sie auf dem Wege ihrer Wiedererrichtung als Bundesländer. In seiner Antrittsrede am 8.November klagt der neue Bundesratspräsident die Anerkennung der Anstrengungen ein, die den Menschen in den neuen Ländern abverlangt werden. Die dabei erreichten Erfolge würden in den alten Ländern oft in »Buchhaltermanier auf beschämende Art« in »Gewinn- und Verlustrechnungen« bewertet.

Gewiß ist es ein Routinevorgang, aber registriert zu werden verdient der Umstand schon, daß seit dem 1. November der mecklenburg-vorpommerische Ministerpräsident Gomolka die Präsidentschaft des Bundesrates innehat (seine Antrittsrede wird er am kommenden Freitag halten). Denn mit ihm tritt zum ersten Mal ein Ostdeutscher in den kleinen Kreis der obersten Repräsentanten der Bundesrepublik ein. Erst recht gebührt dem Vorgang Aufmerksamkeit, weil er ziemlich exakt mit einem anderen Datum zusammenfällt. Vor einem Jahr konstituierten sich in diesen Tagen im Osten die neuen Länder. Nach dem Akt der deutschen Vereinigung war dies der zweite Schritt, mit dem sich die DDR in einen Teil der Bundesrepublik verwandelte.

Damals bestanden die Länder freilich vor allem auf dem Papier.

Inzwischen besitzen sie, was Länder staatlich-politisch zu Ländern macht – Parlamente, Regierungen, Verwaltungen. Um so mehr stellt sich die Frage, ob sie wirklich bereits zu dem geworden sind, was sie sein sollen und wollen: der Rahmen für das politische Leben im »Beitrittsgebiet« (wie die inzwischen verblichene Verlegenheits-Floskel hieß). Haben sie eingelöst, was sich die Menschen von ihnen versprachen, die nach den Jahren eines zentralstaatlichen Regimes plötzlich Fahnen mit den alten Länderfarben schwenkten?

An politischer Aktivität mangelt es in den Ländern jedenfalls nicht. Mit der Verabschiedung von Gesetzen, dem Aufbau der Verwaltung sind sie dabei, sich in münchhausenscher Art am eigenen Schopfe aus dem Sumpf zu ziehen, in dem sie die DDR sitzengelassen hat. Es fehlt auch nicht an den offenbar unvermeidlichen Begleitgeräuschen des politischen Betriebs – Personalprobleme, Parteigezänk und selbst an veritablen Regierungskrisen. Man mag es auch als Beleg für die Festigung der Länder nehmen, daß die Neugliederungsdiskussion, die noch unter der Regierung de Maizière einige Wellen schlug, völlig verstummt ist; nur das Spezialthema der Vereinigung von Berlin und Brandenburg ist davon übriggeblieben. Auf der anderen Seite ist unübersehbar, daß der Prozeß des Sich-Wiedereinwurzelns in die alten historisch-landsmannschaftlichen Muster überlagert und an den Rand gedrängt worden ist von jener neuen Teilung in der Einheit, die aus den wiedervereinigten Deutschen »Ossis« und »Wessis« gemacht hat.

Ist der Prozeß der föderalen Durchknetung der ehemaligen DDR also steckengeblieben? Davon kann nicht die Rede sein. Die neuen Länder haben, im Gegenteil, die alte, zentralistische Struktur, die über bald vierzig Jahre den Osten bestimmte, in erstaunlich kurzer Zeit aufgelöst und zu einer historischen Episode gemacht. Das politische Leben, das in der alten DDR ganz auf Ost-Berlin ausgerichtet war, hat heute seine Knotenpunkte in den neuen Landeshauptstädten. Wie weit abgetragen der Boden schon ist, auf dem die DDR existierte, verdeutlicht die unglückliche Rolle, die Institutionen spielen, in denen, wie im ehemaligen DDR-Fernsehen oder der Akademie der Künste, ein Stück des alten DDR-Zentralstaats fortdauert; sie hängen buchstäblich in der Luft.

Es ist, so scheint es, weniger die Erblast der alten Strukturen, die es den neuen Ländern schwermacht, Politik und Bürgern den gesuchten politisch-emotionalen Halt zu geben. Es ist die Misere, die die DDR ihnen hinterlassen hat und die im Prozeß der Vereinigung dramatisch aufgebrochen ist. Überdies muß das Bewußtsein der Eigenständigkeit, in dem die politische Existenz der Länder wie das dazugehörige Landesbewußtsein verankert ist, zwangsläufig so lange fragmentarisch bleiben, wie die Länder nicht personell, finanziell und wirtschaftlich wenigstens einigermaßen auf eigenen Füßen stehen. Davon aber sind die neuen Länder noch weit entfernt.

Dagegen haben sich die neuen Länder bemerkenswert rasch eingefügt in das föderative Gefüge, das sich im Mit- und Gegeneinander der Länder wie der Länder und des Bundes in der alten Bundesrepublik in mehr als vierzig Jahren Nachkriegsgeschichte ausgebildet hat. Das belegt nicht nur die selbstbewußte Selbstverständlichkeit, mit der sie – inzwischen alle mit eigenen Landesvertretungen in Bonn – ihre Eigenarten und Vorzüge in der bisherigen Residenz am Rhein vorstellen. Vor allem bezeugt es der Umstand, daß jene Fronten nicht entstanden sind, die von ihrem Eintritt ins föderative Gefüge befürchtet wurden.

Zwar halten die neuen Länder – Berlin als alt-neu gemischtes Land immer dabei – engen Kontakt miteinander und treten auch als gemeinsame Petenten auf. Aber zu einem Block der Ost-Länder sind sie nicht geworden; was sie zusammenfügt, sind die gemeinsamen Interessen, die sie von den anderen Ländern unterscheiden, nicht die Kalkulation, das gemeinsame Gewicht auszuspielen. Auf der anderen Seite haben die West-Länder weise davon Abstand genommen – trotz des Übergewichts, über das sie verfügen –, mit der Möglichkeit der Überstimmung der Ost-Länder zu spielen. Und auch die Bildung von Abhängigkeits-Verhältnissen zwischen – reichen – West-Ländern und – armen – Ost-Ländern ist weitgehend ausgeblieben. So sind die Länder auf dem Gebiet der ehemaligen DDR schneller als erwartet in die Rolle selbstverständlicher Teilhaber am Gesamtstaat Bundesrepublik hineingewachsen.

Ein Jahr nach jener Rückwendung der Menschen in der DDR zu den alten Ländern, die ins Leben treten ließ, was seither die »neuen Länder« heißt, sind diese Länder noch ein gutes Stück entfernt von der in Jahrzehnten gewachsenen Selbstverständlichkeit ihrer westlichen Partner. Auch liegen die wirklichen Probleme noch vor uns, die die deutsche Einheit dem Föderalismus in der Bundesrepublik aufgegeben hat. Erst ansatzweise wird ja erahnbar, welche große Herausforderung das massive, auf absehbare Zeit gar nicht auszugleichende Gefälle für ein politisches Gefüge bedeutet, das auf das Ziel der Einheitlichkeit der Lebensverhältnisse ausgerichtet ist und bisher mit weitgehender Homogenität der sozialen Umstände rechnen konnte. Aber das graue Bild, das die neuen Länder gelegentlich bieten, darf nicht davon ablenken, daß sie zu ihrem Teil dazu beigetragen haben, den Prozeß der inneren Einheit voranzubringen.

Ein Tag gegen die Entmutigung

9. November 1991

Am zweiten Jahrestag der Maueröffnung wird spürbar, wie sehr dieses Ereignis bereits überlagert wird durch die Begleiterscheinungen des Vereinigungs-Prozesses – wirtschaftlichen Schwierigkeiten und psychologischen Verwerfungen. Dazu kommt die Bestürzung über die neuen rechtsradikalen Exzesse. Am 20. September haben Neonazis und Skinheads massiv Ausländerwohnungen in Hoyerswerda angegriffen. Ansonsten Vereinigungs-Alltag: Am Leninplatz im Berliner Bezirk Friedrichshain beginnt der Abriß des monumentalen Lenin-Denkmals. Die Baukommission des Bundestags besichtigt in Berlin ehemalige DDR-Ministerien in der Nähe des Reichstags.

Zum Feiertag der deutschen Einheit – wie manche vorschlugen – ist der 9. November nicht geworden, aber ein besonderer Tag bleibt er allemal. Denn es geschieht selten, daß Menschen Teilnehmer und, zu ihrem Teil, Teilhaber davon werden, wie Geschichte sich in einem Ereignis verdichtet, um innerhalb von Stunden die Welt zu verändern. Und auch am historischen Rang dieses Tages kann kein Zweifel sein. Mit ihm beginnt nicht nur der Weg zur deutschen Einheit. Daß die Nachkriegsteilung Europas in dieser Nacht an der Stelle durchbrochen wurde, an der sie am härtesten behauptet wurde und am schmerzhaftesten war – nämlich in Deutschland, zumal in Berlin –, hat auch dazu beigetragen, daß in ganz Ostmitteleuropa die alten Systeme wie Kartenhäuser zusammenbrachen.

Aber ist die Erinnerung an diesen Tag heute mehr als ein Tribut an Gefühle und Erlebnisse, die allesamt schon verweht sind? Als dies alles noch Ereignis war – Jubel über das Unvorstellbare, Umarmung und Tränen, Fassungslosigkeit angesichts der Horizonte, die sich von einem auf den anderen Augenblick auftaten –, da war der 9. November der Tag, an dem eine Wahrheit sichtbar wurde, an die keiner mehr geglaubt hatte: daß nämlich unter der lastenden Decke der Zweistaatlichkeit noch mehr Zusammengehörigkeit lebte als man hatte hoffen können. Gerade in bezug darauf nimmt sich der 9. November für viele heute aus wie ein Tag der schönen Täuschungen.

Es ist wahr, daß die Überwältigungsgefühle, die damals alle erfüllten, längst der Ernüchterung Platz gemacht haben, ja mehr noch, dem Verletzt-Sein, der Resignation und sogar – hier und dort – dem nostalgischen Rückblick auf das Vergangene. Nicht die bewegte Erinnerung an den 9. November bestimmt deshalb die Empfindungen, mit denen wir diesen zweiten Jahrestag begehen, sondern der Blick auf die Problemgebirge, in denen wir mit Ächzen und Stöhnen auf dem Weg zur Ausfüllung der staatlichen Einheit herumsteigen. Und nicht nur die alten, von Teilung und real-existierendem Sozialismus beherrschten Verhältnisse sind unerreichbar weit abgesunken in die Vergangenheit. Daß die Deutschen damals – in Walter Mompers denkwürdiger Formel – »das glücklichste Volk der Welt« waren: es ist von den Konflikten, die sie gegenwärtig erleben, so weit in Gestern und Vorgestern zurückgestoßen worden, daß es den Eindruck macht, es habe mit uns, unserer Lage und unseren Zukunftsaussichten kaum noch etwas zu tun.

Wenn dem so ist, brauchen wir uns allerdings nicht zu wundern, daß der Prozeß der Einheit von den Kalamitäten des Alltags bis zur Unerkennbarkeit überwuchert wird und ins Gefühlsleben der Nation so wenig Spuren eingräbt. Denn der 9. November 1989 bleibt in Wahrheit ein unverzichtbarer Fluchtpunkt dieses Prozesses – mit dem Denkbarwerden des bis dahin Undenkbaren, das er bewirkte, und den Schubkräften der Erwartung eines freieren, unverkürzteren Lebens, die er bei den Bürgern der DDR freisetzte. Von der Erfahrung dieses Tages her muß dieser Prozeß gesehen werden. Sie ist ein wichtiger Besitz, den wir bewahren müssen, weil aus ihm Kraft gegen drohenden Kleinmut, Resignation und Erschöpfung zu gewinnen ist. Wenn möglich war, was am 9. November vor zwei Jahren unter Jubel und Tränen Ereignis wurde, da dies möglich war, können die Probleme nicht unübersteigbar sein, vor denen wir heute stehen. Es sei denn, wir verlören alles Maß für die Dimension und die Perspektive der Veränderung, deren Mitakteure wir sind.

Es war der amerikanische Präsident Kennedy, der nach dem stürmischen Empfang, den ihm die Berliner 1963 bereiteten, bekannte: er werde sich immer dann, wenn er sich von der Last der Probleme überwältigt fühle, zur Ermutigung den Film über diesen Tag ansehen. Der 9. November könnte für die Deutschen auf dem Weg zur inneren Einheit eine ähnliche Rolle spielen: Immer dann, wenn die Schwierigkeiten übermächtig zu werden drohen, sollten wir den Film mit den Bildern von dieser Nacht in Berlin, den wir alle noch irgendwie im Kopf haben, wieder vor dem inneren Auge ablaufen lassen. Das würde vieles zurechtrücken. Es würde helfen, den Aufgaben des Tages gerecht zu werden.

Auseinandersetzung und Versöhnung

15. Dezember 1991

Zwei Jahre nach dem Mauerfall, ein Jahr nach ihren überraschenden Wahlsiegen bei den Landtagswahlen im Oktober 1990 wird die CDU im Osten von internen Konflikten in Atem gehalten. Partei-Reformer, die oft erst nach der Wende zur CDU gestoßen sind, sehen mit Mißtrauen auf die Mitglieder, die bereits in DDR-Zeiten politisch aktiv waren, abfällig »Blockflöten« genannt; allerdings stellen diese noch immer 80 bis 85 Prozent der Mitglieder. Deshalb hält die Partei ihren Parteitag in Dresden ab. Kohl wendet sich ausdrücklich gegen die pauschale Verdächtigung der Alt-Mitglieder. Ein »Dresdner Manifest« postuliert die Fortführung der Erneuerung der Partei. Der Vormarsch unbelasteter Mitglieder setzt sich fort: An die Stelle des wegen Stasi-Vorwürfen zurückgetretenen de Maizière tritt Angela Merkel, die erst nach der Wende zur CDU stieß; dazu kommt die junge thüringische Pastorin Christine Lieberknecht, die 1989 zu den Parteikritikern zählte.

Mit ihrem Dresdner Parteitag sucht die CDU den Ort auf, an dem fast auf den Tag genau vor zwei Jahren mit dem denkwürdigen Auftritt Helmut Kohls vor der Ruine der Frauenkirche jene Wende in der Wende zum Ereignis wurde, die die Herbst-Revolution in der DDR schließlich in den mächtigen Strom hin zur deutschen Einheit münden ließ. Das mag auch etwas von einer Beschwörung haben: Kohls Entscheidung, die historische Chance der Einheit zu ergreifen, hat der Union schließlich das Übergewicht in den neuen Ländern verschafft, das ihr vor einem Jahr nochmals, trotz der Einbrüche in den alten Ländern, die Macht erhielt. Nun allerdings konfrontiert der Tagungsort die CDU mit ganz anderen Erfahrungen: mit den Mühen des Eins-Werdens, der »inneren Einheit«, deren Spuren sich in den neuen Ländern drastisch zeigen – an den überall sichtbaren Verwerfungen von Altem und Neuem, am Umschlagen von Hoffnungen in Enttäuschungen und dem allzu langsamen Gang des notwendigen Wandels.

Das gilt auch für die Partei selbst. Sie sieht sich in den neuen Ländern unter dem Druck interner Auseinandersetzungen. Der Parteitag nach der Vereinigung von West- und Ost-CDU demonstriert die Folgen davon unter anderem dadurch, daß zwei der vier Regierungschefs in Ostdeutschland Westdeutsche sind und drei von den fünf Landesverbänden sich aus dem Streit zwischen Reformern und Alt-Mitgliedschaft mittlerweile in die Wahl von Vorsitzenden geflüchtet haben, die der Gnade westlicher politischer Karriere teilhaftig sind. Was in diesem Konflikt zutage tritt, sind mehr als die üblichen innerparteilichen Querelen. Es ist ein Stück der ostdeutschen Unsicherheit im Jahre 2 nach der großen Zeitenwende. Es ist auch mehr als ein Teil der Vergangenheitsbewältigung, die nun in bezug auf die DDR begonnen hat. Es hat zu tun mit der für die Zukunft nicht nur der neuen Länder entscheidenden Frage: Wer soll dort eigentlich regieren und Politik machen? Wer Verantwortung übernehmen? Wer sich ins Rad stemmen, damit das öffentliche Leben wieder seinen normalen Gang gewinnt?

Der Blick zurück auf den Wiederbeginn des politischen Lebens zeigt ja rapide Umschichtungen. Nicht nur hat die Revolution ihre Auslöser – die Bürgerrechtler und Demonstranten der ersten Stunde – auf die Seite geschoben. Auch die Träger der Liquidierung der DDR sind zum guten Teil aus der Politik schon wieder verschwunden. Nur wenige aus der Regierung de Maizières etwa spielen noch eine maßgebende politische Rolle, das schlimme Schauspiel des Zurückdrängens und Zurücktretens des Regierungschefs ist für das Schicksal dieser ersten Führungs-Formation exemplarisch. Viele sind von der Vergangenheit eingeholt worden, die sie mit zu überwinden suchten. Und dieser Prozeß geht weiter. Die CDU bietet dafür das gegenwärtig am besten einsehbare Feld: Zwar besteht ihre Mitgliedschaft in den neuen Ländern zu vermutlich rund 80 Prozent noch aus solchen, die bereits der Blockpartei angehörten, doch in den Führungsetagen steigt unübersehbar der Anteil derer, die erst nach der Wende zur Partei stießen.

Es kann kein Zweifel daran sein, daß dieser Erneuerungsprozeß notwendig ist. Die Auseinandersetzung mit der Blockpartei-Vergangenheit ist eine Voraussetzung dafür, daß die Parteipolitik und darüber hinaus das öffentliche Leben insgesamt in den neuen Ländern wieder ehrlich werden. Die Mitglieder der Blockparteien können sich darüber nicht beklagen. Sie sind kompromittiert, denn sie haben in der Tat das System mitgetragen. Das ist die traurige, in keiner Weise zu beschönigende Wahrheit. Freilich ist es nicht die ganze Wahrheit. Das Maß an Mitverantwortung, das ihnen anzulasten ist, kann ja schwerlich größer sein als der Einfluß, den sie im SED-Staat realiter hatten – und der war herzlich gering. Der Erneuerungsprozeß wirft mithin auch die Frage auf, wie weit er gehen soll.

Wer nur auf die klägliche Rolle sieht, die die Blockparteien gespielt haben, nimmt im übrigen nur eine Seite des Problems wahr. Die andere besteht darin, daß ihre Haltung gerade in ihrer Zwiespältigkeit für einen guten Teil der DDR-Bevölkerung nicht unrepräsentativ war. Nicht nur die Blockparteien haben sich in die Tasche gelogen, um diese Position halten zu können, jenen Vorteil zu erreichen: Nicht allzu viele in der ehemaligen DDR werden von sich guten Gewissens sagen können, sie seien ganz frei davon. Wer sich das nicht vergegenwärtigt, läuft Gefahr, die Maßstäbe völlig zu verziehen. Das Bedürfnis nach politischer Unschuld taugt nicht als Rettungsleine, die aus der DDR-Vergangenheit herausführt. Man werde in der früheren DDR nur »gebrauchte Menschen« finden, hat Lothar de Maizière einmal gesagt. Gewiß kann das Wort auch dazu mißbraucht werden, unter den Teppich zu kehren, was der differenzierten Aufhellung bedarf. Aber es kann auch helfen, einer komplizierten Realität gerecht zu werden.

Die Aufgabe, vor der die neuen Länder stehen, ist weder mit dem Imperativ der Erneuerung noch mit der Forderung der Auseinandersetzung mit der Vergangenheit ausreichend umschrieben. Es geht um nichts Geringeres als um die Herausbildung einer neuen politisch-administrativen Führungsschicht, die von den Menschen in Sachsen und Brandenburg, in Thüringen und Mecklenburg als die ihre betrachtet wird. Dabei kann nicht darauf verzichtet werden, genau zu fragen, was einer in den vierzig Jahren DDR getan hat. Aber daß einer damals versucht hat, sich politisch zu betätigen, kann nicht ausreichen, über ihn den Stab zu brechen. Der Prozeß solcher Elitenbildung, der in Wahrheit einem Prozeß politischer Rekultivierung gleichkommt, setzt ebensoviel Bereitschaft zur Abrechnung wie zur Versöhnung voraus. Er wird am Ende auch vor den Mitgliedern der Partei nicht zurückweichen können, die – anders als die Blockparteien – wirklich zählte: den gut zwei Millionen SED-Mitgliedern.

Daß Umbruchzeiten Verschleißzeiten seien, hat der thüringische Landtagspräsident Müller eben erst im Zusammenhang mit Debatten angemerkt, welche die Blockpartei-Vergangenheit des Erfurter Regierungschefs Duchac heraufbeschworen hat. Daran ist nicht vorbeizukommen. Aber so reich ist das Potential politischer Begabungen, ja selbst nur der politischen Beteiligungs-Bereitschaft nicht, daß solcher Verschleiß grenzenlos sein dürfte – schon gar nicht auf dem über vierzig Jahre hinweg politisch verödeten Boden der neuen Länder.

Die Einheit kam nicht bis Düsseldorf oder: Die Mühen der Ebenen

Die Politik wechselt den Schauplatz

5. Januar 1992

Mit der Wiedervereinigung werde Deutschland, so hatte der erste frei gewählte DDR-Ministerpräsident Lothar de Maizière prognostiziert, östlicher und protestantischer. Davon ist noch nicht viel zu spüren. Auch die neue Bundesrepublik wird von der alten Bundesrepublik aus regiert, die Politik ist in Bonn zentriert. Verändert hat sich indessen das Feld, auf dem sich die Politik bewegt. Schon die Bundestagswahl im Dezember 1990 wäre ohne die neuen Länder anders ausgegangen. Die neuen Problemzonen im Osten überlagern die gewohnten Konfliktlinien. Die Verteilung der Gewichte unter den Regionen verändert sich. An den Debatten, aber auch an den politischen Strategien ist ablesbar, daß sich das Koordinatennetz der deutschen Politik langsam verschiebt.

Da sind sich die Prognostiker einmal einig: ein Jahr der großen Entscheidungen wird das eben begonnene innenpolitisch nicht werden. Zwar stehen in Schleswig-Holstein und Baden-Württemberg zwei wichtige Landtagswahlen an, droht im einen Fall dem frisch gebackenen SPD-Vorsitzenden ein Gesichtsverlust, im anderen den Parteien der Bonner Koalition die weitere Schmälerung ihres föderativen Hinterlands und reizt die Möglichkeit von Ampel-Koalitionen – halb Irrlicht, halb neues Positionsfeuer – die politische Phantasie. Aber als ausgemacht kann gelten, daß sich am Ende des Jahres die Verteilung der Macht nicht einschneidend verändert haben wird. Das ist der richtige Zeitpunkt, um daran zu erinnern, daß politische Veränderungen kaum je die Folge von Wahlergebnissen sind, sondern, umgekehrt, Wahlausgänge die Konsequenz politischer Wandlungsprozesse. In ihnen wird in Prozenten und Mandaten zumeist nur abgerechnet, was sich an Gewichtsverschiebungen und Stimmungswandel vollzogen hat – je langfristiger, desto unabweisbarer.

Einen Hinweis darauf, wie sehr Wahlentscheidungen bestimmt

werden von den großen Schüben politischen Wandels, hat eben noch im alten Jahr die Feier der sozialdemokratischen Machtübernahme in Nordrhein-Westfalen vor fünfundzwanzig Jahren gegeben. Denn ins Gedächtnis gerufen wurde da nicht nur ein regionales Ereignis, sondern einer der markanten Gezeitenwechsel in der politischen Geschichte der Bundesrepublik. Bis zur Regierungsübernahme durch die SPD 1966 war ja das größte Bundesland eine Domäne der CDU und Rückhalt ihrer Vorherrschaft in der Republik gewesen. Der Verlust des Landes bedeutete, wie der Bonner Zeithistoriker Hans-Peter Schwarz unlängst angemerkt hat, das eigentliche Ende der Ära Adenauer; sein Gewinn bereitete der SPD den Weg nach Bonn, legte die Fundamente für die dreizehn Jahre sozial-liberaler Koalition.

Die nordrhein-westfälische Jubiläumsveranstaltung lenkte freilich auch den Blick darauf, daß das Land an Rhein und Ruhr den alten Stellenwert nicht mehr hat, Rückhalt der Bonner Macht und Probebühne für Veränderungen zu sein. Und die Frage, die sich daraus ergibt, heißt: Wohin hat sich die strategische Zone im Kampf um die Macht verlagert? Wo befindet sich der Schauplatz, von dem die Hebelwirkung ausgehen kann, welche die politischen Verhältnisse in der Bundesrepublik mit ihren vielen Erbhöfen und Pattstellungen morgen und übermorgen bewegt? In welche Richtung weisen Druck und Sog der politischen Gezeiten? Mit dem Ende der siebziger Jahre, so viel ist offenkundig, wanderte das Gravitationsfeld der Politik vom »alten« Westen, der in den Aufbaujahren der Bundesrepublik der Motor ihres Erfolges war, und vom Norden nach Süden. Für die konservativ-liberale Koalition bildeten jedenfalls die Länder jenseits der Main-Linie den Rückhalt ihrer Macht. Aber heute?

Es ist unübersehbar, daß auch die süddeutsche Bastion der Union wankt; die baden-württembergische Landtagswahl, bei der die seit Anfang der siebziger Jahre gehaltene und von Lothar Späth vor vier Jahren mit einem Kraftakt eben noch verteidigte absolute Mehrheit auf dem Spiel steht, könnte das drastisch belegen. Aber nicht das ist das Bemerkenswerte, sondern der Umstand, daß es gar nicht mehr so wichtig ist. Der Grund dafür liegt auf der Hand: es ist die deutsche Einheit. Sie hat das Koordinatensystem der deutschen Politik nachhaltig verschoben. Daß die Bundesrepublik nicht mehr das schmale nord-südlich ausgedehnte Handtuch ist, das sie rund vierzig Jahre lang war, hat den Nord-Süd-Gegensatz relativiert, in den ihre Politik eingespannt war, und hat den »Westen« noch ein Stück weiter aus der Fast-Mittellage, die er einst innehatte, an den Rand geschoben. Dafür hat die deutsche Politik ein neues Aktions- und Bewährungsfeld gewonnen: auf ihm hat Helmut Kohl die letzte Bundestagswahl gewonnen, als Nutznießer der Stimmen der Bürger der neuen Länder wie als »Kanzler der Einheit«.

Sind also diese neuen Länder der Dreh- und Angelpunkt, an dem die Machtfrage in der Bundesrepublik künftig hängt? Einige haben die Antennen bereits in diese Richtung ausgefahren. Der rheinland-pfälzische Ministerpräsident Scharping hat jedenfalls unlängst den notorischen Streit zwischen Bund und Ländern um die Verteilung des Steuerkuchens unverblümt als ein Stück Wahlkampfvorbereitung gedeutet. Die Bundesregierung wolle mit ihren Kürzungen »sozialdemokratische Politik im Westen unmöglich machen«, um sich mit den Finanzhilfen für den Osten für die Wahlen 1994 »einen politischen Vorteil« zu verschaffen. Tatsächlich hat die CDU ja auch bei ihrem Dresdner Parteitag gefordert, den Leistungen für den Osten Vorrang einzuräumen – und Helmut Kohl wäre nicht der Machtpolitiker, der er ist, wenn er dabei nicht auch jene Bundestagswahl im Auge gehabt hätte, die er in Dresden für den Oktober 1994 ankündigte.

Es wäre indessen ganz abwegig, wenn man die Rolle der neuen Länder für den Kampf um die Macht in der Bundesrepublik als willkürlich-manipulatives Ergebnis der wahlkampfüblichen Generalstäblerei-Kampagnen verstände. Hier liegen ja tatsächlich die dringendsten Probleme. Hier hat Politik für ihr Gelingen wie für ihr Scheitern das breiteste Feld. Nirgendwo sonst ist die Formbarkeit der politischen Landschaft so groß wie im Osten, der noch auf der Suche nach lebensfähiger und lebenswerter Gestalt ist. Und von keiner Region hängt das Schicksal der gesamten Bundesrepublik so sehr ab wie von diesem Teil. Denn es ist zwar richtig, daß unsere Wirtschafts- und Finanzkraft nach wie vor in den Ballungszentren des Westens erarbeitet werden.

Aber sie fiele in ein Faß ohne Boden, wenn es nicht gelänge, die neuen Länder zu stabilisieren.

Insofern wäre es nur konsequent, wenn sie für morgen und vielleicht auch für übermorgen zu dem Platz würden, auf dem letztlich die Entscheidung fällt, wer Deutschland regiert. Ohnedies ist angesichts der politisch labilen Lage in den neuen Ländern und der Verfassung der Parteien noch längst nicht ausgemacht, wer davon am Ende profitiert.

Die DDR-Vergangenheit entfernt sich

26. Januar 1992

In einem Spiegel-Artikel vom 18. Januar, dem Vorabdruck eines Buches mit dem Titel »Schwieriger Aufbruch«, offenbart der brandenburgische Ministerpräsident Manfred Stolpe, daß er als Konsistorialpräsident der evangelischen Kirche in der DDR über viele Jahre hinweg enge Kontakte zur Stasi unterhalten hat. Damit tritt Stolpe eine Lawine los. Die Veröffentlichung ist der Beginn einer Auseinandersetzung, die die Öffentlichkeit jahrelang beschäftigt. In ihrer Gegensätzlichkeit wird sie zu einem Symptom für die Schwierigkeiten, der DDR-Vergangenheit gerecht zu werden.

Die Debatte, die Manfred Stolpes Bericht über sein Verhalten als einer der wichtigen Männer der Kirche in der DDR ausgelöst hat, hat manche Fragen offengelassen und neue gestellt. Aber vor allem hat sie klargemacht, daß sich die neue Auseinandersetzung mit der Vergangenheit, die uns der Zusammenbruch des SED-Regimes auferlegt, an einem kritischen Punkt befindet. Je mehr Stasi-Enthüllungen, Prozesse und Politiker-Rücktritte aus Gründen, die mit ihrer Biographie zusammenhängen, diese Auseinandersetzung vorantreiben, desto größer ist auch das Unbehagen geworden. Was sein muß, um der Gerechtigkeit zum Siege zu verhelfen, muß sein. Aber trifft es wirklich die, die es verdienen? Stellen wir die richtigen Fragen? Ist das ganze Unternehmen nicht dabei, den ohnedies mühsamen Prozeß der Einigung zu belasten – durch Verbiegen der Maßstäbe vor allem im Westen, durch Verunsicherung im Osten.

Es bedurfte nicht erst der Schmierentheater-Inquisition, die zwei Fernsehleute mit dem brandenburgischen Ministerpräsidenten veranstalteten, um Zweifel an dieser Prozedur der Vergangenheits-Aufarbeitung zu wecken. Stolpes Vorwärts-Verteidigung galt ja einem Stimmungswandel, der gar nicht zu leugnen und überdies ernst zu nehmen ist. Im Jahre 3 nach der großen Zeitenwende wächst jedenfalls die Neigung, das, was vor vier, fünf Jahren als mutig galt – beispielsweise eben die Politik der evangelischen Kirche in der DDR –, in den Verdacht der Anpassung, ja, der »Kumpanei« zu rücken. Und so fort: Die Selbstverständlichkeiten von einst, das Sich-Arrangieren mit den Umständen, bekommen den Hauch des Anrüchigen, und so ziemlich jeder Tribut an die Macht – und ohne solche Tribute kam kaum einer aus – erhält einen Bekenntnischarakter, den er damals nicht hatte. Im Rücken des Umschlagens der Verhältnisse wächst eine Umwertung der Begriffe und Perspektiven heran.

Das hat, natürlich, damit zu tun, daß der Staat, das System DDR und vieles, was sich damit verband, so ungeheuer rasch versunken ist. Schon ist das Imponier- und Reglementier-Gehabe, mit dem sie über Jahrzehnte die Menschen im Griff hielten, schimärisch geworden, und was einst Angst und Unterordnung auslöste, ist nun allenfalls noch Stoff für Erinnerungen. Um so größer ist die Gefahr, daß die neue Vergangenheitsbewältigung diese Vergangenheit zunächst einmal verdrängt, verkürzt, verformt. Je mehr Licht mittels der Fahndung nach Stasi-Mitarbeitern in die Unterdrückungs-Apparatur der DDR gebracht wird, desto tiefer versinken offenbar, paradoxerweise, die politischen Umstände ins Dunkel, die den Kontext dieses Verhaltens darstellen. Ist es sonst ein Vorwurf, wenn ein Historiker nur das für wirklich hält, was in den Akten steht, so sind die Akten in der Gauck-Behörde nachgerade dabei, zum Bürgen der Realität der DDR zu werden. Alles Interesse droht sich darauf zu richten, ob einer »IM« war oder nicht. Dabei verblaßt die viel wichtigere Frage, was es denn bedeutete, in und mit einer Diktatur zu leben.

Der andere Druck, der den Wandel des öffentlichen Klimas befördert, geht von westdeutschen Erwartungen aus. Nicht gerade wenige bestehen ja irgendwie darauf, daß in den neuen Ländern lauter Widerstandskämpfer auf den entscheidenden Posten sein müßten. Ist denn, so wird unterschwellig beansprucht, dem Neuanfang – aber auch, das sowieso, uns erprobten Demokraten – etwas anderes überhaupt zuzumuten? Die Erwartungen sind freilich nichts anderes als die Kehrseite der alten Vorstellung, daß die DDR ein einziges KZ gewesen sei. Das war sie aber nicht. Sie hatte ihre eigene Normalität; gesichert, gewiß, von Mauer und Stacheldraht, der staatlichen Allgewalt und der Aussicht auf Dauer der Verhältnisse, aber ausgefüllt von vielerlei Lebens- und Überlebensmöglichkeiten, von Anpassung und Resistenz, von Selbstbehauptung und Unterordnung. Aus keinem anderen Stoff kann die neue Staatlichkeit bestehen, die sich nun im Osten etabliert hat.

Ein Verhältnis zur DDR-Vergangenheit, die nun in die gesamtdeutsche Vergangenheit hineinwächst, werden die Westdeutschen nur gewinnen, wenn sie sich der Auseinandersetzung mit der vergangenen DDR stellen – also einem Leben, das aus viel Sich-nach-der-Decke-Strecken, einer ganzen Menge Opportunismus, aber eben auch der Anstrengung der Selbstbehauptung unter widrigen Umständen und auch mehr Heldentum bestand, als man für möglich hielt. Übrigens gilt das in gewissem Sinne auch für die Ostdeutschen. Auch sie sind ja erst dabei, ein Verhältnis zu der Vergangenheit zu finden, die sie geformt hat und der sie nun entkommen sind. Der Leitfaden, an dem man sich auf der Suche nach Schuld und Unschuld durch dieses unübersichtliche Gelände tasten kann, darf nicht nur in der Frage bestehen, wie man von allen Verstrickungen frei bleiben konnte. Sie muß auch heißen: Wieviel Kompromisse, Zugeständnisse, selbst Verneigungen vor dem Gessler-Hut der Macht mußte einer machen, um etwas zu bewirken? Was konnte man tun? Was mußte man lassen?

Vor diesen Hintergrund muß die Debatte um die Rolle der evangelischen Kirche in der DDR gestellt werden. Es war ihre Überzeugung, daß sie den Preis der Respektierung der Staatsmacht zahlen müsse, um Freiräume zu gewinnen – für ihr eigenes Wirken, aber eben auch für Meinungen und Gruppen, die sonst »keine Herberge« gehabt hätten. Man muß diese Haltung nicht glorifizieren und kann auch über das Verhältnis von Preis und Ertrag rechten. Doch unbestreitbar ist: Diese Politik besetzte in den Jahren vor dem Herbst 1989 eine wichtige, ja, mitentscheidende Position in der DDR. Sie ist gerade in ihrer Ambivalenz, ihrer beeindruckenden Ernsthaftigkeit, aber auch der Begrenztheit ihrer Wirkung ein Stück Vergangenheit, das Anspruch auf Achtung erheben kann und Verteidigung verdient.

Und wieder hilft ein West-Import

29. Januar 1992

Am 27. Januar wird Bernhard Vogel, langjähriger Ministerpräsident von Rheinland-Pfalz und zu diesem Zeitpunkt Vorsitzender der Adenauer-Stiftung, von der thüringischen CDU für das Amt des Ministerpräsidenten nominiert. Der Wahl ist die hektische Suche nach einem Kandidaten aus den eigenen Reihen vorausgegangen. Vogel tritt die Nachfolge von Josef Duchac an, der von seinen eigenen Parteifreunden wegen seiner Führungsschwäche, seiner Unerfahrenheit, aber auch seiner angeblichen Verstrickungen in das DDR-System zum Rücktritt gedrängt worden war. Duchac hatte Anfang Dezember noch kategorisch ausgeschlossen, daß ein Westpolitiker an die Spitze Thüringens treten könne. Mit Vogel stammen schon drei der fünf Ministerpräsidenten in den neuen Ländern aus dem Westen.

Nein, ein »Ossi« ist Bernhard Vogel nun wahrhaftig nicht. Aber ist es wirklich fair, dem unvermittelt in die Politik zurückgeholten langjährigen rheinland-pfälzischen Ministerpräsidenten vor allem jene Eigenschaft als Mangel vorzuhalten, für die er wirklich nichts kann? Man könnte ja auch der hastigen Jagd der thüringischen CDU nach einem neuen Landesvater bescheinigen, ein respektables Ergebnis erzielt zu haben. Der knapp Sechzigjährige verfügt immerhin über eine ganze Menge der Fähigkeiten, die ein Regierungschef in dem kleinen Land in der Mitte der Bundesrepublik gut brauchen kann: die Erfahrung von zwölf Ministerpräsidenten- und neun Ministerjahren, dazu Übersicht und Dialogfähigkeit, und daß er – was schwerlich zu bestreiten ist – kein Tempomacher und entschlossener Exekutor der Macht ist, mag dadurch ausgeglichen werden, daß er das Zeug hätte, der thüringischen Landespolitik Ruhe und Stetigkeit zu geben.

Aber unterm Strich des Erfurter Drei-Tage-Dramas bleibt doch das ärgerliche Faktum, daß abermals eine ostdeutsche Landespartei sich nur mit Hilfe eines West-Importes aus einer politischen Krise zu retten vermochte. Denn man lügt sich ja in die Tasche, wenn man Vogels Wahl für das Ergebnis einer Kabale der westdeutschen CDU, gar einen Akt der Vergewaltigung der biederen Thüringer durch eiskalte Bonner Partei-Profis sähe. In Vogels Nominierung bricht eine Schwäche des ostdeutschen Parteibetriebs auf, an der nichts zu beschönigen ist. In ihr wie in den anderen Fällen, in denen westdeutsche Politiker unversehens zu ostdeutschen Amtsehren kamen, zeigt sich – worauf Frauenministerin Angela Merkel hingewiesen hat – eine schwere Erblast des alten Regimes. Es hat rigoros die Bildung politischer Eliten unterbunden. Nun fehlen überall die Leute, die verwalten und regieren können.

Aber das ist es nicht allein, auch nicht und erst recht nicht bei der Erfurter Kandidaten-Kür. Die West-Lösung – und nicht anders verhielt es sich in Magdeburg, Potsdam und Dresden – war allemal auch die Konsequenz der innerparteilichen Grabenkämpfe zwischen Reformern und Alt-Mitgliedern. Die Bonner CDU-Spitze bekommt nun die Defensiv-Haltung zu spüren, die sie mit ihren Missionszügen gegen die Blockpartei-CDU gesät hat. Der Rest ist das schlimme, aber verständliche Resultat des west-östlichen Stimmungsgefälles, das sich im vereinigten Deutschland herausgebildet hat. Woher soll denn angesichts des westlichen Überlegenheitsgefühls, gestützt noch durch Stasi-Verunsicherung und demoralisierende Flüster-Debatten, eine ostdeutsche Partei die Courage nehmen, einen aus ihren Reihen in ein so exponiertes Amt zu schicken – in der Reichweite von Medien, die ihm erbarmungslos auf den Fersen sind, und einer eher mißgünstigen Öffentlichkeit? Da nimmt man doch besser Zuflucht zu einem Politiker, der der Gnade westlicher Geburt nebst dito Erfahrungen und Karriere teilhaftig geworden ist.

Es wäre ungerecht, sich nicht einzugestehen, daß die westdeutschen Politiker im Osten der Politik vieles geben können, was dort aus eigener Kraft gegenwärtig noch nicht zu leisten ist. Aber man kann auch nicht die Augen davor verschließen, daß der nachgerade zur Regel werdende Rückgriff auf die westliche Reservearmee der Politiker zur Hypothek für die notwendige politische Rekultivierung im Osten werden kann. Das erwachte landsmannschaftliche Bewußtsein ist in den neuen Ländern, die als Gehäuse des politischen und kulturellen Lebens noch im Wiederaufbau sind, eine wichtige Kraftreserve. Und ohnedies zerren Politikverdrossenheit und Aversionen gegen die reichen Brüder im Westen am Selbstgefühl vieler Bürger im Osten.

Wenigstens in der »ersten Reihe« müßten »Menschen von uns« stehen, hat Lothar de Maizière gesagt als er noch DDR-Regierungschef war. Das ist, man muß es sich eingestehen, ein schöner Traum geblieben. Es ist auch wenig produktiv, ihm um jeden Preis nachzuhängen. Es muß nicht unbedingt ein Thüringer sein, der, wie es in der alten CDU-Wahlformel hieß, »für Thüringen« steht. Aber wer von außerhalb kommt, tut gut daran, sich klarzumachen, daß er von außen kommt – und daß er seine Rolle am besten als Treuhänder des Landes versteht, das er zu regieren hat.

Was machen wir mit unserer Geschichte?

13. März 1992

Am 12. März setzt der Bundestag eine Enquete-Kommission zur »Aufarbeitung der Geschichte und der Folgen der SED-Diktatur« ein. Sie soll die Machtstrukturen der DDR und deren Auswirkungen auf das Leben der Menschen untersuchen. Nicht zuletzt soll sie auch dem Mißbrauch dieser Geschichte wehren – in der Debatte warnt Wolfgang Schäuble, der CDU/CSU-Fraktionsvorsitzende, vor der »Jagd nach Enthüllungen«, derentwegen die DDR-Geschichte zur »Skandalgeschichte« zu werden droht. Die Enquete wird zu einem Mammutunternehmen: In rund 40 Plenarsitzungen, etwa gleichviel öffentlichen Anhörungen sowie 150 Sitzungen der Berichterstatter zu einzelnen Themen treten über 300 Zeitzeugen und Wissenschaftler auf.

Nur ganz selten war die Debatte, mit der der Bundestag gestern die Einrichtung einer Enquete-Kommission zur Aufarbeitung der DDR-Vergangenheit einleitete, nahe daran, vom Wege der anspruchsvollen Erörterung eines schwierigen Themas abzukommen. Man mag deshalb die kurzen Kontroversen, die Schäubles Frage nach der Haltung der SPD in der Frage der Staatsbürgerschaft und Brandts Erinnerung an den Honecker-Besuch auslösten, als Ausrutscher abtun. Vermutlich muß man diese mit einem Male auftauchenden Schärfen ernster nehmen: als Hinweis darauf nämlich, auf was für ein heikles Terrain sich der Bundestag mit dieser Kommission begeben hat.

Geschichte ist ja ohnedies selten die stärkende, Unsicherheiten verscheuchende und die Gemüter aufrüstende Wundergabe, die zumal die Politiker gern in ihr sehen. Daß der die Zukunft habe, der ein verläßliches Verhältnis zur Vergangenheit gewinne – wie die alte nationalpädagogische Handformel lautet –, ist eine Auskunft, auf die kein Verlaß ist. Um so größer ist die Zahl der Fälle, in der ein falscher Umgang mit der Vergangenheit die Zukunft ruiniert hat. Und wenn es gegenwärtig eine Gefahr gibt, dann die, daß die überwundene Vergangenheit des geteilten Deutschland, zumal des SED-Staates, die Gegenwart des vereinten Deutschland mit einem Gift versieht, das diesem die Lebenskraft nimmt.

Zumal auf der Bühne des Bundestages, die eine politische bleibt – auch wenn eine Enquete-Kommission etwas anderes ist als etwa ein Untersuchungsausschuß –, stehen die parteipolitischen Kalkulationen auftrittsbereit in der Kulisse. Eine solche Kommission ist ja weder eine Staatsanwaltschaft, die ihren Ehrgeiz auf die Ermittlung gerichtsverwertbarer Auskünfte richten kann, noch ein historisches Seminar, dessen Ertrag sich in eindringlichen Darstellungen dessen erfüllt, »wie es gewesen ist«. Was bleibt ihr dann? Wie immer ihr Auftrag im einzelnen umschrieben ist: Erwartet wird von ihr, daß sie einen Beitrag zu der Antwort auf die ärgerlich vage, fatal drängende Frage leistet, was wir – wie es Rainer Eppelmann, ihr künftiger Vorsitzender, formulierte – »mit dieser unserer Geschichte machen«.

Was tun, um zu vermeiden, daß die Antwort nicht doch lautet: Wir schlagen sie uns – je nach Ost- oder West-Zugehörigkeit, Mitläufer- oder Dissidenten-Biographie und, natürlich, Parteibindung – gegenseitig um die Ohren? Anlässe und Ansätze dafür gibt es die Fülle. Sie sind nicht beschränkt auf jene, die die DDR-Geschichte am eigenen Leibe erlebt haben, und die evangelische Kirche wird nicht die letzte Institution sein, die dabei ins Schußfeld gerät. Schon wetterleuchtet ja in den Fragen nach Ziel und Wirkung der Ostpolitik eine Debatte auf, die auch die Staatsraison der Alt-Bundesrepublik ins Mark treffen könnte. Der Bundestag tat jedenfalls gut daran, die Kommission üppig mit guten Vorsätzen und hohen Dosen Problembewußtsein auszurüsten. Sie wird sie, wenn sie erst in die Sache eintritt, brauchen können.

Dabei wird man gut daran tun, sich darüber klarzuwerden, daß die Kommission nur Beispiele wird setzen können – für die »Aufarbeitung der Geschichte und der Folgen der SED-Diktatur«, die ihr Auftrag ist, ebenso wie für den Umgang mit der Vergangenheit überhaupt, der im weiteren Sinne das Feld ist, auf dem sie sich zu bewähren hat. Ohnedies würde sie überfordert, wenn man von ihr sozusagen das Lösungswort erwartete, welches die Zweifel und Irritationen ausräumte, mit der diese Vergangenheit fortwährend in die Gegenwart hineinwirkt. Sie kann gewiß Strukturen erhellen und Abläufe klären. Sie wird auch Verantwortliche nennen müssen und Verfehlungen aufdecken. Vor allem aber muß sie das Bewußtsein dafür stärken, was diese Geschichte mit uns gemacht hat, weil nur dann darauf zu hoffen ist, daß wir etwas Vernünftiges mit ihr machen.

Denn wie man's auch dreht und wendet: Die Geschichte der vergangenen drei, vier Jahrzehnte trennt die Deutschen, die nun wieder in einem Staat vereint sind. Die Beschäftigung mit ihr darf diese Trennung nicht fortführen. Sie muß ein Mittel des gegenseitigen Sich-Einfühlens, des Verstehens, der Annäherung sein – vor allem anderen, was ihr sonst noch obliegt.

Ein Deutschland der Regionen?

19. April 1992

Kurt Biedenkopf rührt an ein Dilemma, das sich seit langem zeigt: Der Unterschied zwischen Osten und Westen schließt sich nur langsam – viel zu langsam für ein Land, das seine innere Einheit zurückgewinnen will. Das nimmt der sächsische Ministerpräsident am zweiten Jahrestag der ersten freien Volkskammer-Wahl in der DDR, dem 18. März, zum Anlaß, in einer Rede in Berlin zu fragen, ob es sinnvoll sei, Ziele anzustreben, die man in absehbarer Zeit nicht erreichen kann.

Kaum bemerkt von der Öffentlichkeit, ist der Prozeß der deutschen Einigung dabei, uns neue Fragen zu stellen. Bislang nämlich ist die Aufgabe der Verwirklichung der Einheit nach innen, seit der staatlichen Vereinigung der Angelpunkt dieses Jahrhundert-Prozesses, nicht zuletzt als psychologisches Problem wahrgenommen worden. Demgemäß reagierten Politik, Publizisten und alle Wohlmeinenden auf die überall aufgebrochenen Schwierigkeiten mit der Beschwörung, die inneren Mauern zu überwinden, die vierzig Jahre Trennung hinterlassen haben. Inzwischen drängen andere, härtere Fragen in die Debatte: Ist die deutsche Einigung überhaupt in absehbaren Zeiträumen ans Ziel zu bringen – wirtschaftlich, sozial, strukturell? Und wie ist damit fertig zu werden, wenn das nicht der Fall wäre?

Das ist ein qualitativer Sprung, und zwar von so einschneidender Bedeutung, daß sich dem und jenem schon die Frage aufdrängt, ob die deutsche Vereinigung nicht bereits gescheitert sei. In der Tat ist nicht zu leugnen, daß sie sich in der Gestalt, in der sie ursprünglich ersehnt, gedacht und in Angriff genommen worden ist, zumindest in einer Krise befindet. Die rasche Übertragung des westlich-bundesdeutschen Lebensstandards auf den Osten, mithin die Einlösung jener »Einheitlichkeit der Lebensverhältnisse«, die das Grundgesetz gebietet – und das, man mag darüber denken, was man will, verlieh dem Einigungsprozeß seine Dynamik –, ist fürs nächste und übernächste nicht zu schaffen. Die Steigerungsraten, die dafür erforderlich wären, gehen über die Kräfte von Volkswirtschaft und Gesellschaft, im Osten wie im Westen.

Als erster hat der sächsische Ministerpräsident Kurt Biedenkopf den Finger auf diese Wunde gelegt. Agiler Kopf, der er ist, hat er auch sogleich darauf gesonnen, Wege aus dem Dilemma zu zeigen. Das Ziel, im Osten gleiche Lebensverhältnisse zu erreichen, müsse relativiert werden. Statt dessen müßten sich die neuen Länder andere Ziele setzen, die Begrenzung ihrer Möglichkeiten akzeptieren, eigene Modelle für die Wiederherstellung des öffentlichen Lebens entwickeln – für das Krankenhauswesen wie den Wohnungsbau, das Schulwesen wie die Hochschulen. Nur eine stärkere Regionalisierung, also: das Annehmen der Unterschiede, mehr noch: ihre Umsetzung in eine eigene Politik – so Biedenkopfs Schluß –, könne die Einheit noch gelingen lassen.

Verhält sich's so in Deutschland, zweieinhalb Jahre nach der Herbeiführung der Einheit, daß dies der Ausweg aus den Schwierigkeiten wäre, mit denen wir zu tun haben? Man muß sich klarmachen, was das bedeutete. Die Einheit verbände sich dann ja nicht nur mit der Zumutung, auf unabsehbare Zeit das Neben- und Miteinander von unterschiedlichen Lebensniveaus in einem Land ertragen zu müssen. Das Zusammenwachsen dessen, was zusammengehört, das als Devise über dem Aufbruch in die Einheit stand, liefe hinaus auf das weitere Sich-auseinander-Entwickeln dessen, was sich ohnedies noch fremd genug ist. Und was für ein Deutschland wäre es denn, das aus einem derart modifizierten Einigungsprozeß hervorginge? Europa, solle – so wünschen heute viele – ein »Europa der Regionen« werden, und es ist wohl kein Zufall, daß auch Kurt Biedenkopf dieser schönen Illusion seinen Tribut zollt. Soll das geeinte Deutschland eine Art »Deutschland der Regionen« sein?

Der Einwand, der sich gegen eine solche Leitvorstellung richtet, betrifft natürlich ihre Realisierungschancen. Wo die Maßstäbe sich so rasant vereinheitlichen wie im vereinten Deutschland – durch das Konsumangebot, die Mobilität, auch durch Preise und Kosten –, läßt sich das Ziel der Angleichung der Lebensverhältnisse nur bedingt aussetzen. Auf der anderen Seite steht, daß es eine ungeheure Entlastung für den Aufbau der neuen Länder wäre, wenn er nicht mehr allein auf dieses Ziel fixiert wäre, das hinter der nächsten oder übernächsten Jahresmarke auftauchen soll – 1995, 1997 oder vielleicht doch erst 2000. Auch hat es regionale Unterschiede in der Alt-Bundesrepublik immer gegeben, auch in bezug auf das Wohlstandsgefälle. Die Frage ist nur: Wie anders müßte der regionale Eigensinn im Osten sein, damit er gleichsam das Gegengewicht zum langsameren Wirtschafts- und Wohlstandswachstum abgeben kann? Und: Wie groß kann Ungleichheit in Deutschland werden, um noch ertragbar zu sein?

Es ist richtig, daß Deutschland nie ein Nationalstaat wie etwa Frankreich war. Es gibt deshalb eine noch immer lebendige Tradition regionaler Vielfalt, die unterschiedliche Lebensentwürfe ermöglicht und auch verschiedene Lebensstandards akzeptierbar macht. Aber Deutschland ist eben auch nicht Italien, in dem Regionen wie der Norden und das Mezzogiorno, die Welten trennen, in einem Lande mit- und nebeneinander existieren. Ein Deutschland der Regionen, das zu Lasten der Standards und Strukturen des Gesamtstaats, also auch des Gebots gleicher, zumindest vergleichbarer Lebensverhältnisse ginge, würde hierzulande auf die Dauer nicht hingenommen werden, hätte keinen Bestand.

Dies ist nicht die Stunde der Regionalisierung, sondern jenes Bundesstaates, der Deutschland seiner Verfassung nach ist. Es ist die Bewährungsprobe für eine Staatsform, die regionale Selbständigkeit und gesamtstaatliche Solidarität, Wille zu eigenen Wegen und politische Gemeinsamkeit, Vielfalt und Einheit zugleich im Blick hat. Das erfordert gewiß nicht immer und überall die Gleichheit aller Lebensverhältnisse, und mehr Unterschiede unter den Ländern kann (und muß) der deutsche Föderalismus ertragen. Aber der Bundesstaat Bundesrepublik wäre im Kern getroffen, wenn ihm der Wille zum Ausgleich abhanden käme. Wie dieser Ausgleich unter Ländern stark unterschiedlicher Lebensniveaus zu organisieren und zu institutionalisieren ist: das ist das Problem, vor dem die Politik der deutschen Vereinigung steht. Und wenn ihre Perspektive gegenwärtig grau verhüllt erscheint, dann in erster Linie deshalb, weil sie noch weit von den Lösungen entfernt ist.

Die Kirche zurück ins Dorf

7. Juni 1992

In den zwei Jahren seit der Wende hat sich der Wind für die evangelische Kirche in der DDR, die bis dahin als hochgerühmtes Bollwerk gegen die SED-Herrschaft gegolten hatte, gedreht. Das ist zunächst die Folge der Entdeckung, daß auch sie nicht frei von Stasi-Verstrickungen war. In der Öffentlichkeit kursieren Horror-Meldungen, nach denen nicht weniger als 2000 der 4000 kirchlichen Mitarbeiter mit der Stasi zusammengearbeitet hätten. Der westdeutsche Kirchenhistoriker Gerhard Besier veröffentlicht eine Untersuchung über das Verhältnis von Stasi und Kirche. Die Evangelische Kirche in Deutschland (EKD) reagiert auf die Vorwürfe mit einer Erklärung »Kirche – Gesellschaft –Staatssicherheit« und der Einleitung eigener Untersuchungen. Inzwischen gerät ihre Politik gegenüber dem SED-Staat insgesamt in das Fadenkreuz der Kritik. Die Kirche sei dem Staat, so wird ihr vorgehalten, zu weit entgegenkommen.

Die evangelische Kirche feiert ihr Pfingstfest wie jedes Jahr, aber sie begeht es diesmal in einer Lage, in der sie in ihrer Autorität so angefochten ist wie kaum je zuvor. Gut zwei Jahre nach der Revolution des Herbstes, die zum Zusammenbruch der DDR und dann zur Einheit führte, sieht sie sich im aktuellen deutsch-deutschen Schuldzuweisungs- und Rechtfertigungsgespräch fast dorthin verwiesen, wo die Angeklagten sitzen. Das muß sie um so härter ankommen, als sie fast über die gesamte Nachkriegszeit als geistliche und moralische Instanz anerkannt war. Keine andere Institution trotzte der Teilung des Landes länger, und auch beim großen Umbruch zögerte niemand, ihr ihre maßgebende Rolle zu bescheinigen. Nun erhebt sich da und dort schon der Ruf nach einem Schuldbekenntnis – ähnlich jenem, das sie 1945 über ihren Anteil am Gang der deutschen Geschichte ablegte.

Es sind ja längst nicht nur die Stasi-Kontakte, die an der Bastion verläßlichen Urteils und klugen Sichverhaltens zerren, für das die evangelische Kirche in der Zeit der Teilung stand. War sie, so wird gefragt, gar nicht so standhaft und unbeirrbar wie sie schien? Hat sie zu zeitig und zu oft ihren Frieden mit dem Regime gemacht, veranlaßt auch durch eine verwaschene Sympathie für einen nicht weniger verwaschenen Sozialismus, mit der man sich über die Realität des Regimes täuschte und, vielleicht, täuschen wollte? Vor allem aber: war sie wirklich die Kraft des Wandels, die die Öffentlichkeit in ihr sah? Oder hat sie die Chance zum Widerstand nicht verkauft für das Linsengericht einer schiedlich-friedlichen Koexistenz mit dem Staat – die Gewährung dieser und jener kleinen Privilegien für ihre führenden Mitarbeiter eingeschlossen?

Es mag sein und ist sogar ziemlich wahrscheinlich, daß die Geschichte der evangelischen Kirche im Sozialismus sich einmal als kräftig durchwachsen mit Selbsttäuschungen, Irrtümern und Schwächen darstellen wird. Aber die Fahndung nach Fehlern und Versäumnissen tut der Sache, um die es geht, also der Erhellung eines schwierigen und schmerzlichen Abschnitts unserer Vergangenheit, Gewalt an, wenn sie – absichtsvoll oder fahrlässig – daran vorbeisieht, was die Kirche in der DDR war, was sie sein wollte und sein konnte. Wer ihr vorhält, daß sie die Rolle der Opposition nicht ausgefüllt und nicht wenigstens so etwas wie ein Stück Gegenmacht zur Macht des Staates dargestellt hat, muß sich wenigstens sagen lassen, daß sie weder das eine noch das andere sein konnte und wollte.

Die Kirche in der DDR verstand sich ja weder als Träger einer nationalen Mission wie die katholische Kirche in Polen, noch war sie eine Bekenntniskirche mit der Berufung zum Martyrium. Eine »zerschlissene Volkskirche« hat sie Bischof Schönherr, der erste Vorsitzende des DDR-Kirchenbundes, einmal genannt. Das mag etwas lieblos klingen, aber es hat die Realität einer Kirche für sich, die durch zwei, drei Jahrzehnte der Ausgrenzung aus dem gesellschaftlichen Leben und der militant beförderten Säkularisierung gebeutelt war. Es nützt niemandem, die Augen davor zu verschließen, daß es da wenig Glanz, viel Genügsamkeit in beschränkten Verhältnissen, manche bewundernswerte Haltungen, aber auch manche Enge gegeben hat.

Und wenn sie zu einer Macht wurde, dann wider Willen und ganz gewiß nicht in dem politisch-oppositionellen Sinne, an dem sie nun im nachhinein von vielen gemessen wird. Was ihr politisches Gewicht gab, war begründet in der Wahrnehmung eines christlichen Auftrags – unter den Bedingungen eines Alltags, für den der Staat einen Alleinvertretungsanspruch erhob und ein Alleingestaltungsmonopol praktizierte. Das Eintreten für Menschen, die unter Druck standen, für Gewissensfreiheit und der Anspruch auf Beteiligung aller an der Verantwortung für das Ganze hatten ihren Grund nicht in Widerstandsgesinnung, sondern in jener Freiheit eines Christenmenschen, von der Luther gesagt hat, daß sie darin bestehe, jedermann untertan und zugleich frei zu sein. Das politische Mandat, das ihr zuwuchs, war letztlich die Konsequenz der Politisierung aller Lebensbereiche, die Partei und Staat in der DDR betrieben. Es war ihr in gewissem Sinne aufgedrängt – durch die Umstände, aber auch, dies schon, durch den Entschluß, sich vor den Nöten der Menschen nicht in ein kirchliches Reservat zurückzuziehen.

Schließlich ist es nur recht und billig, dieser Kirche zu konzidieren, daß sie bei ihrem »Weg zwischen Opportunismus und Opposition« (so der frühere Magdeburger Bischof Werner Krusche) auch im Interesse der Erhaltung der eigenen Institution orientiert sein mußte. Es bringt eine innere Unaufrichtigkeit in die Debatte, wenn nun – angesichts der historischen Dimensionen des Kirche-Staat-Verhältnisses, die sich in dieser Auseinandersetzung aufdrängen – schamhaft verschwiegen wird, daß es nicht zuletzt um Druckgenehmigung, kaputte Kirchendächer und die Krankenhaus-Seelsorge gegangen ist. Auch darf nicht verschwiegen werden, daß der Freiraum, den die Kirche der politischen Opposition bot, nicht nur gegen den Staat, sondern auch gegen große Teile des traditionellen kirchlichen Milieus zu verteidigen war.

Der »Aufruf« zu einer neuen »Schulderklärung«, warnt der Präses der Synode der EKD, Schmude, berge in sich die Gefahr, sich zur »Anschuldigung« zu wandeln. Damit allerdings wäre dem Dilemma, in dem die evangelische Kirche in der DDR gelebt hat, nicht gerecht zu werden. Dieser Kirche wie ihren westlichen Schwesterkirchen, die ihren Weg in Sympathie und Anerkennung mitgegangen sind, tut gewiß Gewissenserforschung not, vor allem aber die nüchterne Verständigung darüber, wo man sich anders hätte verhalten sollen, aber auch, wo es dafür keine Chance gab. Würde so die Kirche zurück ins Dorf gebracht, sprich: an den Möglichkeiten gemessen, die ihr in der DDR realiter zugänglich waren, könnte sie vermutlich ihre Rolle auch einer Öffentlichkeit verständlich machen, die ihr jetzt zunehmend Skepsis und Vorbehalte entgegenbringt. Mag sein, daß dabei etwas von der Wende-Aura verlorenginge. Sie würde dafür ihre Glaubwürdigkeit zurückgewinnen.

Zum Umzug gehört das Umdenken

21. Juni 1992

Am 3. Juni, also rund ein Jahr nach dem Beschluß des Bundestages, legt die Bundesregierung ihr Konzept für den Umzug nach Berlin vor. Danach sollen zehn Ministerien, das Kanzleramt und das Bundespresseamt nach Berlin verlagert werden, acht in Bonn bleiben; alle Häuser sollen am jeweils anderen Ort zweite Dienststellen einrichten. Zusätzlich sollen nach den Empfehlungen, die die Föderalismus-Kommission Ende Mai vorgelegt hat, Einrichtungen des Bundes, die bisher in Berlin, aber auch an anderen Orten ihren Sitz hatten, zum Ausgleich nach Bonn und in die neuen Länder verlegt werden. Die alte Regierungsstadt erhält mehr als zwanzig der vierzig betroffenen Behörden, die neuen Länder sechzehn. Der Streit ist damit nicht ausgeräumt, sondern setzt sich auf der Beamtenebene im Ringen um die Einzelheiten des Umzugs um so kräftiger fort.

Das mindeste, was über das Jahr nach dem Hauptstadt-Beschluß des Bundestages gesagt werden muß, ist, daß es ein Jahr der Ernüchterung gewesen ist. Aber in Wahrheit grenzt eine solche Feststellung schon fast an Schönrednerei. Der Beschluß vom 20. Juni 1991, gefaßt am Ende einer bewegenden Debatte, mit Gefühlen und Bekenntnissen reichlich getränkt, ist in dieser Zeit auf eine harte Probe gestellt worden. Das Zeichen, das er für die »Vollendung der Einheit Deutschlands« setzen sollte – so lautete nämlich die programmatische Überschrift des Pro-Berlin-Antrages –, ist in der Unübersichtlichkeit der Kommissionen, Konzepte und Planungen untergegangen. Die immer wieder unternommenen Versuche, den Beschluß zu erschüttern und auszuhebeln, haben die Zweifel weiter wuchern lassen, ob Bundestag und Bundesregierung die Kraft aufbringen, ihn gegen Gegner, Besitzstandsdenken und die praktischen Probleme der Umsetzung durchzuhalten. Und wenn denn der Beschluß selbst nicht mehr umkehrbar sein mag: höchst fraglich ist nach diesem Jahr jedenfalls, ob bei seiner Umsetzung das herauskommen wird, was eigentlich damit gemeint war.

Dabei steht es mit den praktischen Schritten zur Umsetzung des Beschlusses vermutlich eher besser, als es den Anschein hat. Die Momentaufnahme, die Bonn dabei zeigt, wie es die Bundeshauptstadt glänzend vollendet, die sie einmal war – mit neuem Plenarsaal, Abgeordnetenhaus und Bundeskunsthalle, während sich in Berlin so gut wie nichts bewegt: Dieses Kontrastbild ist eine Täuschung. Zwar wäre es besser, es gäbe endlich einen realen Spatenstich statt jenes nur intellektuellen, den der Regierende Bürgermeister in der Ausschreibung des Wettbewerbs für den Spreebogen sieht, aber wichtiger und folgenreicher ist diese Einleitung des praktischen Planungsprozesses gleichwohl. Die Hauptstadt ist auf dem Wege, und eines schönen Tages wird – was sich ja, Hand aufs Herz, in Berlin noch niemand vorzustellen vermag – die noch öde Mitte der Stadt vom hauptsächlichen politischen Betrieb erfüllt sein.

Das eigentliche Problem liegt anderswo. Das hat das vergangene Jahr mit schmerzhafter Eindringlichkeit vorgeführt. Der Hauptstadtbeschluß wollte ja nicht nur den Umzug von Institutionen, Politikern und Beamten. Er sollte das Koordinatennetz der deutschen Politik neu justieren, ihm mit Berlin den alt-neuen Bezugspunkt verschaffen und damit die Umwandlung der alten Bundesrepublik in das vereinte, um die östlichen Länder erweiterte Deutschland ein entscheidendes Stück weiterbringen. Diese innere Bewegung, die der Beschluß ins nach wie vor ost-westlich gespaltene Deutschland bringen wollte, ist ausgeblieben – in deprimierender Weise. Die Streitigkeiten um die Bundestagsentscheidung haben statt dessen exemplarisch dargetan, was alles dieser Um- und Neugründung der deutschen Politik noch entgegensteht.

Deutlich geworden ist, daß nichts Geringeres als eine ganze Epoche der Nachkriegsgeschichte abgearbeitet, revidiert, überwunden werden muß – jene nämlich, in der Berlin aus der maßgebenden, zentralen Rolle, die die Stadt über Generationen hinweg für die Deutschen spielte, verdrängt wurde. In den fünfziger

Jahren besetzte Berlin ja diesen Haupt-Platz im Seelenleben der Deutschen noch; trotz Kalten Kriegs und der Bedrohung seines Überlebens. Daß der Soziologe Alfred Weber die Stadt damals in »völliger Abnormität« wie »der Mond an den Himmel gehängt« sah, demonstrierte drastisch, wie selbstverständlich er sie noch als Hauptstadt begriff. Bis in die sechziger Jahre hinein hielt sich Berlin in dieser Lage im Schwerefeld deutscher Politik, auch wenn diese von Bonn aus gemacht wurde. Erst nach dem Mauerbau, mehr noch: im Verlaufe des Ausbaus der Zweistaatlichkeit geriet Berlin politisch im Blick und im Gefühl der Bürger an die Peripherie der Bundesrepublik, gewann Bonn das Zentrum. Es gehört zu dieser Verlagerung der Gewichte, daß seither der Beitrag Berlins zur Politik der Bundesrepublik immer geringer geworden ist, personell und substantiell, während umgekehrt Berlin von Bonn aus gesehen zu einem Ableger im östlichen Grau wurde.

Es sind diese Distanzen, die, nicht zuletzt, dazu führen, daß die Realisierung des Hauptstadt-Beschlusses nicht wirklich in Gang kommt. Zwar wird an der Entscheidung festgehalten, fehlt es nicht an Bekenntnissen zu Berlin als Hauptstadt, aber die innerliche Anerkennung dieser Veränderung mit allen den Konsequenzen, die sie nach sich zieht, ist noch nicht einmal in Ansätzen vollzogen. Der Beschluß wird demgemäß in den Bonner Amtsstuben exekutiert wie eine x-beliebige Verwaltungsmaßnahme. Den naheliegenden Bedenken, daß die Umsetzung des Hauptstadt-Beschlusses damit beginnen könne, die Stadt als Hauptstadt zu nutzen, also hier so oft als möglich zu tagen, zu beraten und zu entscheiden, begreift das politische Bonn – Ausnahmen bestätigen die Regel – lediglich als Störung der laufenden Geschäfte.

Die Empfehlungen der Föderalismus-Kommission mit ihrem willkürlichen Herumschieben von Institutionen haben erst unlängst gezeigt, welche Fehlentscheidungen drohen, wenn versucht wird, weitreichende Veränderungen von einem Standpunkt aus zu steuern, der selbst fixiert bleibt auf die Bewahrung der alten, sozusagen vor-einheitlichen Positionen. Soll das Unternehmen des Umzugs von Bonn nach Berlin gelingen – allen Gefährdungen zum Trotz, denen es bei mageren Kassen und fortdauerndem West-Ost-Gefälle ausgesetzt ist –, braucht es dringend ein

Umdenken. Politik in der Bundesrepublik darf nicht damit fortfahren, die Umsetzung des Hauptstadt-Beschlusses als ein gleichsam administratives Problem zu betrachten, das im übrigen eine Art Fortsetzung der Berlin-Hilfe mit anderen Mitteln darstellt. Sie muß sich dazu durchringen, Berlins Wieder-Einsetzung in den Rang der Hauptstadt als nationale Aufgabe zu begreifen. Das ist der Schluß, der aus dem Jahr nach der Bundestagsentscheidung zu ziehen ist. Die Debatte, die der Bundestag am Ende der Woche über den Stand der Umsetzung des Berlin-Beschlusses führt, wird zeigen, ob sie dazu in der Lage ist.

Neue Verfassungen – auch neue Chancen?

2. Juli 1992

Die Rekonstruktion der neuen Länder, die sie wieder zu vollständigen Bundesländer macht, erreicht in diesen Monaten die Ebene der Verfassungen. Am 5. Juni verabschiedet der sächsische Landtag als erstes Parlament die Verfassung des Landes, das sich nun Freistaat nennt, am 17. Juli folgt Sachsen-Anhalt, am 20. August Brandenburg; Mecklenburg-Vorpommern und Thüringen schließen ihre Beratungen im kommenden Jahr ab. Die neuen Verfassungen unterscheiden sich nicht grundsätzlich von denen der alten Bundesländer, geben aber Plebisziten mehr Raum. Nur Brandenburg unterwirft seine Verfassung auch einer Volksabstimmung. Sie erreicht allerdings nur knapp die geforderte Mindestzustimmung.

Sachsen und Brandenburg haben bereits eine Verfassung; Sachsen-Anhalt wird demnächst folgen, Mecklenburg-Vorpommern und Thüringen im Laufe dieses, spätestens des nächsten Jahres. Damit nimmt Gestalt an, was man mit aller Zurückhaltung, aber gleichwohl im Bewußtsein der Bedeutung des Vorgangs, die dritte Phase der deutschen Verfassungsgebung nach dem Kriege nennen darf. Am Anfang standen jene Länderverfassungen, die noch ganz aus dem pathetischen Geist der unmittelbaren Nachkriegsjahre geboren wurden. Dann setzte der geniale Wurf des Grundgesetzes neue Maßstäbe, die auch den Zuschnitt der noch ausstehenden Länderverfassungen bestimmten. Nun also erwachsen aus dem Umbruch von 1989 neue Verfassungen, gleich fünf auf einen Streich. Aber von der Genugtuung, die ein solcher Vorgang auslösen müßte, ist so gut wie nichts zu spüren, auch nicht in den neuen Ländern. Da liegt es nahe, in Anlehnung an ein berühmtes Wort des Juristen Savigny zu fragen: Fehlt unserer Zeit der Beruf zur Verfassungsgebung?

Aber es wäre unangebracht, diese Eignung an der öffentlichen Resonanz zu messen. Auch das Grundgesetz entstand seinerzeit ohne große Anteilnahme, gleichsam im Schatten der Auseinandersetzungen über Ernährungslage und Berliner Blockade, die die Menschen damals umtrieben. Angesichts der Probleme, mit denen zumal die neuen Länder zu ringen haben, kann der Mangel an Verfassungs-Enthusiasmus also nicht verwundern. Schwerer wiegen andere Fragen: Macht das Grundgesetz, erfolgreich und anerkannt wie es ist, größere Verfassungs-Anstrengungen nicht mehr oder minder überflüssig? Fallen die neuen Landesverfassungen mit den Staatszielen, Plebiszit-Artikeln und anspruchsvoller Prinzipien-Lyrik, die sie zu Papier bringen, sozusagen hinter das Grundgesetz zurück? In der Tat ist die Nähe zu jenen frühen »volkskatechetischen« Landesverfassungen – wie sie ein scharfzüngiger Staatsrechtler genannt hat – unübersehbar. Schließlich: Sind diese Verfassungs-Beratungen nicht nur zur Spielwiese für westdeutsche Staatsrechtler geworden, die mit ihren Vorstellungen in der Alt-Bundesrepublik nicht zum Zuge kamen?

Der sächsische Justizminister Heitmann – ein Ost-CDU-Mann, freilich keine »Altlast«, sondern einer der Revolutionäre des Herbstes 1989 – hat dagegen die Feststellung gesetzt: die ehemalige DDR sei mit dem Beitritt zum Grundgesetz »gewissermaßen unter ein bestehendes stabiles Dach geschlüpft«, während die Menschen in den neuen Ländern »ein Staatswesen neu begründen und sich mit ihm auch identifizieren müssen«. Von daher rechtfertigen die ostdeutschen Verfassungsgeber – und zwar quer durch alle Parteien – die Besonderheiten ihrer neuen Konstitutionen. Und allemal dringt dabei in deren Begründung und Würdigung der Wunsch durch, diese Verfassungen sollten etwas vom Geist des Aufbruchs von 1989 bewahren, damit dann auch die Einsichten und Lehren, Eingeständnisse und Erwartungen, die sich mit diesem unvergleichlichen Augenblick unserer Geschichte verbinden.

Weil dem so ist, kann die Grundgesetz-geeichte staatsrechtliche Meßlatte nur ein Urteilskriterium für die neuen Verfassungen sein. Was an ihnen mitformt, ihren besonderen Charakter und ihre Eigenständigkeit begründet, ist eine doppelte Bewegung: das Sich-Herausarbeiten aus den vergangenen vierzig Jahren und, zum anderen, das Hineinwachsen in die neue demokratische

Ordnung, wie sie die Alt-Bundesrepublik vorgibt. Das geht nur – allen bewährten Mustern zum Trotz – auf eigene Faust. Gelingen wird es allerdings nur, wenn man sich klar darüber ist, daß Verfassungen keine Welt neu erschaffen können, aber auch alles andere als unverbindliche Prinzipien-Partituren sind. »Eine gute Verfassung«, so hat der Sozialwissenschaftler Alexander Rüstow einmal gesagt, »kann richtiges Handeln erleichtern, falsches erschweren«, eine falsche Verfassung aber umgekehrt richtiges Handeln erschweren und falsches »geradezu herausfordern«. Durch die Verfassung kann also, immerhin, »die Wahrscheinlichkeit richtigen politischen Handelns herauf- oder herabgesetzt werden«. Man kann nur hoffen, daß die neuen Verfassungen in diesem Sinne die Chancen für gute Politik erhöhen.

Die Einheit in der Krise

26. Juli 1992

Am 11. Juli rufen der PDS-Vorsitzende Gregor Gysi, der CDU-Politiker Peter-Michael Diestel sowie mehr als sechzig weitere Persönlichkeiten – darunter viele Prominente aus der ehemaligen DDR – zur Gründung von »Komitees für Gerechtigkeit« auf. In ihnen sollen die Ostdeutschen, wie es heißt, ihre Interessen selbst wahrnehmen. Die Initiatoren beabsichtigen, solche Komitees zunächst auf lokaler Ebene zu gründen, um dann einen Kongreß zu wählen, der ihnen eine dauerhafte Struktur gibt. Die Absicht, die bald versandet, wird von den Bonner Parteien durchweg abgelehnt, aber doch als Warnsignal für den als kritisch empfundenen Zustand der deutschen Vereinigung begriffen.

Eine Krise, so erklärt es das Lexikon, ist eine Situation, die auf eine Entscheidung drängt. Anders als im gängigen Sprachgebrauch, in dem das Wort für die Beschreibung so ziemlich jeder schwierigen Lage im Schwange ist, zielt der Begriff also eigentlich auf jenen Höhe- und Scheitelpunkt einer Entwicklung, in der sich entscheidet, ob sich die Dinge zum Guten oder Bösen wenden. Die deutsche Einigung, so heißt es, befindet sich in der Krise. Ist dies damit gemeint? Gestaltet sich dieser Jahrhundertprozeß nicht nur schwieriger als bisher angenommen? Hat er, darüber hinaus, ein Stadium erreicht, in dem sich die Frage nach seinem Gelingen oder seinem Scheitern stellt: ob nämlich die errungene staatliche Einheit imstande ist, die Deutschen in Ost und West wieder zu einer Gemeinschaft zu machen oder ob sie als Instrument einer neuen Trennung wirkt – diesmal zwischen alten und neuen Ländern, »richtiger« Bundesrepublik und »Anschlußgebiet«, »Siegern« hier und »Ohnmächtigen« da.

Die Diagnosen, die dem Stand des Prozesses der Vereinigung gegenwärtig gestellt werden, nehmen sich jedenfalls eher zerknirscht aus, und das hat noch am wenigsten damit zu tun, daß nun für ein Komitee getrommelt wird, das den Teufel mit Beelzebub, nämlich die drohende neue Spaltung mit einer Ost-Bewegung austreiben will. Es sind in erster Linie die nüchternen Daten, von den (ostdeutschen) Arbeitslosenzahlen bis zu den (westdeutschen) Verschuldungsraten, die bedenklich stimmen. Mehr noch: es liegt auf der Hand, daß die Floskeln, es gehe eben alles langsamer als erwartet oder man habe nun – frei nach Brecht – mit den »Mühen der Ebenen« zu kämpfen, dem wirklichen Zustand des Einigungsprozesses nicht mehr gerecht werden. Und selbst die bis zum Überdruß wiederholte Anklage-Geste, die alle Fehlentwicklungen dem Bundeskanzler und seiner Wahlkampf-Formel von den entstehenden »blühenden Landschaften« im Osten in die Schuhe schiebt, hat inzwischen ja etwas vom Alibi, das von der eigenen Ratlosigkeit ablenken soll. Es ist der Einigungsprozeß selbst, seine Begleitumstände, seine Konsequenzen, seine Mängel, die die innere Einheit bedrohen.

Man müßte blind sein, wenn man, was die wirtschaftliche Seite betrifft, die Veränderungen zum Besseren übersähe, die sich überall in den neuen Ländern zeigen – in den Innenstädten, bei endlich in Angriff genommenen Sanierungen, in der Modernisierung der Infrastruktur. Aber während die neuen Länder langsam aus der Öde des DDR-Sozialismus in den ersehnten westlichen Lebenszuschnitt hineinwachsen, mit aufgefrischten Fassaden, Dienstleistungen und Auslandsreisen, bricht im Rücken dieser Veränderung die traditionelle Industrie zusammen. Das ist die »Zeitbombe«, die – wie Manfred Stolpe sagt – »in den neuen Ländern tickt«.

Die Gefahr ist absehbar, daß die unbestreitbare Erneuerung zu einem Überbau wird, dem der Unterbau fehlt. Würde der Aufbau Ost aber nicht mit der Zeit selbsttragend, bliebe also angewiesen auf die Milliarden, die den Weg von West nach Ost nehmen, könnte die Einheit in der Tat, wie Klaus von Dohnanyi prognostiziert hat, den »Ruin des Wirtschaftswunders Bundesrepublik Deutschland« bedeuten. Die Äußerungen des bayerischen Regierungschefs Streibl in der vergangenen Woche haben deutlich gemacht, daß sich dann die Einheit gänzlich in Verteilungskämpfen auflösen würde.

Zumindest ebenso fatal ist der Einbruch der Gefühle und Stimmungen, der sich vor allem in den neuen Ländern vollzogen hat; er trägt dramatische Züge. Dabei war angesichts der Tiefe der Umstellung und des Ausmaßes der Verunsicherung, welche die Einheit den Menschen im Osten zumutet, klar, daß die Vereinigung auch ein Seelendrama sein würde. Seitdem die Euphorie des Anfangs den Einigungsprozeß nicht mehr trägt, haben Zweifel, Überwältigungsgefühle und Empfindlichkeiten gegenüber den Westlern ihn begleitet. Das Bedenkliche ist, daß der Fortgang der Einheit diese Gefühle nicht abbaut, sondern, wie es scheint, steigert. Die Vereinigung hat, paradoxerweise, die Unterschiede zwischen Ost und West erst recht spürbar gemacht, ja, sie zugespitzt und aggressiv aufgeladen. Nun drohen Bitterkeit und Resignation – und als Reaktion auf der westlichen Seite Zynismus und Gleichgültigkeit – den Mut und die Zuversicht zu blockieren, die der Prozeß der Vereinigung dringend nötig hat.

Das alles ergibt wenn schon kein Scheitern, so doch eine Niederlage für die deutsche Einheit. Und es hängt wohl mit diesem Bewußtsein von Versagen und Versäumen zusammen, daß die Gründung der Ost-Bewegung auf so viel nachsichtiges Verständnis gestoßen ist. Dabei fällt es schwer, in diesem Komitee nicht, mit dem scharfzüngigen Karl Kraus, einen ziemlich exakten Ausdruck der Krankheit zu sehen, für deren Therapie es sich ausgibt. Und auch der Umstand, daß seine Zusammensetzung fast schon die Gewähr dafür bietet, daß aus ihm nicht viel wird, macht es nicht überflüssig, es eine Unverfrorenheit zu nennen, daß ausgerechnet jene sich zum Sprecher der Bürger in den neuen Ländern aufwerfen, an denen es, von Heiner Müller bis Stefan Hermlin, gewiß nicht liegt, daß die DDR ihr verdientes Ende gefunden hat. Diese Propheten der Gerechtigkeit sind, mehrheitlich, erwiesenermaßen falsche Propheten.

An der Krise der Einheit ändert das nichts. Aber bewältigt werden kann sie eben nicht durch die politische Organisation der Spaltung, sondern nur die der Einheit – mit Hilfe von Phantasie, Entschlossenheit und der Bereitschaft zur Korrektur, wo die Erfahrungen der vergangenen zwei Jahre dies nahelegen. Notwendig sind dafür Verständnis und eine konsequente Vertretung der

Interessen der Deutschen im Osten. Aber das ist die Sache ihrer gewählten Repräsentanten, der Abgeordneten im Bundestag und in den Landtagen, der Minister und Ministerpräsidenten, die ja auch längst in den Konferenzen der Ministerpräsidenten und fraktionsinternen Vereinigungen die Möglichkeiten unseres politischen Betriebes nutzen. Alles andere bedeutete politisch einen Schritt zurück – oder ins Abseits.

Nach der Geschichte nun die Richter

31. Juli 1992

Erich Honecker kehrt am 29. Juli aus Moskau nach Deutschland zurück und wird im Haftkrankenhaus Moabit in Untersuchungshaft genommen. Damit tritt die juristische Aufarbeitung der DDR-Vergangenheit in ihre spektakuläre Phase ein. Dazu paßt die damit endende aufsehenerregende Odyssee des SED-Chefs: erst die Unterbringung in der Familie eines Pastors, dann in einem sowjetischen Militärhospital, dann, vor gut einem Jahr, die Flucht in die Sowjetunion, auf ungeklärte Weise, schließlich die Asyl-Suche in der chilenischen Botschaft in Moskau, um der Auslieferung an Rußland zu entgehen, und das Verlassen der Botschaft – mit der zum Rot-Front-Gruß geballten Faust. Die Justiz hat Honecker die 800 Seiten starke Anklageschrift bereits nach Moskau zugestellt.

Nun ist er also da, aber das »endlich«, das in dieser Feststellung mitschwingt, entbehrt selbst des Untertons der Genugtuung, von irgendeiner Art des Triumphes ganz zu schweigen. Die Veränderungen einerseits, die uns mit Licht-Geschwindigkeit von der alten Honeckerschen DDR hinwegreißen, die unsäglich blamable Rolle andererseits, die der ehemalige Staats- und Parteichef mit seiner Flucht vor der Verantwortung gespielt hat, haben Erich Honecker zum bloßen Erinnerungsposten an eine immer tiefer zurücksinkende Epoche verblassen lassen. Wozu brauchen wir ihn eigentlich noch? Die lapidare Antwort lautet: Wir brauchen ihn, weil ohne ihn der Prozeß gegen ihn nicht stattfinden kann.

Dieser Prozeß freilich ist eine notwendige Anstrengung, der wir uns unterziehen müssen: nicht, um jemanden an den Pranger zu stellen, auf den die Erbitterung und die Wut über die Folgen des real existierenden Sozialismus abgeladen werden könnten, und auch nicht, um ein Exempel zu statuieren. Es ist die Achtung vor dem Recht, die uns diesen Prozeß abverlangt. Das ist schon x-mal gesagt worden, aber es wird in den künftigen Monaten immer wieder gesagt werden müssen, denn wir tun gut daran, uns darauf einzustellen, daß dies ein eminent schwieriges, mühsames, frustrierendes Verfahren werden wird, und zwar nicht nur wegen der strafrechtlichen Probleme, mit denen es zu kämpfen hat. Noch schwerer wiegt – weil wahrhaftig schwer erträglich – das Dilemma, das in diesem Prozeß steckt: daß er ein Strafverfahren wie jedes andere sein muß, geführt nach den Regeln des Strafprozeßrechts, und daß er es doch nicht sein kann, weil er einen historischen Schatten mit wahrhaft monströsem Umriß wirft.

Eine Prüfung ist das Verfahren deshalb nicht allein für Honecker selbst; von ihm ist kaum mehr zu erwarten als ein weiteres Zeugnis seiner Starrheit und Unbelehrbarkeit. Dieses Verfahren ist auch eine Probe für die Justiz, ihre Fähigkeit zur Souveränität in der Prozeßführung und zu historischer Sensitivität im Urteil. Aber auch da hat man nach dem bisherigen Gang von Ermittlungen und Rechtsprechung nicht gerade Anlaß, dem Verfahren gelassen entgegenzusehen. Vor allem wird es vom Verhalten der Öffentlichkeit abhängen, was aus diesem Prozeß wird – ob Klärung des Gewesenen, Stärkung des Rechtsstaates oder Spektakel, ob ein Stück Genugtuung für die, die unter Honecker gelitten haben, oder ein Schauspiel, das nur Ekel und Zynismus fördert.

Es wird nicht ausbleiben, daß bei den Debatten, die sich an diesem Prozeß entzünden werden, auch allerlei Spielarten von Vergangenheitsbewältigung in Angriff genommen werden. Vor Kurzschlüssen und schrägen Fronten ist dabei zu warnen. Der Untersuchungshäftling in Moabit, der wegen Totschlags in 49 Fällen angeklagt ist, ist – etwa auf dem Umweg über den Staatsbesuch, den er 1987 der Alt-Bundesrepublik abstattete – weder gegen die damals betriebene Politik noch gegen die heutigen Repräsentanten dieser Republik ins Feld zu führen. Erst recht ist der Prozeß gegen ihn kein Verfahren, das der ehemaligen DDR die »historische Legitimität« nehmen will (wie der Ex-Dissident Bahro behauptet hat). Es ist ja wahr, daß Honecker jahrelang überschätzt worden ist, in erster Linie, keine Frage, von westlicher Seite. Es wäre fatal, wenn das bevorstehende Verfahren das auf seine Weise fortsetzte.

Das alles wird akut werden, wenn der Prozeß beginnt. Heute kann man sich an das Kapitel der Geschichte der von ihm vertretenen Ideologie halten, das Honecker durch sein Verhalten geschrieben hat – die Rückkehr mit dem nun schon makaber wirkenden Rot-Front-Gruß vor der chilenischen Botschaft eingeschlossen. Daß eine Bewegung, die immerhin einmal die Welt beherrschen wollte und auch in Deutschland für einige Ansprüche gut war, hier zuletzt von einem Mann repräsentiert wurde, der nicht die Courage aufbrachte, sich zu stellen, sondern dazu erst peinlich genötigt werden mußte – es bleibt ein vernichtendes Urteil über das untergegangene Regime und ihn, seine Hauptperson für bald zwei Dezennien. Was immer der Prozeß erbringt: das erbärmliche Nachspiel zu der Periode der kommunistischen Herrschaft auf deutschem Boden ist davon nicht abzulösen.

Schatten über der Jahrhundertaufgabe

4. Oktober 1992

Den zweiten Jahrestag der deutschen Einheit begehen die Deutschen mit gemischten Gefühlen. Dazu kommt, daß der Feiertag überschattet ist von Steigerung rechtsradikaler Exzesse. Im August ereignen sich in Rostock die bisher schwersten Ausschreitungen gegen Ausländer. Ende September wird die »jüdische Baracke« im ehemaligen Konzentrationslager in Sachsenhausen Opfer eines Brandanschlags. Das alles steht im Horizont einer sich vor allem in den neuen Ländern ausbreitenden Gewaltbereitschaft, die die Frage aufkommen läßt, ob die Wiedervereinigung die Schwelle für rechte Verhaltensweisen gesenkt habe. Sie fordert Gegenaktionen heraus: In Berlin demonstrieren am 8. November über 300 000 Menschen, in München bilden am zweiten Advent 400 000 Menschen Lichterketten und geben damit ein in vielen Städten nachgeahmtes Beispiel.

In welcher Verfassung befindet sich die Bundesrepublik? Falls man der vergangenen Woche Auskünfte zur Beantwortung dieser Frage abgewinnen will – und welcher Zeitpunkt wäre dafür prädestinierter als der, der durch den »Tag der deutschen Einheit« ausgezeichnet ist? –, so kann das Ergebnis nur trübe stimmen. Und das gilt nicht nur deshalb, weil die Bilanzen, die zwei Jahre nach der Wiedervereinigung des Landes gezogen worden sind, durchweg mit einem Trauerrand versehen waren und der Schock des Anschlags auf die Gedächtnisstätte für die Juden im ehemaligen Konzentrationslager Sachsenhausen alles überschattete, was sonst noch geschah. Der Grund für die Zerknirschung sind die Zweifel und Verdüsterungen, die an dem Selbstverständnis nagen, mit dem die neue Bundesrepublik vor zwei Jahren ins Leben trat. Damals war sie überzeugt davon, die gewaltige Herausforderung der Einigung bewältigen zu können, mit großen Anstrengungen und über mehrere Jahre hinweg, aber eben doch ohne ernsthafte Gefährdung. Nun erscheinen solche Versicherungen schon fast als Beschwichtigung, und das neue Deutschland ist von einer tiefen Verunsicherung ergriffen.

Dabei waren die zaghaften Versuche, die Festttags-Redner und -Schreiber unternommen haben, um uns klarzumachen, daß es an diesem »Tag der deutschen Einheit«, durchaus etwas zu feiern gab, so abwegig nicht. Es gibt ja Erfolge auf dem Weg der Wiedervereinigung, im Überschaubaren und Privaten wahrscheinlich noch mehr als im großen und ganzen. Es gibt, vermutlich, mehr Anfänge in den neuen Ländern, als wir ahnen. Aber was bedeuten die tausend neuen Arbeitsplätze hier, die Grundsteinlegung dort angesichts des fortdauernden Zusammenbrechens ganzer Industrien? Was wiegen die Gemeinsamkeiten, die seit der Herbst-Revolution 1989 in Deutschland wieder gewachsen sind, wenn man sie an den Spannungen mißt, die das Zusammenleben zwischen hüben und drüben hat aufbrechen lassen? Und was heißt es für das vereinte Deutschland, daß es zum Schauplatz ruchloser Akte von Aggressivität und Gewalt geworden ist?

Gewiß verlangt gerade die zwiespältige Verfassung des geeinten Deutschland eine differenzierte Erfolg-Mißerfolg-Rechnung. Aber alle Bereitschaft zum abwägenden Urteil ändert nichts an dem Umstand, daß es uns bisher nicht gelungen ist, ein Konzept zu finden, das das Abrutschen der neuen Länder in einen deutschen Mezzogiorno aufhält. Es ist auch nichts an dem beschämenden Faktum zu bemänteln, daß wir offenbar unfähig sind, die immer wieder aufflackernde Gewalt gegen Ausländer zu verhindern – mit all den schlimmen Folgen, die dieses Versagen für das öffentliche Bewußtsein von Recht und Unrecht im Inneren und für das Bild der neuen Bundesrepublik im Ausland hat. Und schließlich und vor allem: es bleibt eine schwere und schmerzhafte Niederlage, daß wir nicht in der Lage waren, den dramatischen Brüchen und Verwerfungen im Seelenleben der Nation zu begegnen, die vor allem auf den Menschen in den neuen Bundesländern lasten.

Es liegt nahe, für diesen Zustand die Politik und die Politiker verantwortlich zu machen, und in der Tat sind es Regierende, Parteiführer und Abgeordnete, die in erster Linie für ihn verantwortlich sind. Aber zugleich ist dieser Schluß zu wohlfeil, um sich bei ihm beruhigen zu können. Natürlich hat die Politik Fehler gemacht, aber die Krise der Einheit ist ein Vorgang, der viel zu tief greift, als daß man ihn der Politik allein anlasten könnte. Diese Krise hat ihren Grund, zumindest ihren Untergrund im Zustand der Gesellschaft selbst – im Westen wie im Osten. Und wenn darüber geklagt wird, daß die Einheit uns so schlecht gelingt, die politischen Debatten zunehmend gereizter und die Neigung zur Aggressivität größer werden, dann stellt sich auch die Frage, ob und wie weit die Deutschen für diese Jahrhundert-Arbeit disponiert sind.

Es ist ja unübersehbar, daß die politischen wie mentalen Strukturen, welche die alte Bundesrepublik über gut drei Jahrzehnte in Form hielten, ins Wanken geraten sind. Das geschah nicht erst mit und nach der Wiedervereinigung. Aber diese »unerhörte Begebenheit« (Wolf Lepenies) hat an den Tag gebracht, wie unzureichend diese Republik, das Erfolgsmodell der deutschen Geschichte, gerüstet ist, um mit den Veränderungen fertig zu werden, die uns die Vereinigung abverlangt. Gewiß vollbringt die Alt-Bundesrepublik beträchtliche Leistungen, um die Einheit zu verwirklichen, aber jene solidarischen Anstrengungen, welche den Bürgern der neuen Länder das Gefühl des gemeinsamen Lebens im neuen Staat gäben, vollziehen sich noch längst nicht. Die Einheit, die wir gestern gefeiert haben, kam – das ist die fatale Wahrheit – nicht bis Düsseldorf und Hamburg (und man kann sich selbst in Berlin gelegentlich fragen, ob sie wohl bis, sagen wir, Zehlendorf gekommen ist). Man darf freilich nicht verschweigen, daß auch die Erfahrung der SED-Diktatur die Menschen keineswegs immer geläutert hat: Die von manchen gehegte Erwartung, von dieser Erfahrung werde eine Erneuerung von Politik und Gesellschaft im ganzen Deutschland ausgehen, wird ein Traum bleiben.

Der Rechtsruck, der nach der Meinung mancher schon Ergebnis ist, ist vorderhand – trotz Rostock, trotz Sachsenhausen – noch eine Drohung; ihr kann begegnet werden, und ihr muß begegnet werden. Die zunehmende Irritation und Verstörung, mehr noch: die Enttäuschung und Erbitterung über den Verlauf des Prozesses der Einigung sind dagegen ein Faktum; es hat den

Rang eines Politikums, das in allen Rechnungen über die Möglichkeiten und die Gefährdungen der Einheit immer mehr an Sprengkraft gewinnt. Auf diesem Boden könnten sich, bleiben Antworten und Lösungen aus, tatsächlich politische und gesellschaftliche Schwelbrände bilden, rechte oder auch linke – sofern diese Begriffe im Zusammenhang mit diesen Phänomenen überhaupt sinnvoll sind. Um so wichtiger ist es, den Anfängen zu wehren, mit den Mitteln des Rechtsstaates wie mit denen der entschiedenen Argumentation. Denn der Prozeß der Einheit ist zu schwierig, um ihn auch noch durch Akte in Gefahr bringen zu lassen, für die es kein Verständnis geben kann.

Eine Debatte entgleist

18. Oktober 1992

Die Auseinandersetzungen um Manfred Stolpe nehmen an Massivität zu. Stolpe muß im September einräumen, er habe die Verdienstmedaille der DDR doch entgegengenommen, allerdings nicht von der Stasi, sondern aus den Händen des DDR-Staatssekretärs für Kirchenfragen. Immer stärker brechen die unterschiedlichen Betrachtungsweisen zwischen dem brandenburgischen Ministerpräsidenten und seinen Kritikern auf, nicht zuletzt aus den Reihen der Bürgerrechtler, die sich von ihm verraten fühlen. Äußerungen von Joachim Gauck, dem Bundesbeauftragten für Stasi-Unterlagen, führen zu einem Rechtsstreit zwischen ihm und Stolpe, der sich über mehrere Jahre hinzieht. Über dem erbitterten Streit geraten mehr und mehr die Bedingungen aus dem Blick, unter denen der frühere Konsistorialrat in der DDR handelte.

Die Auseinandersetzung um den brandenburgischen Ministerpräsidenten nimmt an Schärfe zu. Bis jetzt drohte ihr zwar nur – in der vergangenen Woche – die Brandenburger Koalition zum Opfer zu fallen, nicht der Regierungschef selbst. Aber der Druck auf Stolpe ist abermals gewachsen. Es ist auch gar nicht zu leugnen, daß die fortwährenden Enthüllungen ihr Werk tun, Zweifel säen und am Renommee des Politikers zehren. Auch wer nach wie vor von Stolpes Integrität überzeugt ist und seine Stasi-Kontakte für erklär- und entschuldbar hält, muß betroffen davon sein, wie tief ihn die Rolle, die er für die evangelische Kirche gespielt hat, in das Zwielicht des Stasi-Betriebes hineingezogen hat. Wenn nun auch diejenigen, die ihn unterstützen, fordern, jetzt müsse bald umfassend Klarheit geschaffen werden, so drückt sich darin ein Unbehagen aus, das ihm nicht weniger gefährlich werden kann als die Attacken seiner Gegner.

Enthüllungen und Enthüller, die Stolpe mit immer neuen Dokumenten und schneidender werdenden Urteilen verfolgen, enthüllen allerdings in erster Linie eins: unsere Unfähigkeit, mit diesem »Fall« umzugehen. Die Aufklärung, die da versprochen wird, verbirgt kaum noch – und schon gar nicht schamhaft –, daß es darum geht, Stolpe politisch-moralisch zur Strecke zu bringen. Was sonst veranlaßt Blätter, die sich etwas auf ihre Seriosität zugute halten, dazu, einen Stasi-Agenten, also den Repräsentanten eines auf Lüge und Erpressung vereidigten Apparates, ohne erkennbaren Vorbehalt als Kronzeugen gegen Stolpe zu akzeptieren? Wie erklärt sich die Unverfrorenheit, mit der ein Fernsehmagazin einen läppischen Tendenz-Film, der Beweisführung durch Stimmungsmache ersetzt, als kritischen Journalismus anbietet? Wodurch läßt sich ein Psychoanalytiker hinreißen, Stolpes Verhalten die Brandmarke einer »Moral des Judas« aufzudrücken – ohne dafür mehr aufzubieten als das Herumgestikulieren mit vagen Begriffen? Und was soll eigentlich die rabiaten Vokabeln rechtfertigen, mit denen jene ehemaligen DDR-Dissidenten, denen Stolpes Politik einst das sichernde Netz für ihre Mut-Stücke spannte, ihm nun zusetzen?

Das alles ist mit den Problemen, die Stolpes Verhalten aufwirft, nicht zu erklären. Es ist die Konsequenz einer Debatte, die in fataler Weise entgleist und zum Ärgernis geworden ist. Mehr und mehr hat sie sich verstrickt in den Streit um den Grad von Stolpes Stasi-Zusammenarbeit, um das Ausmaß kirchlicher Ermächtigung hierzu einerseits, um einzelne spektakuläre Vorkommnisse andererseits, die in den Stasi-Akten protokolliert und, vermutlich, präpariert sind. Immer stärker in den Hintergrund getreten ist der Kontext seines Verhaltens: die Existenz in einer Diktatur; die Überzeugung, sie werde auf nicht absehbare Zeit fortdauernd und allenfalls da und dort zu lindern sein – eine Überzeugung, die, wie man sich bitte erinnern möge, in Ost und West von nahezu jedermann geteilt wurde –; die Ansicht der Kirche, sie könne dann am meisten für die Menschen tun, wenn sie ein Verhältnis der Kooperation mit dem Staate suchte. So ist aus dem Fall Stolpe, in dem ein gutes Stück des deutschen Dramas der erzwungenen Teilung steckt, für die einen ein Krimi geworden, bei dem sie nur auf das Geständnis warten, während die anderen nur die Moral von der Geschichte interessiert.

Aber diese Moral ist nicht zu haben ohne das Sich-Einlassen auf die Geschichte des Lebens und Überlebens, des Sich-Behauptens und Sich-Arrangierens, die sich in den vergangenen drei, vier Jahrzehnten in der einstigen DDR ereignet hat. Das Urteil über Stolpe kann sich nicht einfach auf das stützen, was die Stasi-Akten aufbewahrt haben, selbst wenn diese Akten – was wahrhaftig nicht allemal anzunehmen ist – nicht lügen. Es muß fragen, was denn diese Ansicht, jener Vorschlag in der jeweiligen Situation bedeuten konnte. Gewiß, Stolpe hat offenbar in einem Maße Kontakte mit der Stasi gepflegt, das nur wenige geahnt haben. Aber bevor man ihm daraus einen Strick dreht, muß doch gefragt werden: Ist es Komplizenschaft, wenn auf diese Weise unzählige Menschen geholfen werden konnte? Kann die Behauptung stimmen, die von ihm exekutierte Kirchen-Politik sei im Sinne der Stasi gewesen, wenn doch unbestreitbar ist, daß diese Politik dazu beigetragen hat, den Stasi-Staat zu Fall zu bringen? Natürlich ist die Frage berechtigt: Wie weit durfte man gehen? Aber nicht weniger moralisch und legitim ist die andere: Wie weit mußte man gehen, um eine Milderung der Verhältnisse zu erreichen?

Daß sich der Streit nicht auf solche Fragen konzentriert, sondern auf die Umstände, unter denen vor vierzehn Jahren eine Dutzend-Medaille den Weg von der Stasi zu dem Sekretär des DDR-Kirchenbunds gefunden hat, zeigt unser Versagen – nicht nur vor dem »Fall« Stolpe, sondern vor der Aufgabe, mit den Folgen der Vereinigung fertig zu werden. Stolpes Erzählungen hätten ja für das Deutschland, in dem so unterschiedliche Erfahrungen zusammenwachsen müssen, ein paar instruktive Lektionen liefern können. Nun gibt es statt dessen anderes zu besichtigen: eine Medienschlacht, in der der Kopfjäger-Journalismus – gewiß doch: in bester Absicht – langsam das Feld gewinnt, dazu manches Heldentum nach Diktatur-Schluß und – aus den intellektuelleren Quartieren des Westens angeliefert – ein erhebender Moralismus, der die Maßstäbe, die für freie Gesellschaften Geltung beanspruchen dürfen, selbstsicher auf die ganz andere Innenwelt einer Diktatur überträgt. Das Ergebnis ist schon jetzt niederschmetternd, und ins Fäustchen lachen kann sich allenfalls die Stasi.

Schon nach Kriegsende haben die Deutschen sich damit schwergetan, ein Verhältnis zu unserer Vergangenheit zu finden, mit dem man leben konnte, ohne ihr die notwendige Auseinandersetzung schuldig zu bleiben. Nun, nach dem Ende des Ringens der Ideologien, sozusagen dem zweiten Kriegsende, sieht es so aus, als stünde uns abermals eine solche Generationen-Anstrengung ins Haus. Sieht man auf die Entwicklung des Falls Stolpe, muß man befürchten, daß auch diese Vergangenheitsbewältigung ihr Ziel verfehlt.

Ein Prozeß wie kein anderer

12. November 1992

Am 12.November beginnt im Saal 700 des Kriminalgerichts Moabit das Verfahren gegen Honecker. Mit ihm sind – als Mitglieder des ehemaligen Verteidigungsrats der DDR – der ehemalige Verteidigungsminister Heinz Keßler, sein Stellvertreter Fritz Streletz sowie der frühere SED-Bezirkssekretär Hans Albrecht angeklagt; die Verfahren gegen den ehemaligen DDR-Ministerpräsidenten Stoph und Stasi-Chef Mielke werden wegen Krankheit abgetrennt. Der Prozeß wirft die Problematik der juristischen Beschäftigung mit der DDR so drastisch auf wie kein anderer. Da für die rechtsstaatliche Justiz das sogenannte Rückwirkungsgebot gilt, wonach Taten nach dem zur Tatzeit geltenden Recht verfolgt werden, sind die Verfahren auf das DDR-Recht verwiesen – es sei denn, die Richter beziehen sich auf Menschen- und Völkerrecht oder auf überpositive Normen.

Dies ist eines der spektakulärsten Verfahren der Nachkriegszeit. Dieses Urteil über die Strafsache Erich Honecker und Genossen, die heute im Landgericht Moabit aufgerufen wird, ist nicht vorschnell; es gilt bereits, bevor die Vernehmung begonnen, irgendein Aktenstück verlesen worden ist. Es rührt her von dem Prozeßgegenstand selbst: daß sich das Oberhaupt eines gescheiterten Staates, dazu drei seiner Minister und weitere zwei Machthaber von ehedem vor einem ordentlichen Gericht zu verantworten haben. Was hier im Sitzungssaal 700 in den nächsten Wochen stattfinden wird, ist ein Strafverfahren, geführt nach den in der Bundesrepublik geltenden Regeln des Prozeßrechtes – und doch zugleich ein Ereignis, das alle Maßstäbe der Rechtspflege sprengt. Denn dieser Prozeß wirft – ob man will oder nicht – einen historischen Schatten von wahrhaft atemberaubendem Umriß.

Dieses Verfahren ist kein politischer Prozeß. Das heißt: es ist nicht die Politik, die hier Regie führt. Wie ein politischer Prozeß aussieht, wird im übrigen im Moment gerade in Leipzig mit dem Verfahren gegen einen der Richter in den berüchtigten Waldheimer Prozessen von 1950 in Erinnerung gebracht. Aber ein Prozeß gegen eine bestimmte Politik ist dieses Verfahren schon – gegen jene Politik nämlich, deren äußerste Konsequenz und innere Disposition darin bestanden, daß an der Mauer geschossen, im Schutze der Gesetze Unrecht begangen wurde. Als die Veranlasser dessen, auf die diese Praxis zuletzt zurückging, stehen die Honecker, Keßler, Stoph und Mielke vor Gericht.

Aber was noch? In der Kulisse des Ringens um Schuld und Verantwortung, das sich im alten Berliner Kriminalgericht vollziehen wird, wartet, natürlich, die Vergangenheit, die mit diesen Männern, die so unumschränkt herrschten und so tief fielen, verbunden ist. Aufgerufen sind die vierzig Jahre des Systems, dem sie dienten, damit die schlimme Geschichte von Reglementierung und Einmauerung und dem allmählichen Ruinieren einstmals blühender Länder, also ein großes Drama vom beschädigten Leben, im einzelnen und im ganzen – aber auch das erbärmliche Schicksal, das die Ideologie des Kommunismus genommen hat, die so viel wollte und so furchtbare Verwüstungen angerichtet hat.

Das alles ist, wohlgemerkt, nicht der Stoff des Verfahrens; es geht dabei allein um die Verantwortung der früheren DDR-Spitzenpolitiker für die Schüsse an der Mauer, die im einzelnen nachzuweisen und zu bewerten ist. Aber abzulösen davon ist dieser Prozeß eben auch nicht. Das macht sein Dilemma aus: er scheiterte als Strafprozeß, wenn er zu einem Tribunal über das DDR-Regime und seine Herrschaftspraxis würde. Aber er verfehlte auch seinen Gegenstand, wenn aus ihm irgendein Kriminalfall würde, bei dem es allein um die Anwendbarkeit von Paragraphen und das Beibringen von Beweisen ging.

Die Justiz hat es sich denn auch bis jetzt schwergemacht mit diesem Prozeß. Sie muß es sich weiter schwermachen, wenn er gelingen soll. Sie muß sich nicht nur selbst das Bewußtsein dafür erhalten, daß sie sich mit diesem Verfahren am äußersten, durch Rechtslehre und Urteilspraxis bestenfalls vorläufig abgesicherten Rand der Rechtsprechung bewegt. Sie wird durch ihre Verhandlungsführung auch darauf hinwirken müssen, daß sich ein Bewußtsein von dieser Schwierigkeit auch in der Öffentlichkeit bildet. Denn die Gefahr ist groß, daß dieser Prozeß zwischen der Sucht nach dem Spektakel und der Erwartung eines Urteils, das den Wunsch nach Gerechtigkeit handfest bedient, zerrieben wird.

Ohnehin verspricht dieser Prozeß ein mühsames Unterfangen zu werden. Mit viel Einsicht ist bei den Angeklagten nicht zu rechnen, und im Falle von Erich Honecker selbst ist überdies ungewiß, ob der Prozeß nicht vorzeitig eingestellt werden muß. Aber man kann durchaus der Ansicht sein, daß der Umstand, daß es zu diesem Prozeß gekommen ist, auf der Waage der Gerechtigkeit schwerer wiegt als alle möglichen Urteile (oder auch Nicht-Urteile). Es hat etwas von der Weisheit, daß die Gerechtigkeit am Ende doch diejenigen einholt, die gegen sie verstoßen. Zumeist gibt es das nur im Märchen. Heute, in Moabit, vollzieht es sich in der Wirklichkeit.

Die neue Wanderung nach Westen

31. Dezember 1992

Seit der Wende findet eine Abwanderung von Ost nach West statt, mit der so keiner gerechnet hat. Von 1,3 Millionen wird gesprochen, die zwischen 1989 und 1992 wegen des wirtschaftlichen Umbruchs von Osten nach Westen verzogen sind, rund ein Drittel der Ostdeutschen denke, laut Umfragen, daran, die neuen Länder zu verlassen. Aus Städten wie Görlitz oder Zittau, die an ihrem östlichen Rand liegen, kommen deprimierende Berichte. Überdies hat die Umstellung auf die ostdeutsche Gesellschaft wie ein Schock gewirkt. Vor allem die Geburtenzahlen sind von einem Augenblick auf den anderen ins Abgrundtiefe gefallen – 22,2 Prozent 1990, 39,6 Prozent 1991, 18 Prozent 1992. Allerdings könnte es sich dabei, so geben Bevölkerungswissenschaftler zu bedenken, auch lediglich um ein Verschieben der Geburten und damit um eine Anpassung an das westliche Gebär-Verhalten handeln.

Zu den einprägsamsten Parolen, mit denen die deutsche Einheit herbeibeschworen wurde, gehörte jene, die das Verhältnis von D-Mark und Ausreise in die Alt-Bundesrepublik in ein drastisches Verhältnis setzte. »Kommt die D-Mark, bleiben wir; kommt sie nicht, geh'n wir zu ihr«, wurde damals laut auf den Straßen und Plätzen der Noch-DDR skandiert, um der Politik der Vereinigung Beine zu machen. Inzwischen ist die begehrte Mark längst gesamtdeutsches Zahlungsmittel, aber die damals drohende Binnenwanderung ist keineswegs ausgeblieben. Nicht so spektakulär wie in der Emphase des Umbruchs, sondern still und leise, sozusagen als Unter- und Gegenströmung des Vereinigungsprozesses, findet eine stetige, massenhafte Wanderung von Ost nach West statt. Wie groß sie ist, ob sie zurückgeht oder noch zunimmt, ist nicht genau auszumachen. Aber überschlägige Rechnungen kommen für die Zeit seit 1989 auf eine Größenordnung von über einer Million.

Wie verläßlich solche Angaben auch sein mögen: sie öffnen den

Blick für einen alarmierenden Vorgang. Immerhin ist diese Übersiedlung inzwischen bald halb so groß wie der ost-westliche Flüchtlingsstrom zwischen 1949 und 1989. Der war damals, alles in allem, ein Urteil über die DDR und ihre innere Verfassung. Die neuerliche Binnenwanderung ist ein Urteil über das innere Gefälle in Deutschland, das die Vereinigung an den Tag gebracht hat. Dabei ist das noch ein verharmlosender Ausdruck. Denn in Wahrheit hat sie die Unterschiede in Produktivität und Lebensweise nicht nur offengelegt, sondern sie zum guten Teil erst erzeugt – und sei es, weil die Politik es nicht vermocht hat, die strukturellen Verwerfungen zwischen Ost und West aufzuhalten. In der Abwanderung nach Westen spiegelt sich insofern auch ein Versagen des Vereinigungsprozesses.

Es wäre freilich ungerecht, nur diese Seite der binnendeutschen Wanderung zu sehen. In dem Händeringen über sie steckt auch die Vorstellung, das vereinigte Land sei doch nichts anderes als Alt-Bundesrepublik und DDR, nur eben zusammengefügt – dem Wechsel von Ost nach West hänge mithin noch ein Hauch Anormalität an. Zu fremd ist noch der Gedanke, daß ein Wechsel von, sagen wir, Kamenz nach Wanne-Eickel nichts mehr grundsätzlich anderes ist als die Übersiedlung von Hof im strukturschwachen Nordbayern nach Esslingen im florierenden Stuttgarter Ballungsgebiet. Vor allem aber: Ist es denn nicht erklärbar, wenn die Menschen eine Freiheit nutzen, die ihnen lang genug vorenthalten worden war? Ist solche Übersiedlung nicht auch ein Stück der Durchmischung, die notwendig ist, wenn aus den Deutschen hüben und drüben wieder ein Volk werden soll? Schließlich: könnten nicht gerade jüngere Leute auf diese Weise zu Kenntnissen und Fähigkeiten kommen, für die es – kämen sie zurück – im heimischen Sachsen oder Brandenburg mächtigen Bedarf gibt?

Aber solche Argumente – so begründet sie im einzelnen sein mögen – nehmen dem Sickerstrom der Tausende, die Tag für Tag und Woche für Woche ihre Heimat in den neuen Ländern verlassen, nichts von seiner deprimierenden Wirkung. Denn es sind ja vermutlich die Beweglicheren, die gehen, diejenigen, die sich im Westen eine Chance ausrechnen, mithin die qualifizierten Leute, die gerade in den neuen Ländern gebraucht werden. Mehr noch:

es besteht Grund zu der Sorge, daß die Wanderungsbewegung die Tendenz zu einer neuen Teilung verstärkt – in ein industriell verödetes Ostdeutschland und einen Westen, in dem sich die produktiven Zonen des Landes befinden. Eine solche Entwicklung ist heute leider mehr als eine beunruhigende Spekulation. »Richtige« Arbeit gibt es nur noch im Westen, sagte unlängst bitter ein Ostdeutscher, der sich noch gegen den Sog des Überwechselns wehrt, »hier ist Vertreterland geworden«.

Fast das Fatalste an dieser Veränderung ist, daß gegen sie mit dem Drehen an den kleinen Schrauben der Wirtschaftspolitik nichts auszurichten ist. Wie bei Fritz Reuter die Armut von der Pauvreté kommt, so ist Besserung hier nur von der generellen Verbesserung der Verhältnisse in den neuen Ländern zu erwarten. Gelingt sie nicht, droht die Gefahr, daß die heimliche Abwanderung dem Aufbau im Osten die Kraft entzieht, bevor er richtig begonnen hat.

Versöhnen und verurteilen
oder:
Die Vergangenheit ist noch nicht vergangen

Honecker geht – die Vergangenheit bleibt

14. Januar 1993

Der Honecker-Prozeß geht in einer Gemengelage von prozessualen Peinlichkeiten und Gutachten über den Gesundheitszustand des über siebzigjährigen Ex-DDR-Staatschefs zu Ende. Der Vorsitzende der Strafkammer muß die Prozeßführung wegen fortwährender Ungeschicklichkeiten niederlegen. Das Berliner Verfassungsgericht erklärt, daß das Gericht die Menschenwürde des an Krebs erkrankten Angeklagten durch die Untersuchungshaft und die Fortführung des Prozesses verletzt habe. Danach stellt das Landgericht den Prozeß ein und setzt Honecker auf freien Fuß. Das überraschende Verfassungsgerichts-Urteil und vor allem die eilige Freilassung stoßen auf Erstaunen, werden aber im Ergebnis ohne größere Kritik hingenommen. Schon am Tag darauf, dem 13. Januar, fliegt Honecker nach Chile, wo seine Familie bereits lebt.

Dies ist ein Ende, bei dem selbst die Erleichterung, die es auslösen könnte, bitter schmeckt. Der Prozeß gegen Erich Honecker, der keiner wurde – jedenfalls keiner, der das Bedürfnis nach Gerechtigkeit befriedigte –, ist irgendwo in der Nähe seines Scheiterns abgebrochen worden. Hängengeblieben im Gestrüpp der Anträge und dann, je länger, desto mehr, zur Beute der medizinischen Gutachten geworden, war dieses Verfahren schließlich in Gefahr, zu einer tristen Farce zu werden, mit der weder dem Ziel der Strafverfolgung noch der Rechtsstaatlichkeit insgesamt genutzt worden wäre. Insofern war der beherzte Spruch, mit dem das Berliner Verfassungsgericht den Knoten durchschlug, zu dem sich der Prozeß im Moabiter Landgericht verknäuelt hatte, hoch an der Zeit, auch wenn er Honecker zu einer Freiheit verhilft, die er nicht verdient hat. Aber was heißt das noch? Honecker ist frei, doch nicht freigesprochen. Es ist allein der nahe Tod, der ihn seinen Richtern entzieht.

Dennoch war es richtig, daß dieser Prozeß stattgefunden hat.

Der Rechtsstaat hätte sich aufgegeben, wenn er nicht wenigstens den Versuch gemacht hätte, mit seinen Mitteln den Mann zur Verantwortung zu ziehen, mit dem das schlimme Kapitel unserer Geschichte, das DDR heißt, verbunden ist wie mit keinem anderen. Aber es war auch rechtsstaatlich, den Prozeß zu beenden, als keine Aussicht mehr bestand, daß er zu einem Urteil führen würde. Das Recht nimmt keinen Schaden, wenn es auf die Durchsetzung seines Anspruchs verzichtet, wo es seine Wirkung – Schuldermittlung, Strafe, Befriedigung – nicht mehr tun kann.

Solche tolerante Sicht dieses Prozesses ehrt jene, die sie vertreten. Aber sie braucht vermutlich die Erfahrung des Lebens in jener komfortablen, mit den Weisheiten der Juristerei wohlklimatisierten Welt des Rechtsstaates, wie sie den Bürgern der Alt-Bundesrepublik über mehr als vier Jahrzehnte zuteil geworden ist. Hier, wo Honecker eine ziemlich entrückte Funktionsfigur war – zeitweise auch zum gemütlichen »Mann mit dem Strohhut« idyllisiert –, ist es leicht, zu sehen, wie Freilassung vor Recht ergeht und der oberste Herr der Mauerschützen nach Chile entschwindet. Dort jedoch, wo er herrschte, fällt es schwerer, dem Rechtsstaat zuzugestehen, was des Rechtsstaats ist – nicht nur die Strafverfolgung, sondern auch advokatorische Manöver, hoher Rang der Menschenwürde, Verzicht auf Vergeltung.

Im Unbehagen über das Ende des Honecker-Prozesses äußert sich nämlich nicht nur das Unbehagen am Regelwerk des Strafverfahrens. Es drängt noch einmal die tiefe Verletztheit zutage, die das Regime, für das Honecker stand, den Menschen zugefügt hat, die unter ihm leben mußten. Sie ist ja mit den drei Jahren, die seit dem Zusammenbruch der DDR vergangen sind, nicht kleiner, sondern eher größer geworden, weil seither noch klarer geworden ist, wie sehr dieses System die Lebensgrundlagen des östlichen Teils Deutschlands zerstört und seine Bewohner um den Ertrag ihres individuellen Lebens gebracht hat. Da meldet sich noch einmal – in Wut und Unmut – die ganze Geschichte dieses verfehlten, mit dem Glück und der Zufriedenheit von Millionen bezahlten historischen Experiments. Das konnte – und durfte – nicht Gegenstand des Verfahrens sein. Aber erst dessen Präsenz in den Köpfen machte es zum Jahrhundertprozeß.

Nun also hat Erich Honecker – über mehr als zwei Jahrzehnte die ranghöchste Gestalt des Kommunismus auf deutschem Boden – die Gegenwart des heutigen Deutschlands verlassen. Eine gewisse Zeit unter den früheren chilenischen Emigranten, mit denen am anderen Ende der Welt seine DDR in makabrer Weise noch etwas fortlebt, mag er noch haben. Die Vergangenheit aber, die er mitverdorben hat, bleibt uns. Sie droht – anders als die des Dritten Reiches, aber nicht weniger schmerzhaft – zu einer Vergangenheit zu werden, die nicht vergeht. Sie – furchtbares Wort – aufzuarbeiten, das heißt, sie in Bericht und Analyse begreifbar zu machen, dadurch ihre Last zu mindern und sie in ein erträgliches Verhältnis zur Gegenwart zu setzen, ist die Aufgabe, die uns gestellt ist. Es ist eine schwere Aufgabe, und sie wird, vielleicht, noch andauern, wenn der Honecker-Prozeß nur noch eine Fußnote im Geschichtsbuch ist.

Ein Preis der Einheit

24. Januar 1993

Fast das ganze Jahr 1992 war von der Auseinandersetzung darüber erfüllt, wie man mit einer Gemeinschafts-Aktion von Bund und Ländern die wirtschaftliche Misere, vor allem auch den immer bedrohlicher werdenden Industrie-Abbau in den neuen Ländern stoppen könne. Nun, am Anfang des neuen Jahres, drohen diese Diskussionen, die unter dem Signalwort des »Solidarpakts« geführt werden, im Streit der Parteien und Interessengruppen unterzugehen. Die Konzepte, die entwickelt wurden, um wenigstens einzelne Bereiche, sogenannte industrielle Kerne, zu erhalten, tragen nicht weit genug. Die Gefahr, daß die Umstrukturierung der ostdeutschen Industrie mit der Verödung ganzer Industrielandschaften erkauft wird, steht sichtbar am Horizont dieses Jahres.

Es ist, wie es immer war – und das eben ist es, was erbittert. Denn die Pläne für die umfangreichen Streichungen, die in dieser Woche von den Koalitionsparteien abgesegnet worden sind, sollten ursprünglich der Auftakt für eine große, gemeinschaftliche Anstrengung zur Stützung des Aufbaus im Osten sein. Doch bislang haben sie nur den gewohnten Verteilungskampf nach altem Bonner Muster in Gang gesetzt. Die Kürzungen sollten die Mittel freisetzen für den Solidarpakt, der seit dem Herbst die große Ermutigungs-Formel gegen die düsteren Nachrichten aus dem Osten und zunehmend auch aus dem Westen ist. Nun sieht es so aus, als erschöpfe sich dieser Solidarpakt in einem Akt der Haushaltskonsolidierung. Das mag auch damit zusammenhängen, daß sich die Bonner Diskussion wieder einmal als hektisches Durcheinander darstellt, in dem sich Kürzungskataloge und Proteste dagegen, das föderale Konsolidierungskonzept, kurz FKK genannt, der Nachtragshaushalt und die SPD-Ankündigung eigener Konzepte mischen. Vor allem aber fehlt dem Unternehmen die Perspektive, welche die postulierte Solidarität auslösen könnte:

Worauf soll der Solidarpakt eigentlich gerichtet sein? Was kann geschehen, um die Befürchtung zu entkräften, der Aufbau Ost werde zu einem Faß ohne Boden?

So ziemlich der einzige Rettungsring, der einer beunruhigten Öffentlichkeit bisher zugeworfen wurde, ist die Formel von den »industriellen Kernen«, die, nach des Kanzlers Worten, erhalten werden sollen. Aber selbst der kluge sächsische Ministerpräsident Biedenkopf, in dem viele zumindest den Paten dieses Gedankens sehen, ist sich nicht ganz sicher, was die Regierung damit meint. Sollen alle Industrien, die für eine Region zentrale Bedeutung haben, erhalten werden, koste es, was es wolle? Sein eigenes Atlas-Projekt verhüllt mit dem mythischen Namen ein bescheideneres Vorhaben: nämlich die Sorge für »ausgesuchte Treuhandunternehmen, vom Land angemeldet zur Sanierung«. Berlin etwa, um ein anderes Modell zu nennen, hat neun Firmen im Ostteil der Stadt – von der Niles Werkzeugmaschinenfabrik bis zur Berliner Konfektion – Sanierungs-Priorität zuerkannt.

Der Gedanke, so technokraten-kühl er sich gibt, hat seine historische Dimension. In ihm steckt die Absicht, den industriellen Erosionsprozeß zu stoppen, der den wirtschaftlichen und politischen Aufbau im Osten zu unterlaufen droht. Mit dem Zusammenbrechen etwa des Maschinenbaus in West-Sachsen, der Textilindustrie in der Oberlausitz oder der großen elektrotechnischen Werke im Berliner Osten gehen ja nicht nur Arbeitsplätze verloren: Es entsteht die Gefahr, daß ganze Regionen in einen Zustand der De-Industrialisierung hineingeraten. Für die dicht besiedelten Landstriche Mitteldeutschlands oder für Berlin, wo die Menschen seit Generationen von der Industrie und für sie leben, bedeutete das eine Erschütterung, die gar nicht zu überschätzen ist. Sie entzöge nicht nur einer künftigen Konsolidierung – der Abwanderung der Facharbeiter wegen – den Boden. Sie ginge auch an die Wurzeln von Gesellschaft und Kultur, die gerade wieder aufleben.

Was hier zu begleichen ist, ist ein Preis der Einheit, an den keiner gedacht hat. Jedermann in Ost und West ging ja davon aus, die alten Wirtschaftslandschaften würden wieder auferstehen, wenn denn die lähmende Kommando-Ökonomie der DDR verschwände. Das war eine fatale Illusion, aber nicht nur wegen der mangelnden Produktivität der Betriebe und dem Wegbrechen der östlichen Märkte. In der Misere der Industrie in den neuen Ländern schlägt sich auch nieder, was für eine Entwicklung die Wirtschaft im ganzen Deutschland infolge der Teilung genommen hat, eine Verlagerung der Potenzen und Zentren nach Westen von säkularem Ausmaß. Was waren denn vor drei, vier Generationen München, das Rhein-Main-Gebiet, ja selbst der mittlere Neckar oder Hannover, und was sind sie jetzt? Was heute im Gegensatz dazu die alten Industrielandschaften Mitteldeutschlands sind, ja neben der Kraft der neuen Ballungsgebiete im Westen überhaupt sein können: das macht das schlimme Erwachen aus, mit dem wir für die Einheit zahlen.

Deshalb bietet auch der Blick auf die erfolgreichen Umstrukturierungen in der Alt-Bundesrepublik – etwa im Ruhrgebiet – nicht viel Tröstendes. Denn die vollzogen sich sozusagen auf gefestigtem Boden, in begrenzten Regionen und, vor allem, sie liefen über lange Zeiträume. Das alles fehlt im Osten. Die Gefahr, daß die neuen Länder im glücklich geeinten Deutschland zu einer Randzone der Alt-Bundesrepublik absinken, liegt mithin nahe. Das mindeste, was notwendig wäre, um da gegenzusteuern, ist eine Politik, die nicht nur die Sanierung einzelner Betriebe, sondern das Schicksal der Kernbereiche industrieller Produktivität im Blick hat.

Statt dessen droht unter dem Eindruck der Schleifspuren der Rezession, die nun im Westen unübersehbar werden, ein Rückzug der Politik auf die Streitmuster, die allenfalls der Bundesrepublik von gestern angemessen waren. Verwunderlich ist das nicht. Das können wir, das können unsere Politiker und Interessenvertreter, und überdies sind in gewissem Sinne Gruppenkonkurrenz und Umverteilungskämpfe auch unausweichlich, wenn geteilt werden muß. Doch für eine Lage, in der nichts mehr ist, wie es war, ist solches Verhalten nicht nur unangemessen: es ist von Übel, weil es Energien kostet und Orientierung zerstört, auf die wir dringend angewiesen sein werden.

Es mag sein, daß der Solidarpakt den Turbulenzen zum Trotz, die er bislang ausgelöst hat, zustande kommt. Ein Erfolg wird er jedoch nur werden, wenn die Politiker die inneren Zwänge und Rituale des politischen Streits hinter sich lassen. Das kann nur gelingen, wenn Politik und Gesellschaft ein klares Bewußtsein dessen gewinnen, was im Osten auf dem Spiel steht, und ihre Tagesordnungen danach ausrichten.

Stricken an einer Geschichtslüge

7. Februar 1993

Drei Jahre nach dem Untergang der DDR vermehren sich die Versuche, das Bild der DDR zu retuschieren, ist eine Aufarbeitung der DDR-Vergangenheit aus der Sicht ihrer Träger im Gange. Angeführt von der PDS, erheben immer wieder Angehörige der alten Führungsschicht den Vorwurf, der Westen versuche die DDR zu »delegitimieren«. Die Ursachen für die Schwierigkeiten, mit denen die Menschen in den neuen Ländern zu ringen haben, seien nicht so sehr Folge der DDR-Mißwirtschaft als vielmehr des Einigungsprozesses. Das alles profitiert davon, daß niemand eine Antwort auf die Frage hat, was für eine Rolle die vierzig Jahre DDR in der Nachkriegsgeschichte spielen.

Es ist die Gegenwart, die ihre Geschichte schreibt. Welche Geschichte schreibt sich das wider alle Erwartung wiedervereinigte Deutschland? Wie steht es, vor allem, die Vergangenheit seines östlichen Teils, der noch immer zwischen Hoffnung und Zerknirschung schwebt? Nicht die DDR sei schuld an der Misere, sondern eine Einigung, die aus eigensüchtigen Zielen bewußt die Zerstörung des Wirtschafts- und Kulturstandortes Ostdeutschland betrieben habe. So sagt es Gregor Gysi, bisheriger PDS-Vorsitzender, so sagen es auch andere, die ehemals zum Establishment der DDR gehörten. Die provokative Volte hat ihre Logik: Im Jahre 4 nach dem kläglichen Untergang des Staates der deutschen Kommunisten wird im Schatten der Schwierigkeiten mit der deutschen Einheit eine Art Rehabilitierung der DDR versucht. Eingeklagt werden zumindest mildernde Umstände: War die DDR nicht, bis zur Bewegungsunfähigkeit, abhängig von der sowjetischen Großmacht? Ein Experiment, das nun eben, so was kommt vor, gescheitert ist? Muß man ihr nicht den Versuch des eigenen Weges und auch allerlei Errungenschaften zubilligen, von der sozialen Sicherheit bis zur Drogenfreiheit?

Diese Versuche, dem dahingegangenen Staat wenigstens einen besseren Nachruf zu verschaffen, mögen auch eine Antwort auf die im Vorjahr eingesetzte Enquete-Kommission des Bundestages zur »Aufarbeitung von Geschichte und Folgen der SED-Diktatur in Deutschland« sein. Aber in erster Linie sind sie doch ein Stück Selbst-Rechtfertigung und Macht-Anspruch derer, die die DDR getragen haben. Sie stellen sozusagen die Partei der DDR im neuen Deutschland dar. Präsentiert wird indessen nicht nur – gereinigt vom gröbsten ideologischen Staub – die alte Biedermeier-Fassung der DDR: eng, aber gemütlich, bigott, doch fürsorglich. Die DDR, die nun beschworen wird, ist zeitgemäß gestylt, ihre Rechtfertigung gleichsam westlich verpackt.

Das macht die Sache nicht besser. Die subtile Anmerkung, der Mauerbau etwa sei von den Staaten des Warschauer Paktes beschlossen worden, könne also der DDR nicht alleine angelastet werden – was anderes zeigt er an als Flucht vor der Verantwortung? Da wäre das brutale Wort des früheren sowjetischen Botschafters Abrassimow, die DDR sei ein »Homunkulus aus der sowjetischen Retorte«, ehrlicher. Es ist auch richtig, daß mehr und mehr rechtsstaatliche Elemente das politische System durchzogen. Aber ebenso unbestreitbar ist, daß die DDR – über praktizierte Willkür und Unverhältnismäßigkeiten hinaus – Unrechtsstaat blieb, weil dieses Recht zuletzt doch immer dem Partei-Willen unterworfen war. Und was schließlich das Argument angeht, sie sei eben ein Experiment gewesen, das, gewiß doch, im Dienst der menschheitsgeschichtlich notwendigen Suche nach einer Alternative zum kapitalistischen System stand, so verharmlost es nicht nur den real existierenden Sozialismus mit seinen verheerenden Folgen. Es ist in Wahrheit zynisch: Ist denn das Leben von Millionen von Menschen ein Rohstoff für Experimente? Was für ein totalitärer Denkansatz steckt in dem Anspruch, dazu ermächtigt zu sein – wie idealistisch die Motive dafür gewesen sein mögen! Es bleibt also dabei: Als »deutsche Möglichkeit« ist die DDR nur um den Preis zu rehabilitieren, alle fünfe gerade sein zu lassen, sprich: über den Willen der Menschen und die Verfehltheit des Systems hinwegzusehen.

Nun könnten uns diese Blicke zurück, die sich als Blicke nach vorn ausgeben, im Grunde genommen gleichgültig lassen. Aber es gibt das Problem, das sie aufgreifen, und es gewinnt in dem Maße Brisanz, in dem die innere Vereinigung nicht rasch genug vorankommt. Es ist die nach wie vor ausstehende Antwort auf die Frage: Was für einen Stellenwert hat der sperrige Brocken dieser vierzig Jahre DDR, quer liegend zum Hauptweg unserer Geschichte, wie er ist? Ist er einfach das Ergebnis eines Betriebsunfalls, bei dem es genügt, die Folgen aufzuräumen? Was trägt er bei zum Leben im ganzen Deutschland – wenn es denn als Ertrag nicht ausreicht, daß nun wieder zusammenlebt, was so lange miteinander verbunden war, sich stritt und versöhnte, daß es zusammengehört?

Oder anders gefragt, den ostdeutschen Selbstzweifeln mitten ins Herz: Was kann denn als »deutsche Möglichkeit« gelten, für welche die Geschichte des östlichen Deutschlands einsteht? Was an dieser Vergangenheit ist anzuerkennen – das Wort nicht als staatsrechtliche Formel, sondern im Sinne des Respektierens genommen? Das System gewiß nicht, schon gar nicht in seiner politisch-penetranten Ausprägung; mag allenfalls als der Gewährleister hinlänglichen Funktionierens und einer gewissen sozialen Sicherheit gelten, der es auch war. Aber es kann auch nicht nur der Widerstand gegen das System sein, so bewundernswert solche Haltung war; zu sehr blieb er ein Randphänomen. Eher wird man das Anerkennenswerte in der Ebene des Unpolitischen suchen müssen: in der Bewahrung kultureller Produktivität, der Verteidigung von zivilen Normen und Werten, ja zuletzt auch eines Arrangements mit den Verhältnissen, das nicht im Dienst des Regimes, sondern der Gesellschaft stand. Denn es darf nicht vergessen werden, daß sich das Selbstbewußtsein der Menschen in der DDR zum guten Teil nicht nur in der Hinnahme, sondern in der Auseinandersetzung mit dem politischen System gebildet hat. Was sich auf den ersten Blick als Anpassung ausnimmt, trug bei näherem Hinsehen oft auch Züge der Selbstbehauptung.

Der Sozialphilosoph Adorno hat die kritische Sicht, mit der er die industrielle Gesellschaft musterte, in dem Satz komprimiert: es gäbe in ihr kein richtiges Leben im falschen. Es könnte sein, daß die eigentliche »deutsche Möglichkeit«, welche die DDR wahrgenommen hat, der Versuch gewesen ist, dem falschen Leben ein richtiges abzugewinnen.

Der Osten schafft sich neue Kreise

14. Februar 1993

In den neuen Ländern tobt der Streit um neue Kreisgrenzen. Mit ihrer Verwaltungsstruktur hat die DDR der Kommunalpolitik ein Erbe hinterlassen, das keine effektive Selbstverwaltung zuläßt – und sie auch gar nicht gewollt hat. Im Unterschied zur Bundesrepublik, in der die Landkreise im Durchschnitt etwa 150 000 Bewohner haben, waren die Landkreise in der DDR mit 60 000 Einwohnern weniger als halb so groß, also gar nicht in der Lage, die Aufgaben zu bewältigen, die ihnen nach der Verfassungsordnung einer Demokratie zukommen. Von den 191 Landkreisen in der DDR bleiben nach der Reform 77 übrig, also weniger als die Hälfte. Am raschesten vollzieht sich die Kreisreform in Brandenburg, das sie schon Ende des Jahres abschließt, am schwierigsten in Sachsen, wo sie, zusammen mit den anderen neuen Ländern, im Sommer des nächsten Jahres in Kraft tritt.

Mit hochkontroversen Landtagssitzungen, Demonstrationen und Petitionen schwelt seit Monaten ein Streit in den neuen Bundesländern, und selbst eine Verfassungsklage hat er bereits hervorgebracht. Daß davon nichts nach außen dringt, ist aber ganz in der politischen Ordnung: Die Kreisreform, die in Brandenburg und Sachsen-Anhalt, in Sachsen und Mecklenburg-Vorpommern in ein akutes Stadium getreten ist – nur Thüringen hängt hinterher –, erhitzt zwar die Gemüter, aber nur jene, für die es darum geht, ob sie künftig, beispielsweise, zu Nauen oder Rathenow gehören oder ob um die großen Städte »Speckgürtel« entstehen. Dabei ist diese Reform der größte Einschnitt für das politische Leben in den neuen Ländern seit ihrem Wiedererstehen vor drei Jahren. Und obwohl er sich unterhalb der Aufmerksamkeitsschwelle vollzieht, ist seine politische Bedeutung gar nicht zu überschätzen. Wenn Demokratie auch immer – nach einem plastischen amerikanischen Begriff – »Graswurzeldemokratie« ist, also Demokratie von unten, dann wird in diesen Monaten darüber entschieden, ob in den neuen Ländern die politisch-institutionellen Gefäße entstehen, in denen die Wurzeln dieser Graswurzeldemokratie kraftvoll wachsen können.

In den alten Bundesländern weckt das Wort »Gebietsreform« gemischte Gefühle. Zumeist spiegelte das Klagen über Bürgerferne und Zerstörung historischer Bezüge, mit dem sie bedacht wurde, allerdings nur die Unkenntnis über den Nutzen einer leistungsfähigen Organisation des »Staates ganz unten« wider. In Wahrheit war die Gebietsreform, die seit Mitte der sechziger Jahre in allen Bundesländern die Zahl der Gemeinden um bald zwei Drittel und die der Kreise um fast die Hälfte verringerte, ein wichtiger Schritt zur notwendigen Modernisierung der Verwaltungen. Ohne sie wäre die Alt-Bundesrepublik heute nicht mehr das, alles in allem, gut verwaltete Land, das sie ist.

Für die neuen Länder nun hat die Kreisreform indessen eine weitaus tiefer reichende Bedeutung. Noch operiert ja die Politik auf der Kreisebene, auf der sich Selbstverwaltung und staatliche Verwaltung gleichsam durchdringen, in den Grenzen, die die DDR ihr gesetzt hat. Sie stammen aus der gleichen Zeit, nämlich den Jahren 1952/53, in der die Länder abgeschafft, statt ihrer Bezirke errichtet und die Selbstverwaltung zugunsten einer zentralisierten Ordnung aufgelöst wurde. Die Kreise waren seither untere »Organe« einer von oben regulierenden und reglementierenden Staatsmacht, ohne Eigenständigkeit. Anders als in der Bundesrepublik in den sechziger und siebziger Jahren geht es bei der Gebietsreform in den neuen Ländern also nicht nur um die Schaffung leistungsfähiger Verwaltungseinheiten. Zugleich muß mit den neuen Kreis-Zuschnitten die Entfaltung der Selbstverwaltung und die endgültige Verdrängung der alten DDR-Gewohnheiten den letzten Schub erhalten.

Wenn Streit zur Belebung der Politik beiträgt, fehlt es daran, wie gesagt, nicht. Brandenburg hat in der vergangenen Woche mit der Landtagsdebatte über die Kreissitze seinen Beitrag dazu geleistet. In Sachsen liefern sich CDU-Mehrheitsfraktion und CDU-Landesregierung seit bald einem Jahr ein Tauziehen um die Kreisgrenzen, das an beste – wenn man will: auch problematischste – alt-bundesrepublikanische Exempel erinnert. In Sachsen-Anhalt konnte Innenminister Perschau immerhin – ebenfalls in der vergangenen Woche – mehr Zustimmung ernten, als er erwartet hatte. Das alles kann nicht verwundern. Denn nach bundesrepublikanischem Vorbild wird sich in allen Ländern die Zahl der Kreise beträchtlich verringern. Das bedeutet, daß die Reform in viele Gewohnheiten und manche politischen Besitzstände einschneiden wird.

Angesichts der Lage in den neuen Ländern kann an der politischen Relevanz dieser Reform kein Zweifel sein. Leistungsfähige, politisch lebendige Kreise sind eine wichtige Voraussetzung dafür, daß ein Aufschwung Ost greift. Im übrigen sind sie nur ein Schritt in diese richtige Richtung: die dringliche Reform der Gemeinden, die hier noch unverändert die gleiche Größe haben wie in den alten Ländern vor dreißig Jahren, steht den neuen Ländern noch bevor.

Das Recht, kein Held zu sein

4. April 1993

Neun prominente Bürgerrechtler aus der früheren DDR prangern in einem Brief an Bundespräsident Richard von Weizsäcker, den der Spiegel am 22. März veröffentlicht, den Umgang mit der DDR-Vergangenheit an. Anstoß dafür ist, wieder einmal, der Fall Stolpe. In der Gestalt des brandenburgischen Ministerpräsidenten sehen sie die Symbolfigur für eine Haltung der Anpassung an die Diktatur und der Lebenslügen. Doch die moralischen Standards, die sie aufrichten, richten sich ebenso gegen die Mehrheit ihrer ostdeutschen Landsleute wie gegen die Deutschland-Politik der Parteien in der Bundesrepublik vor 1989.

Der Umgang mit ihrer Geschichte ist für die Deutschen nichts, was sie sich leichtmachen könnten. In ihm steckt und versteckt sich zu vieles von uns selbst, unseren Unsicherheiten und Problemseiten. Das gilt für die Vergangenheit des Dritten Reiches; es gilt auch für die Geschichte der zurückliegenden vierzig Jahre, die wir mit der Wiedervereinigung nicht einfach abgeschüttelt haben. Wer sich damit abgibt, hantiert mit einem hoch entzündbaren Stoff. Deshalb gebührt auch einem Dokument wie jenem Brief an den Bundespräsidenten Aufmerksamkeit, mit dem in der vergangenen Woche ehemalige DDR-Dissidenten heftige Klage über das Verhältnis zur DDR-Vergangenheit geführt haben, und auch der Umstand, daß sie inzwischen – teils durch den Gang der Entwicklung, teils durch ihre Neigung zu exzentrischem Verhalten – an den Rand des öffentlichen Interesses geraten sind, nimmt ihm keineswegs seine Bedeutung. Denn ihre Philippika rührt an neuralgische Punkte im wiedervereinigten Deutschland.

Daß bestenfalls in Ansätzen eine Auseinandersetzung mit dieser Vergangenheit stattfindet, ändert nichts daran, daß sie sozusagen auftrittsbereit in den Kulissen steht – zumindest in der Gestalt von Fragen, oft als Vorbehalt, auch und wahrhaftig nicht zuletzt als Ressentiment. Und es ist ja auch keineswegs folgenlos – für das Verhältnis zwischen den Deutschen im Osten und denen im Westen, aber auch für das innere Klima im Osten wie im Westen –, wie diese Vergangenheit bewertet wird. War allemal dafür, wer nicht dagegen war? Die Stasi hat das Leben in der DDR in einer Weise durchdrungen, von der sich vorher keiner eine zutreffende Vorstellung gemacht hat: War die DDR also in ihrer Gänze ein Stasi-Staat? Muß sich jeder, der dem Staate gab, was dieser einforderte – oder noch ein bißchen mehr, etwa indem er sich in seinem Beruf voll ins Zeug legte –, vorhalten lassen, er sei »systemstabilisierend« gewesen? Hat die Ost- und Deutschlandpolitik – um auch den Westdeutschen ihr Päckchen an Fragen zuzumessen – den Wandel in der DDR gefördert oder behindert?

Es ist das Verdienst der Bürgerrechtler, radikal zuzuspitzen, was andere im Ungefähren lassen. Dazu gehört, daß sie die »Mächtigen« im SED-Staat wie im Westen mehr oder minder in eine Perspektive rücken, vereint durch das Ziel, »die Verhältnisse zu stabilisieren, solange man die Probleme unter dem Teppich halten konnte«. Scharf prangern sie an, was das Überlebensprinzip der meisten in der DDR war: sich nach der Decke zu strecken, sich zu arrangieren und zu versuchen, mit kleinen oder großen Lebenslügen über die Runden zu kommen; dagegen setzen sie die Fähigkeit zum Widerstand, der schließlich in der Herbstrevolution die Menschen auf die Straße gebracht habe. Und die unermüdliche Erbitterung, mit der sie den brandenburgischen Ministerpräsidenten Stolpe überziehen, hat ihren Grund vermutlich gar nicht so sehr in seiner Zusammenarbeit mit der Stasi als darin, daß er für sie die verächtliche Seite symbolisiert – nämlich jene Geschichte von Anpassung und Kompromissen, die ihrem moralischen Anspruch nicht genügt.

Aber die Spuren, die da gelegt werden, führen in die Irre, und das Bild der Geschichte, das so entsteht, ist eine Legende. Man weiß manchmal nicht, worüber man sich mehr verwundern soll: über das Ausmaß an Geschichtsklitterung, das sich da an die Öffentlichkeit wagt, oder die Fähigkeit zur Selbsttäuschung. Die Entschlossenheit, die eigene, rebellierende Haltung zum Muster des Verhaltens der großen Mehrheit zu machen und zugleich SED-Gewaltige und westliche Politiker auf die Gegnerseite zu rücken, verdreht die Geschichte der DDR wie ihrer Überwindung bis hin zu ihrem Verschwinden hinter Wunschvorstellungen und Feindbildern. Das schwierige Leben unter und mit der Diktatur wird in erster Linie in den Kategorien von »Dafür-Sein« und »Dagegen-Sein«, verächtlichem Komplizentum und moralischer Festigkeit durchdekliniert.

Zu der Aufklärung, die da eingeklagt wird, trägt das wenig bei. Man nützt ja niemandem – schon gar nicht den ehemaligen DDR-Bürgern –, wenn man in ihre Geschichte einen kräftigen Strang von Widerstand hineinflicht. Den gab es nur in höchst begrenztem, auf kleine Minderheiten beschränktem Umfang. Ebensowenig tut es der Erinnerung an die Herbstrevolution 1989 gut, wenn sie – die einer der großen Augenblicke der deutschen Geschichte war – idealisiert und heroisiert wird. Man verkleinert den Mut und den Freiheitswillen nicht, mit dem damals die Menschen auf die Straße gingen, wenn man im Gedächtnis behält, daß da auch materielle Motive im Spiel waren und die stärkste Schubkraft dieser Revolution vermutlich die Massenflucht über Ungarn und die Tschechoslowakei war. Und erst recht hat niemand etwas davon, wenn sich die Deutschen heute einreden, sie hätten sich damals mit der Existenz zweier Staaten nicht mehr oder minder abgefunden. Dergleichen nährt nur die Heuchelei.

Es ist nicht nur die historische Wahrheit, die mit der moralischen Überforderung der Vergangenheit malträtiert wird. Diese Sicht der Geschichte packt auch der Gegenwart Hypotheken auf, an denen sie schwer zu tragen hat. Vor allem freilich geht mit ihr die fatale Tendenz einher, der Normalität des Lebens in der DDR mit seinen Anpassungen und Kompromissen, seinen Leistungen und ihrer Anständigkeit sozusagen die Legitimität zu nehmen. Die Würde der Menschen in den neuen Ländern auf ihre Kraft zu gründen, dem Druck zum Sich-Einrichten in den Verhältnissen zu widerstehen, gar ihren Widerstand – und nicht auf das Maß, in dem sie dem Arrangement mit der Diktatur ein Stück Selbständigkeit abgerungen haben –: das heißt nichts anderes, als sie in die Lage zu bringen, sich beständig für ihr Leben entschuldigen zu müssen. Es wäre eine Rechtfertigung, die ihnen ein Recht nimmt, das jeder hat – kein Held zu sein.

Eine deutsche Karriere und ihr Nachspiel

20. April 1993

In Dresden beginnt der Prozeß gegen Hans Modrow, den letzten Ministerpräsidenten der alten, noch kommunistischen DDR. Angeklagt ist er wegen des – später bestätigten – Verdachts der Beteiligung an der Fälschung der DDR-Kommunalwahlen im Mai 1989. Modrow, nach längerer Parteikarriere SED-Bezirkssekretär in Dresden, galt vor 1989 als einer der raren Reformer in der DDR. Nach dem Rücktritt Honeckers und der DDR-Führung versuchte er als Regierungschef die in offener Auflösung befindliche DDR zu stabilisieren. Für ein paar Monate wurde er zu einer Gestalt, die im Osten wie im Westen nicht ohne Sympathie gesehen wurde. Inzwischen bekommt dieses Bild Risse, weil die Rolle, die er in der letzten Phase der DDR gespielt hat, zunehmend widersprüchlich und undurchsichtig erscheint.

Angeklagt ist der Mann, dem von heute an in Dresden der Prozeß gemacht wird, wegen eines eher an den Haaren herbeigezogenen Delikts. Im Ernst: Welches spezifische Gewicht kann die Anstiftung zur Wahlfälschung schon haben, die Hans Modrow, dem früheren SED-Bezirks-Chef von Dresden und späteren DDR-Ministerpräsidenten, vorgehalten wird, wenn das Regime selbst auf Lug und Trug beruhte? Demgemäß lebt das Interesse an dem Verfahren auch in erster Linie von der Prominenten-Rolle, die Modrow in den stürmischen Monaten des Umbruchs gespielt hat. Erwartet wird mithin weniger ein Strafprozeß, bei dem Verantwortung eingeklagt und Schuld ermittelt wird, als vielmehr eine Antwort auf die Frage, was denn eigentlich an dem einst so hochgeschätzten Modrow dran war. Zur Verhandlung steht also auch ein Kapitel aus der Geschichte der Hoffnungen, Täuschungen und, nicht zuletzt, Selbsttäuschungen, die Teil der deutschen Irrungen und Wirrungen der vergangenen Jahre sind.

Was Modrow war, was er für den Ablauf der deutschen Dinge wurde, ergab sich ja kaum aus den Stationen seiner Laufbahn. Der Berliner FDJ-Sekretär, der Agitations-Leiter im ZK der SED, der Parteigewaltige des Bezirkes Dresden: bis Mitte der achtziger Jahre war Modrow einer aus der Schar der erfolgreichen Funktionäre, unauffällig und gesichtslos. Dann begann seine zweite, eigentliche Laufbahn: erst ein Gerücht, dann ein Geheimtip unter den SED-Astrologen, er sei, vielleicht, der Mann der »Sowjets«, schließlich – aber da blies schon kräftig der Wind des Gorbatschowschen Wandels in die DDR hinein – ein Hoffnungsträger. Das alles fand noch hinter den Elbhöhen statt, mehr vermutet als belegt. Erst der Zusammenbruch der SED schob ihn sichtbar auf die politische Bühne. Da wurde er schnell der »gute Mensch von Dresden«, trat für ein paar Monate als Treuhänder der DDR auf, bis ihn die erste freie Wahl auf die Seite kehrte.

Sieht man heute, gut drei Jahre später, auf diese Blitzkarriere zurück, so fragt man sich, wie sie zustande gekommen ist. Was hat Modrow eigentlich dafür prädestiniert – außer seinen noch und noch beschriebenen biederen Lebensumständen in Dresden und seinem pommerschen Naturell? Gab es bis 1989 irgendeine Äußerung von ihm, die zu der Hoffnung berechtigte, er könne – wie immer wieder spekuliert wurde – der Gorbatschow der DDR werden? Einzig die Rüge, die ihm das Politbüro im Frühsommer 1989 verpaßte, mochte im Umkehrschluß für eine solche Erwartung gut sein. Und kaum anders verhielt es sich mit seinen Manövern als Regierungschef: Der bieder-brave Staatsmann, dem selbst im Bonner Regierungslager bescheinigt wurde, er sei »ein guter Mann in einer schlechten Partei«, hat offensichtlich vertuscht, was immer zu vertuschen war.

Kurz: was an Modrow war nicht unsere Erfindung – die Erfindung eines Westens, der begierig nach einem Gorbatschow made in DDR war und deshalb auch einen fand? Der beglückt davon war, daß hier einer sich freihielt von dem glanzlosen Byzantinismus der SED-Nomenklatura, der am Elbufer joggte und noch als Regierungschef mit der Aktentasche unterm Arm spät am Abend ins bescheidene Apartment zurückspazierte? Insofern ging mit diesem letzten Repräsentanten der SED jene Reihe der Selbsttäuschungen nicht zu Ende, zu denen die DDR immer wieder verleitet hat; sie setzte sich, im Gegenteil, fort.

Denn gerade die Gestalt Hans Modrows belegt, wie gering in der DDR das Potential derer war, die sich aus den Denk- und Handlungsmustern der Parteidoktrin wenigstens ansatzweise befreien konnten. Nichts da von einem Gorbatschow oder einem Gyula Horn in Ungarn: in der DDR reichten die Alternativen allenfalls zur Volkstümlichkeit der Drei-Zimmer-Wohnung und zur Biedermanns-Attitüde, die nun darauf besteht, nichts gewußt zu haben und nirgendwo dabeigewesen zu sein. Und selbst das könnte sich noch als Täuschung herausstellen. Allzuviel an Modrows Rolle im Oktober 1989, als die Dresdner auf die Straße gingen, wie in der Phase des Übergangs vom SED-Staat in die auf freie Wahlen gestützte DDR ist noch ungeklärt. Vielleicht hat der Prozeß, der heute beginnt, wenigstens den Nutzen, Licht in dieses Halbdunkel zu bringen.

Ein Kandidat der Einigung

15. Juni 1993

Eine Reihe von namhaften Persönlichkeiten schlägt Jens Reich, den ehemaligen Bürgerrechtler und Mitbegründer des »Neuen Forums«, als Kandidaten für die nächste Bundespräsidentenwahl vor. Die Wahl findet im Mai des nächsten Jahres statt; die Mehrheit in der Bundesversammlung, die das Staatsoberhaupt wählt, wird gegenwärtig von den Bonner Koalitionsparteien CDU/CSU und FDP gehalten. Der Kreis der Unterstützer des Aufrufs ist bemerkenswert breit; zu ihm gehören Ignatz Bubis, der Vorsitzende des Zentralrats der Juden, der frühere FAZ-Herausgeber Joachim Fest, der Wittenberger Pastor Friedrich Schorlemmer und die Grünen-Politikerin Antje Vollmer.

Große politische Kompetenzen hat ein Bundespräsident nicht, aber politisch ist das Amt gleichwohl. Er ist eine Instanz, die – wie Carlo Schmid einmal gesagt hat – »mehr durch ihr Dasein als durch ihr Tun wirkt«. Keiner der Präsidenten der Bundesrepublik hat sich denn auch damit begnügt, sozusagen den Frühstücksdirektor der Republik abzugeben. Alle haben Einfluß auf die Politik gehabt, durch Reden, Auftritte, Gespräche vor und hinter den Kulissen – von Theodor Heuss, der dem Amt die Autorität verlieh, über Heinrich Lübke, Gustav Heinemann, Walter Scheel, Karl Carstens bis zu Richard von Weizsäcker, über dessen weit in die Gesellschaft hineinwirkende Rolle kein Wort mehr verloren zu werden braucht. Die Wahl eines neuen Präsidenten, die im nächsten Jahr ins Haus steht, ist deshalb ein Politikum.

Um so mehr Aufmerksamkeit verdient der Anstoß, den ein Frankfurter Kreis mit seinem Vorschlag der bisher erst von vorsichtigen Absichtserklärungen und vagen Personalspekulationen in Gang gebrachten Debatte gegeben hat. Denn der Gedanke, Jens Reich, einen der Sprecher der ostdeutschen Revolution von 1989, zum nächsten Staatsoberhaupt zu wählen, hebt nicht nur einen interessanten Mann auf das Kandidatenkarussell. Er gibt auch der vom Bundeskanzler befürworteten Wahl einer Persönlichkeit aus den neuen Ländern in dieses Amt eine bedeutende, herausfordernde Perspektive. Mit Reich geriete ins oberste Staatsamt, mithin an eine wichtige Stelle des Gewaltengefüges, jemand, der mit der organisierten Politik zwar eine vorübergehende Berührung hatte, aber als Naturwissenschaftler, scharfsinniger Publizist und eben als gelernter DDR-Bürger für ganz andere Welten steht.

Damit nicht genug. Es ist ja nicht zu übersehen, blickt man auf die Initiatoren des Vorschlags – Persönlichkeiten unterschiedlicher politischer Couleur, aber ohne politische Ämter –, daß hier der Politik, genauer: der Parteipolitik, ihre angestammte Rolle als Herr des (Auswahl-)Verfahrens streitig gemacht werden soll. Mit Reichs Kandidatur soll das übliche Kandidaten-Turnier mit seinen politischen Kalkulationen und parteilichen Hintergedanken durchbrochen werden. Der Zug, der mit diesem Vorschlag gemacht wird, zielt also auch mitten hinein in eine der Bekümmerungs-Zonen der politischen Öffentlichkeit in der Bundesrepublik.

Man darf freilich nicht die Augen davor verschließen, daß darin auch die Gefahr dieses Vorhabens steckt. Die Politik mit dem Streit der Parteien, mit ihren Schleichwegen und Kompromissen braucht das Gegengewicht von Unabhängigkeit und Vernunft, von Erfahrungen, die außerhalb ihres Räderwerkes ihren Ursprung haben, und von Einsichten, die ihr Paroli bieten. Das Amt des Bundespräsidenten kann ein Hort solchen Geistes sein. Aber es verlöre jede Wirkung – und auch seine Legitimität –, wenn es gleichsam zum Bollwerk gegen die Politik gemacht würde. Es wäre fatal, wenn Reichs Bewerbung allein zur Sache der Gebildeten unter den Politikverdrossenen würde.

Dabei würde diese Kandidatur, also das Ausbrechen aus den Gewohnheiten des politischen Betriebs, gerade zum gegenwärtigen Zeitpunkt eine Chance haben. Bundespräsidentenwahlen haben in der Geschichte der Republik stets ihre besondere Bedeutung gehabt. Fast immer waren sie Vorboten politischer Weichenstellungen, und wenn sie schon keinen Machtwechsel anzeigten – wie Heinemanns Wahl 1969 –, signalisierten sie doch einen Wechsel des politischen Klimas. Heute dagegen ist die Situation offener als je zuvor. Daß andere parteipolitische Konstellationen – seien es Ampel-Bündnisse, sei es eine große Koalition – das Land voranbrächten, ist unwahrscheinlich. Die Aufgabe, vor der das vereinigte Deutschland steht, überragt alle möglichen parteipolitischen Muster. Es ist – jeder weiß es – die Überwindung des fortdauernden Erbes der Teilung, das die Politik lähmt und viele Menschen demoralisiert. Es wäre unfair, denjenigen, die bisher für das Amt ins Gespräch gebracht wurden – dem sächsischen Justizminister Heitmann, Verfassungsgerichtspräsident Herzog oder dem sich nach wie vor diesem Gedanken hartnäckig verweigernden Genscher –, diese Fähigkeit abzusprechen. Aber wer wäre so sehr der Kandidat dieses Einigungsauftrags wie Reich?

Von jedem ein paar Mark fuffzich

25. Juli 1993

Das Problem der Regelung der offenen Vermögensfragen schwelt weiter. Von den mehr als eine Million Anträgen auf Rückübertragung ist bislang nur ein geringer Teil entschieden. Erst im Mai 1993 wird das Gesetz, das den Ausgleich für nicht zurückzugebendes Eigentum regeln soll, im Bundestag eingebracht. Es ist eine Debatte, deren Kompliziertheit daran abzulesen ist, daß sich die Sprecher der verschiedenen Fraktionen von vornherein immer wieder versichern, daß wirkliche Gerechtigkeit nicht gelingen kann. Die Hoffnung, daß das Gesetz noch in diesem Jahr in Kraft treten kann, mit der die Bundesregierung in die Debatte gegangen ist, erweist sich als trügerisch. Erst im nächsten Jahr, am 27. September 1994, wird es endgültig verabschiedet – nach der Zurückweisung im Bundesrat und zwei Verhandlungsrunden im Vermittlungsaussschuß.

Von Goethe stammt das Bekenntnis, er wolle lieber eine Ungerechtigkeit begehen als Unordnung ertragen. Die Sentenz, ausgesprochen in einer Situation des historischen Umbruchs – beim Abzug der Parteigänger der Französischen Revolution aus Mainz –, gehört zu den sperrigen Worten des Dichters. Der Rang, den sie der Ordnung gegenüber dem Verlangen nach Gerechtigkeit gibt, hat nachhaltig zu dem Eindruck beigetragen, daß dem großen Weimarer politisch nicht über den Weg zu trauen sei. Heute, in einer Zeit, die nicht weniger Umbruchsepoche ist, sind wir vielleicht eher in der Lage, diese Maxime zu begreifen. Blickt man auf den Zustand des zusammenwachsenden Deutschland, so liest sie sich jedenfalls wie ein aktueller Kommentar zu einer seiner quälendsten Konfliktzonen: der Regelung der Eigentumsfragen in den neuen Ländern mit ihrem endlosen Streit um Rückgabe und Entschädigung.

Denn mit dem im Einigungsvertrag niedergelegten Prinzip, daß Rückgabe vor Entschädigung gehen solle, wie mit den Versuchen, dessen Härten und ungewünschte Folgen abzumildern, sollte ja vor allem Unrecht gutgemacht, Gerechtigkeit wiederhergestellt werden. Das Ergebnis ist deprimierend. Die Gesetze, die zu diesem Zweck gemacht wurden, stellen niemanden zufrieden. Sie leisten offenkundig auch nicht, was sie leisten sollen und müßten. Die Zahl der Anträge, die in den Ämtern für Vermögensfragen auf Bearbeitung warten, reicht immer noch an die Million heran. Ungeklärte Vermögensfragen machen im wörtlichen Sinne den Grund unsicher, auf dem die Menschen in den östlichen Bundesländern mit den neuen Verhältnissen ringen. Noch immer sind solche Ansprüche das am schwersten wiegende Investitionshemmnis. Nicht Sicherheit und Befriedigung sind von der Wiederherstellung des Rechts ausgegangen, sondern Unsicherheit und Unruhe.

In der Tat steckt die Regelung der Eigentumsfrage im Osten voller Widersprüche, Ungereimtheiten und – trotz oder wegen ihres Ehrgeizes, es allen recht zu machen – Ungerechtigkeiten. Was mit dem Vermögensgesetz begann, setzt das Entschädigungsgesetz – eben erst nach langem Hin und Her in die parlamentarische Beratung eingeführt – fort. Am Anfang des Ärgernisses steht dabei vermutlich die Entscheidung, nach dem Prinzip »Opfer entschädigen Opfer« zu verfahren, also jene, denen im Osten durch Rückgabe ein Wertzuwachs zufließt, per Vermögensabgabe zur Entschädigung heranzuziehen. Das erbringt zu wenig, um Interesse an Entschädigung zu wecken, und belastet zu stark diejenigen, die Besitz zurückbekommen haben. Es setzt, vermutlich, gerade jenen Prozeß nicht in Gang, der auf das Verlangen nach Rückgabe verzichten läßt und damit die Unsicherheit vor der Zukunft abbaut. Es ist nicht nur zu befürchten, daß diese Regelung vor dem Verfassungsgericht nicht besteht. Noch schwerer wiegt die Gefahr, daß sie vor der Wirklichkeit versagt. Dabei fällt erschwerend ins Gewicht, daß das Bild, das diese Wirklichkeit bietet, so vielschichtig ist.

Es gibt da eben nicht nur den längst zum Klischee gewordenen Altbesitzer, der, aus dem Westen kommend, den »Ossi«, der sich im sicheren Besitz von Haus oder Grundstück gewähnt hat, mit Kündigung oder raffgieriger Mieterhöhung bedrängt. Es gibt auch den Westler, der beträchtliche Mittel in die Sanierung seines zurückgegebenen, seit Jahren vernachlässigten Hauses steckt und dabei noch auf die Abwehr seiner Ost-Mieter stößt, die ihn als lästigen Eindringling betrachten. Neben den westlichen Eigentümern, die die Rückgabe ihres Besitztums mit einer Aggressivität verfechten, als seien sie die Hauptleidtragenden der Teilung gewesen, steht der »Junker«, der im Campingwagen auf seinem alten Grund und Boden haust und mit eigener Hand den Wiederaufbau seiner Gutswirtschaft betreibt.

Aber nicht zu übersehen ist, daß die Auseinandersetzung um die Eigentumsfrage bitterer, heftiger, oft auch verletzend wird. Das gilt für jene, die Ansprüche erheben; es betrifft aber vor allem auch diejenigen, die von diesen Ansprüchen betroffen sind oder sich betroffen fühlen. Das Wort von der »zweiten Enteignung der Ostdeutschen« macht die Runde. Und es ist ja wahr, daß die Auseinandersetzung um den Ausgleich für erlittene Besitz-Einbußen nicht angemessen zu führen ist ohne zumindest den Seitenblick auf die fundamentalen Ungleichgewichte, die zwischen Osten und Westen bestehen und entstehen. In welcher Weise geht in die Rechnung ein, daß die Westdeutschen die Gewinner der Nachkriegsgeschichte, die Ostdeutschen aber die Verlierer sind? Und was zählt, daß sich am Grunde des Einigungsprozesses wiederum – allen Opfern der Bürger der alten Länder zum Trotz – eine gewaltige Verschiebung von Vermögenswerten von Ost nach West vollzieht?

Die Juristen, die die Regelungen für die Vermögensfragen entworfen haben, gehörten ins Fegefeuer, hat Altbundeskanzler Schmidt zornig geschrieben – oder, um die Folgen ihrer Entscheidungen kennenzulernen, »besser noch nach Stralsund, zum Besuch beim Bürgermeister, zum Katasteramt in Potsdam, zum Vorstandsvorsitzenden von Jenoptik oder zur Präsidentin der Treuhandanstalt«. Die Länder haben eine gründliche Überprüfung gefordert. Groß sind die Spielräume dafür nicht, aber das wenige, was getan werden kann, um zu überzeugenderen Lösungen zu kommen, muß versucht werden. Der CDU-Abgeordnete Graf von Schönburg-Glauchau, selbst im Osten enteignet und nun Vertreter eines sächsischen Wahlkreises, hat im Bundestag in eindrucksvoller Schlichtheit auf das Dilemma hingewiesen. Seine Wähler spürten, daß diese Regelung nicht stimmte; aber sie sagten: »Ich täte verstehen, wenn jeder von uns ein paar Mark fuffzich dazugeben müßte.«

Ein Alarmsignal für die Parteien

13. September 1993

Mitten hinein in die Vorwahlperiode des Superwahl-Jahres 1994 kommen die Ergebnisse einer Umfrage über die Einstellungen der ostdeutschen Wähler. Das Berliner Institut für Sozialdatenanalyse hat herausgefunden, daß in den neuen Ländern über fünfzig Prozent der Wähler nicht mehr für die Partei stimmen wollen, die sie 1990 gewählt haben. Nur die PDS verfügt offenbar über ein wirkliches Stammwählerpotential. Die etablierten Parteien, die bei den Wahlen 1990 noch unangefochten waren, müßten jetzt bei Wahlen damit rechnen, so der Schluß der Studie, einen Einbruch bisher ungeahnten Ausmaßes zu erleben.

Die Wahlen im nächsten Jahr werfen ihren Schatten voraus, und wie die Dinge in unserer prognosegläubigen Gesellschaft liegen, bestehen sie vor allem aus dem Zahlengespinst der Umfrageergebnisse. Sie haben den Vorzug, daß man sie nicht zum Nennwert nehmen muß: Weder sind die Ausschläge der tatsächlichen Wahlergebnisse so hoch, wie sie aufgeregte Momentaufnahmen der Stimmungslage nahelegen, noch sind die Umfrageresultate so verläßlich, daß sich im Laufe der Monate und des Wahlkampfes nicht noch vieles ändern könnte. Wahlen, nämlich: Entscheidungen darüber, von wem man demnächst regiert werden will – oder von wem nicht –, sind, aller demoskopischen Kunst zum Trotz, aus einem anderen Stoff als die Nachzeichnung von Sympathien und Abneigungen, Präferenzen und Bedenken. Aber ernst nehmen muß man sie gleichwohl: Sie loten das Terrain aus, auf dem die Wahlkämpfe von morgen geführt werden.

Deshalb muß die Untersuchung, die unlängst das Berliner Sozialforschungsinstitut *isda* über die Parteienlandschaft in den neuen Ländern vorgelegt hat, als Alarmzeichen genommen werden – und es ändert daran nichts, daß sie im Auftrag der PDS unternommen wurde, man also dem Institut vermutlich nicht zu nahe tritt, wenn man es im Dunstkreis dieser Partei vermutet, ein leichter Hauch von Tendenz mithin nicht auszuschließen ist. Denn daß gegenwärtig im östlichen Deutschland SPD, PDS und CDU nur zwischen zehn und neunzehn Prozent Anhänger haben, gut fünfzig Prozent der Bürger jedoch nicht wählen oder sich nicht äußern wollen, mag zwar die Wahlstrategen ruhig schlafen lassen, weil die Walze des Wahlkampfs die Stimmverhältnisse schon noch zurechtrücken wird. Aber es muß alle aufstören, die am politischen Leben im vereinten Deutschland Anteil nehmen. Denn es zeigt eine dramatische politische Verwerfung im Osten des Landes an: Ein Krater klafft auf in der Republik.

Gewiß sind die parteipolitischen Strukturen auch im Westen nicht mehr das, was sie einmal waren: ziemlich stabile Ablagerungen von Gewohnheit und Geschichte, bei denen die Zufälligkeit, ob einer Arbeiter oder Angestellter, Städter oder Dorfbewohner, Protestant oder Katholik ist, allemal noch alle aktuellen politischen Stürme konterkarierte. An der Zunahme der Wechselwähler wie der Wahlenthaltungen ist abzulesen, daß das Gerüst der Parteibindungen erschüttert, die Wählerlandschaft in Bewegung geraten ist. Doch das ist etwas ganz anderes als das ruinöse Bild, das die Infrastruktur der Politik in den neuen Ländern bietet.

Natürlich hat sich niemand einbilden können, daß die Wahlergebnisse in den neuen Ländern – erst der letzten Volkskammerwahl, dann der Bundes- und Landtagswahlen 1990 – mit altbundesrepublikanischen Resultaten vergleichbar waren. Hier wurde nicht abwägend-skeptisch gewählt. Hier stieß sich ein ganzes Volk ab von einem kenternden Schiff, um mit einem großen Satz das rettende Ufer zu erreichen. Aber es bleibt beklemmend, daß sich trotz der politischen Betriebsamkeit, die sich seither entwickelt hat, also trotz der Arbeit eifriger Landtage, Kommunen und Parteien, der politische Boden so wenig gefestigt hat. Das ist mit der deprimierenden wirtschaftlichen Entwicklung allein nicht zu erklären, und vermutlich macht es sich selbst der noch zu leicht, der auf die desaströsen Wirkungen etwa der Ereignisse von Bischofferode verweist. Gewiß enthält diese steckengebliebene Wiedererweckung des politischen Lebens auch ein Urteil über die

Politik selbst. Aber zugleich tritt darin zutage, daß die vierzig Jahre der Überpolitisierung unter dem Druck von Reglementierung und Gleichschaltung auch eine Zeit rabiater, an die Wurzeln gehender Entpolitisierung waren.

Für die Aufgaben, mit denen die deutsche Politik konfrontiert ist, ist die Schwäche des Parteiengefüges in den neuen Ländern eine gewaltige Hypothek. Die eben erst wieder entstandenen politischen Strukturen hängen noch immer weitgehend in der Luft. Das legt die Gefahr tiefgehender, wahrhaftig tektonischer Ein- und Abbrüche über unsere gesamte politische Landschaft. Es wäre gut, wenn die Politiker und zumal die Parteizentralen das im Eifer der aktuellen Geschäfte wenigstens nicht verdrängten.

Geschlagen wird der Sack

26. September 1993

Ende August taucht der Name des sächsischen Justizministers Steffen Heitmann als Kandidat der CDU für das Amt des Bundespräsidenten auf. Anfang September spricht sich das CDU-Präsidium für ihn aus, während sich die SPD auf den nordrhein-westfälischen Ministerpräsidenten Rau festlegt. Heitmann, bis dahin weitgehend unbekannt, Mitakteur des Herbstes 1989, erst 1990 CDU-Mitglied geworden, gerät durch Interview-Äußerungen ins Kreuzfeuer einer heftigen Kritik. Ihm wird Konservatismus, Rechts-Lastigkeit und ein nicht genügend emanzipatives Frauenbild vorgehalten, zumeist von westlichen Kritikern. Die Präsidentenwahl, der von den Parteien erhebliches strategisches Gewicht beigemessen wird – nicht zuletzt wegen des Bundestagswahljahrs 1994 –, wirft ihren Schatten voraus.

Unversehens ist die Bundesrepublik aus dem Geplänkel, das den Sommer beherrschte, in eine heftige Debatte geschlittert, und der Anlaß dafür ist ausgerechnet jenes Amt, das nach allgemeinem Urteil Zank und Konflikten entrückt sein soll. Aber die aufgeregte Kontroverse, die sich an der Möglichkeit entzündet hat, der sächsische Justizminister Heitmann könne Bundespräsident werden, lenkt davon ab, daß Bundespräsidentenwahlen fast immer streitige Vorspiele hatten. Entgegen der hier und da kultivierten Vorstellung, das hohe Amt solle, weil seine Aufgabe integrierend und ausgleichend sei, in einer Art überparteilichem Akklamationsakt besetzt werden, waren diese Wahlen auch durchweg eine Sache der Parteien, mehr noch: der Parteitaktik. Adenauer lancierte die Wahl des FDP-Manns Heuss zum Präsidenten, um eine große Koalition zu verhindern. Herbert Wehner forcierte die Wiederwahl Heinrich Lübkes, um den Boden für eine solche Koalition zu ebnen. SPD und FDP setzten Gustav Heinemann durch, um den Weg für die sozialliberale Koalition zu bahnen. Vom »seismographischen Charakter« der Bundespräsidentenwahl hat ein Politikwissenschaftler einmal gesprochen. Fragt sich also nur, was der Streit diesmal anzeigt.

Der einzige Kandidat, der bislang einigermaßen feststeht, ist der nordrhein-westfälische Regierungschef Rau, den die SPD schon offiziell benannt hat. Ebenso offenkundig ist, daß die Union – entgegen früheren Sympathie-Äußerungen Kohls – nicht bereit ist, Rau mitzutragen; sie hat das durch ihr Bekenntnis zu Heitmann auch personell manifestiert. Es mag sein, daß dabei die notorische Abneigung Kohls gegen eine große Koalition eine Rolle gespielt hat. Die FDP ist durch die Weigerung Hans-Dietrich Genschers, sich für das Amt zur Verfügung zu stellen, in die Klemme geraten, zur Mehrheitsbeschaffung genötigt zu sein, ohne zu wissen, wohin sie politisch will. Kurz: Die Kandidatenkür spiegelt bislang nur den Grabenkampf wider, zu dem die Bonner Politik geworden ist.

Das einzige, was im Zusammenhang dieser Debatte einen Blick in Tiefenschichten der Politik erlaubt, ist die harte Kritik an Steffen Heitmann – und es ist kein angenehmer Befund, den er zutage fördert. Dabei sind die Attacken, die sich gegen den bis eben noch fast unbekannten Landespolitiker richten, unter taktischen Aspekten vergleichsweise harmlos. Geschlagen wird der Sack, gemeint ist, natürlich, der Esel: Kohls Kandidat soll unmöglich gemacht, die CDU-Position also geschwächt werden. Das ist ein legitimer Zug im politischen Kampf, und die politischen Schwächen Heitmanns sind ja auch unübersehbar. Freilich grenzt es an Heuchelei, wenn gegen ihn eingewandt wird, er sei als Kandidat sozusagen »erfunden« worden – bei Ost-Politikern ist das kaum anders möglich –, während er in Wahrheit abgelehnt wird, weil Kohl es war, der ihn an die politische Rampe bugsiert hat.

Was jedoch den Umgang mit Heitmann in die Nähe des Skandals rückt, ist die Leichtfertigkeit und die Aggressivität, mit der da geurteilt und verurteilt wird. Kann es angehen, daß drei, vier Äußerungen, aus dem Zusammenhang gezerrt, bei näherem Hinsehen alles andere als gewagt, ausreichen, einen Politiker ins Abseits zu rücken? Es ist schon merkwürdig: kaum einer kennt ihn – was auch, so albern das Argument ist, gegen ihn ins Feld geführt worden ist –, doch jeder weiß über ihn Bescheid. Und es wirkt schon fast komisch, wenn Leute, die stolz darauf sind, alles zu »hinterfragen«, nun ausgerechnet daran Anstoß nehmen, daß Heitmann Tabus in Frage stellen und Debatten »aufbrechen« will. Erst recht wird es ärgerlich, wenn ihm einerseits vorgehalten wird, er wolle dem »Normalbürger« eine »Stimme« geben, und andererseits mit dem Totschlagargument herumgestikuliert wird, er strebe das Amt gegen den »Willen des Volkes« an.

Es ist wahrhaftig nicht sicher, daß Heitmann ein guter Präsident würde. Aber es ist erschreckend, wie sicher sich viele sind, daß er es nicht sein könne. Daß er konservativ ist, kann nicht allein der Grund sein, jedenfalls unter vernünftigen Leuten, ebensowenig eine gewisse DDR-Enge, die ihm anhaftet. Man kann keinen Präsidenten aus dem Osten wünschen – wofür es gute Gründe gibt –, und dann einen weltläufigen, mit allen Essenzen westdeutscher Nachkriegsbildung versehenen Kandidaten erwarten. Heitmann hat schärfer als andere den Bruch mit der DDR als Bedingung eines »glaubwürdigen Neuanfangs« in den neuen Ländern eingeklagt. Er hat verfassungspolitisch deutlich Position bezogen – für eine aufgeschlossene Verfassung im heimischen Sachsen, gegen eine Generalrevision des Grundgesetzes in Bonn. Was rechtfertigt also die nachgerade wütende Ablehnung, auf die er gestoßen ist? Man kann den Verdacht nicht von der Hand weisen, daß die Präsidenten-Debatte genutzt wird, um dem Bedürfnis nachzugeben – endlich einmal wieder –, die innenpolitische Debatte mit klaren Fronten und mobilisierenden Feindbildern auszustatten. »Man heult auf, bevor man begreift«, spottete der scharfzüngige Soziologe Niklas Luhmann einmal über ein bestimmtes Muster politischer Kritik. Heult man im Falle Heitmann auf, weil man sich die Mühe des Begreifens nicht machen will?

Der einzige Trost in dieser unerfreulichen Situation besteht in der Gewißheit, daß die Debatte um die Nachfolge von Richard von Weizsäcker erst begonnen hat. Gerade weil die Konstellation so festgefahren scheint, kann der Ausgang der Wahl noch immer als offen gelten. Und auch dies lehrt der Blick zurück: alle Bundespräsidenten – von Heuss bis Carstens – haben sich von den parteipolitischen Strategien, die ihre Wahl bestimmte, gelöst, sobald sie im Amt waren.

Gerechtigkeit verjährt nicht

27. Oktober 1993

Sechs Jahre Haft lautet das Urteil, mit dem der Prozeß gegen den früheren Stasi-Chef Erich Mielke nach 87 Verhandlungstagen zu Ende geht. Das Gericht sieht es als erwiesen an, daß er im August 1931 zwei Polizisten auf dem Bülowplatz in Berlin ermordet hat. Weil der Vorgang so lange zurückliegt, verzichtet das Gericht auf die Verhängung der gebotenen lebenslänglichen Strafe. Mielke, seit dreieinhalb Jahren in Untersuchungshaft – übrigens mittlerweile als einziges Mitglied der DDR-Führung –, nimmt das Urteil ohne erkennbare Gemütsbewegungen auf. Der damals 23 Jahre alte Mielke war Mitglied des sogenannten Parteiselbstschutzes der KPD. Die Tat war offenbar ein Racheakt dafür, daß die Polizei am Tag zuvor bei einem Einsatz einen der Partei nahestehenden Arbeiter erschossen hatte.

Erich Mielke ist schuldig – aber ist er es wegen der Tat, derentwegen er gestern verurteilt wurde? Die Frage bezieht sich, natürlich, nicht auf die Beweisführung des Prozesses, sondern auf die Zumutung, die das Urteil im Kontext der Geschichte darstellt – in der des Stasi-Gewaltigen, zu dem der Mörder von 1931 wurde, wie der Geschichte des Landes mit seiner halsbrecherischen Drift durch Drittes Reich und vierzig Jahre DDR, nun geendet im wiederhergestellten gesamtdeutschen Rechtsstaat. Wo der Schuldvorwurf so nahe liegt wie bei ihm, dem Herrn über das monströse Reich der Dossiers, der Erpressung und der Repression: kann da, darf da Verantwortung noch für eine Tat eingefordert werden, die so weit zurückliegt?

Die Frage hing über den langen achtzehn Monaten, in denen der Mielke-Prozeß sich vor dem Landgericht Moabit hinschleppte, und erst recht hängt sie über dem Urteil. Gerechtigkeit geht, man weiß es, oft seltsame Wege. Aber müssen sie so weit und so umwegig sein – nämlich zurückreichend bis zu jenem August-Abend in den späten Wirren der Weimarer Republik, an dem Mielke zwei Polizisten hinterrücks erschoß, vorbei an dem Halbjahrhundert, das seither vergangen ist, vorbei, vor allem, an dem Unrecht, das diese Zeit beherrschte? Ist es das »falsche« Urteil, mit dem Mielke bestraft wurde? Wird die Verurteilung wegen seiner Rolle in der DDR, die ihm jedermann gönnt, dadurch nicht fast entwertet? Schließlich: Handelt es sich bei dem Prozeß in Wahrheit um ein Ersatzverfahren, mit dem Mielke dort gefaßt wird, wo man ihn fassen kann, weil über seine eigentliche Schuld so schwer zu richten ist?

Schlicht um Mord, das ist wahr, ist es in diesem Prozeß nicht gegangen. Keine juristische Spitzfindigkeit kann verschleiern, daß auf der Bank in Moabit nicht der junge KPD-Funktionär saß, der Mielke damals war, sondern der Generaloberst und Stasi-Minister und damit eine zentrale Gestalt des Unrechtsstaates DDR. Er erzeugte das Interesse an der »Bülowplatzsache«. Man sollte diesen Umstand auch nicht verdrängen wollen. Denn es ist nicht nur Mielkes Biographie, welche die Mordtat mit der Diktatur der DDR verbindet. Von der doktrinären Verblendung, die den Rotfrontkämpfer damals dazu brachte, ohne Skrupel zwei Männer zu ermorden, führt mehr als eine Spur zu jenem Staatswesen, das es für sein Recht erachtete, Menschen zu ihrem Glück zu zwingen und sie daran zu hindern, sich diesem Zwang zu entziehen.

Gleichwohl gibt es gute Gründe, daran festzuhalten, daß bei diesem Verfahren nicht die DDR-Vergangenheit, sondern ein Kriminalfall verhandelt wurde. Man täte den Rechtfertigungsfiguren unrecht, mit denen die Strafbarkeit der Tat über die normale Verjährung hinaus begründet wurde, wenn man in ihnen allein juristische Finten zu dem Zweck sähe, Mielke vor die Schranken des Gerichts zu treiben. Denn das Argument, daß Mielke in den Zeiten der DDR viel größere Schuld auf sich geladen habe, mithin mit mehr Berechtigung dafür zu verurteilen wäre als für die Morde vor über sechzig Jahren, ist zwar einleuchtend und, richtet man den Blick auf die historische Dimension, zutreffend. Aber es macht in unerträglicher Weise den Einzelfall zur Nebensache. Die historische Schuld kann die individuelle Schuld nicht verkleinern, schon gar nicht verschwinden lassen. Sonst würde ein elementarer Beweggrund des Rechtsstaats in Frage gestellt: daß die Tat, zumal von der Schwere eines Mordes, nach Sühne verlangt.

Gewiß, es gibt die Reue, es gibt Vergebung, und es gibt auch die Zeit, die manche Wunden heilt. Im Falle Mielkes, dessen Lebensweg beherrscht war von der unbeirrbaren Überzeugung, daß der Zweck alle, auch die abgefeimtesten Mittel heilige, besteht kein Anlaß, daran zu erinnern. Das Urteil gegen ihn – so unbefriedigend es sein mag – erlaubt statt dessen ein kleines, spätes Gefühl der Genugtuung. Denn in ihm bewahrheitet sich, endlich einmal, der Kinderglaube, daß der Täter der Sühne für die böse Tat am Ende doch nicht entkommt. Fast ein halbes Jahrhundert wurde Erich Mielke dagegen geschützt durch eine Politik, die sich selbst auf Unrecht stützte und den Rechtsmißbrauch zur Staatsdoktrin erhob. Dann brachen die Mauern. Dann holte die Tat den Täter doch noch ein.

Ein alter Zankapfel wird wieder herumgereicht

3. November 1993

Über Deutschlandpolitik ist in der alten Bundesrepublik viel gestritten worden. Doch in den letzten Jahrzehnten vor der Wende, zumal nach der Regierungsübernahme durch CDU/CSU und FDP 1982, schwanden die Differenzen. Quer durch die Parteien zog sich die Überzeugung, daß es keine Alternative zum Weg der kleinen Schritte, der Verhandlungen und der Verträge gäbe. Nach dem Zusammenbruch des SED-Staates und der Wiedervereinigung hat sich das geändert. Die Deutschlandpolitik wird unter den Verdacht gestellt, die Teilung nicht überwindbar gemacht, sondern sie stabilisiert zu haben.

Daß die Enquete-Kommission des Bundestags seit gestern für zweieinhalb Tage in Berlin über die Deutschlandpolitik debattiert, hat seine innere Konsequenz. Denn die »neue« Deutschlandpolitik, die dabei im Mittelpunkt steht, nahm von Berlin ihren Ausgang – programmatisch mit der Formel vom »Wandel durch Annäherung«, die der damalige Senatssprecher Egon Bahr im Juli 1963 in die Welt setzte, praktisch mit dem Passierschein-Abkommen zu Weihnachten des gleichen Jahres. Und hier ist sie mit Maueröffnung und Wiedervereinigung auch zu Ende gegangen. Denn seitdem es Deutschland wieder gibt, ist die Deutschlandpolitik, der alte Zankapfel, Vergangenheit. Umstritten ist sie gleichwohl: Hat die Deutschlandpolitik zur überraschend-glücklichen Wende der deutschen Dinge beigetragen? Oder hat sie sie eher behindert, indem sie die DDR stabilisierte? War es also Willy Brandts Politik, die die Teilung überwand? Oder siegte, posthum, Adenauer am 9. November 1989?

Hier sammelt sich politischer Sprengstoff an. Je länger die Zeit der Teilung zurückliegt, desto mehr gerät in den Anschein der Fragwürdigkeit, was bis zur großen Wende als unumgänglich, ja, notwendig galt. Dahinter steckt nicht nur die Neigung, alte Rechnungen aus der Zeit des Kampfes um die Deutschlandpolitik – eine der wichtigen Umbruch- und Bruch-Phasen in der Geschichte der Bundesrepublik – wieder aufzumachen. Tatsächlich ist eine schleichende Revision im Gange. Sie wird befördert von der Erinnerung an die vielen Händedrücke mit Honecker und Konsorten, die Zahlungen an die DDR, die vielen Äußerungen zum Lobe eines Friedens um den Preis des nur noch halblauten Sprechens von Unfreiheit und Unrecht. Da ist es dann nicht weit bis zu der Frage, ob die Bundesrepublik nicht mitschuldig daran ist, daß die Verhältnisse in der DDR so lange dauerten.

Es ist gut, sich solchen Zweifeln zu stellen, zumal in der alten Bundesrepublik. Aber zumindest ebenso wichtig ist es, das Kind nicht mit dem Bade auszuschütten. Es mag sein, daß die Deutschlandpolitik in manchem anders praktiziert hätte werden sollen – klarer in den Zielen, weniger peinlich in Gesten und Untertönen –; eine Alternative zu einer Politik, die die Teilung hinnahm, um ihr menschliche Erleichterungen und ein gewisses Maß an deutsch-deutschem Zusammenleben abzugewinnen, hat es nicht gegeben. Es ist auch richtig, daß diese Politik in den achtziger Jahren in Gefahr geriet, die europäische Sicherheit zu groß und die Selbstbestimmung zu klein zu schreiben. Aber ebenso unbestreitbar ist, daß die Gorbatschowsche Zurücknahme des sowjetischen Imperialismus nicht so rasch zum Zusammenbruch der DDR geführt hätte, wenn diese nicht schon innerlich mürbe gewesen wäre. Dazu hat die Politik der »Annäherung«, der »Normalisierung«, kurz: des »Geschwafels« – wie sie unlängst ein Kritiker qualifiziert hat – kräftig beigetragen, die SED, die darin eine »Aggression auf Filzlatschen« sah, hat das besser begriffen als mancher Kritiker.

Vor allem: Es verdreht in unzumutbarer Weise die Vergangenheit, wenn jene, die sich damit zufriedengaben, auf Rechtspositionen zu pochen, nun recht behalten haben wollen, während denen, die gebohrt und gedrängt haben, die alten Zitate um die Ohren geschlagen werden. Wer gar nicht nach Wegen gesucht hat, wie der Anormalität der Teilung wenigstens ein Stück Normalität abzuringen sei, war, gewiß doch, immun dagegen, der

DDR zu weit entgegenzukommen oder die Verhältnisse zu beschönigen. Das ist ein fragwürdiger Vorzug. Denn: Kann er das Maß sein, nach dem über die Deutschlandpolitik der Stab gebrochen wird? Muß es nicht die Frage sein, ob es gelungen ist, gegen den Druck sich vertiefender Auseinander-Entwicklung Zusammenhang und Erreichbarkeit füreinander möglich zu machen? Eine Trompeten-von-Jericho-Politik, die sich den Wandel der Verhältnisse allein vom Beharren auf dem Anspruch auf Einheit erwartete, hätte nichts bewegt. Wird das heute vergessen, mithin verdrängt, was den (West-)Deutschen zu lernen schwer genug gefallen ist, wächst die Gefahr, daß die Debatte über die Deutschlandpolitik zu einer Stunde der Heuchler wird.

Und doch wäre ein Ostdeutscher gut

26. November 1993

Am 25. November erklärt Steffen Heitmann seinen Verzicht auf die Kandidatur für das Amt des Bundespräsidenten, mürbe gemacht durch die Kampagne gegen ihn. Seine Absicht, damit einem Ostdeutschen den Weg in das höchste Staatsamt zu öffnen, findet keine Resonanz. Der Theologe Richard Schröder, den er vorschlägt, will als SPD-Mitglied nicht gegen den SPD-Kandidaten Rau antreten. Die SPD, die in Heitmanns Rückzug eine schwere Niederlage Kohls sieht, hält an Rau fest, die FDP an ihrer Kandidatin Hildegard Hamm-Brücher. Immer öfter wird Bundesverfassungsgerichtspräsident Roman Herzog als möglicher Kandidat genannt, zumeist als stramm konservativ apostrophiert.

Wenn gut fünf Monate vor einer Wahl ein Kandidat das Handtuch wirft, dann ist das kein spektakuläres Ereignis. Es wäre gut, wenn man diese pragmatische Betrachtungsweise auch auf den Rücktritt des sächsischen Justizministers Heitmann von seiner Kandidatur für das Amt des Bundespräsidenten anwenden könnte. Aber jeder weiß, daß es sich so nicht verhält. Das hat weniger mit dem Kandidaten selbst zu tun, mehr schon mit der Art und Weise, in der seine Kandidatur betrieben wurde, vor allem aber mit der Auseinandersetzung, die sich an seiner Bewerbung entzündete, genauer: um sie entfacht wurde. Daß Heitmann nun aufgibt, ist deshalb nur zum Teil darin begründet, daß die gar nicht zu leugnenden Grenzen seiner Eignung für das höchste Staatsamt erkennbar geworden sind, womöglich auch ihm selbst und seinen Freunden. Die Ursache dafür ist in erster Linie, daß die bittere und oft maßlose Konfrontation dieser Kandidatur den Boden entzogen hat.

Dieser Streit ist kein Ruhmesblatt für die politische Öffentlichkeit in der Bundesrepublik, und wer jetzt Genugtuung darüber empfindet, daß Heitmann seine Bewerbung nicht weiter verfolgt, sollte sich klar darüber sein, daß nicht die harte, in Demokratien ganz unabdingbare Kritik triumphiert hat, sondern eine höchst ärgerliche, auch vor der Herabwürdigung nicht haltmachende Kampagne. Gewiß ist es richtig, daß Heitmann heute die Öffentlichkeit spaltet und deshalb der Präsidenten-Aufgabe nicht gerecht werden könnte. Aber in erster Linie ist das doch die Folge der Entschlossenheit, mit der er zum Buhmann, also zum Spalter und zur rechten Galionsfigur emporpolemisiert wurde. Und sehr viel mehr als das immer wieder angeprangerte Mißverständliche seiner Äußerungen hat dazu der Wille beigetragen, ihn mißzuverstehen.

Daß Heitmann nicht Bundespräsident werden wird, mag uns – und ihm – manche Enttäuschung und vermutlich auch etliche Peinlichkeiten ersparen. Aber die Animositäten und Aggressivitäten, die der Streit um seine Kandidatur heraufgespült hat, offenbaren zugleich, wie besorgniserregend hoch der Pegelstand von Unduldsamkeit und Verständnis-Verweigerung im Lande. Und sie zeigen eben auch, wie gefährlich groß die Distanz zwischen Ost und West noch ist. Dabei war Heitmann keineswegs der Kandidat der Ostdeutschen, der, etwa, von den Westdeutschen zur Strecke gebracht worden wäre – auch viele Ostdeutsche waren gegen ihn.

Aber es muß doch auffallen, wie unterschiedlich die Gründe waren, derentwegen Heitmann abgelehnt wurde. Im Westen stand die Kritik an ihm ganz im Zeichen des Kampfes derer, die sich für die Verteidiger von Aufklärung und Emanzipation halten, gegen den alt-bösen Feind, nämlich die neuerdings wieder beschworene Wendung nach rechts. Ganz anders im Osten: da wurde ihm das Amt schlicht nicht zugetraut und ihm angekreidet, daß er die Themen zu wenig anspreche, die den Ostdeutschen auf den Nägeln brennen. Erst recht spielte in der West-Debatte keine Rolle, was eines der gewichtigsten Argumente gegen ihn gewesen wäre: die Rigorosität, mit der er gegen das Arrangement mit dem System Front macht, in dem die meisten Menschen in der DDR gelebt haben.

Auch deshalb bleibt der Gedanke beherzigenswert, daß ein Ostdeutscher das höchste Amt der Republik innehaben sollte. Nichts würde dem Hereinwachsen der Ostdeutschen in das vereinte Land so guttun wie der Umstand, daß dort einer von ihnen, einer mit ihren Erfahrungen wäre. Aber wer könnte das sein? Manfred Stolpe und Lothar de Maizière, die das Format hätten, sind für dieses Amt im Eifer der neuen Vergangenheitsbewältigung kaputtgemacht worden. Richard Schröder wäre eine fast ideale Besetzung, weil kaum einer so wie er den Westlern den Osten und den Ostdeutschen die Prinzipien der West-Ordnung vermitteln kann. Aber es liegt auf der Hand, daß er nicht gegen Johannes Rau kandidieren kann. Ist es wirklich undenkbar, daß Rau, dessen politische Anfänge in der Gesamtdeutschen Volkspartei Gustav Heinemanns lagen und an dessen Ergebenheit gegenüber dem wieder vereinten Land kein Zweifel besteht, Schröder diesen Weg freimacht?

Gesucht: Eine neue politische Klasse

5. Dezember 1993

Am 5. Dezember finden in Brandenburg Kommunalwahlen statt, die als Stimmungsbarometer für die Situation in den neuen Ländern angesehen werden. Über ihnen hängt ein Schleier der Unlust. Wegen der schlechten wirtschaftlichen Lage wird eine niedrige Wahlbeteiligung befürchtet. In 24 zumeist kleineren unter den rund 1700 Gemeinden muß die Wahl wegen Kandidatenmangel ganz ausfallen. In 351 Gemeinden kann auch kein Bürgermeister gewählt werden. Die Wahl war vorgezogen worden, um die Kreisreform rasch vollziehen zu können. So wird die Wahl zur ersten Wahl in den neuen Ländern seit 1990. Die übrigen neuen Länder wählen erst im kommenden Frühjahr.

Heute abend werden wir wieder einmal etwas klüger sein. Aber worüber? Die Kommunalwahlen in Brandenburg, deren Ergebnisse dann absehbar sein werden, sind – neben den Wahlen zu den Bezirksversammlungen in Berlin im Mai 1992 – die erste größere, landesweite demokratische Abstimmung in den neuen Ländern seit den Landtagswahlen im Oktober 1990. Zwar gelten für die Wahlen in Gemeinden und Kreisen allemal besondere Maßstäbe, und ihre Resultate lassen sich deshalb auch nicht auf die Landes- oder gar Bundesebene hochrechnen. Aber angesichts der weitreichenden Veränderungen, die sich seit dem Herbst 1990 in den neuen Ländern vollzogen haben, kann es gar nicht ausbleiben, daß diese Wahlen als eine Art Test für die politische Stimmungslage genommen werden. Denn die Wahlen im Herbst 1990 standen noch ganz im Zeichen der eben erreichten Wiedervereinigung. Nun, drei Jahre später, stellt sich die Frage, in welchem Maße sich die seitherigen Entwicklungen in den politischen Einstellungen der Bürger niedergeschlagen haben. Sie ist, notabene, eine Schlüsselfrage für das Haupt- und Staatswahljahr 1994.

Einen Hinweis auf die Veränderungen in den Tiefenschichten

der politischen Verhältnisse hat schon die Vorbereitung dieser Wahlen gegeben. Gemeint sind die Schwierigkeiten, die die Parteien bei der Nominierung der Kandidaten hatten, für Gemeinde- und Kreisräte wie, vor allem, für das Bürgermeisteramt in kleinen Gemeinden. Sie fanden ihren spektakulärsten Ausdruck darin, daß sich für gut zwanzig Gemeinden gar keine Kandidaten fanden. Das bleibt auch dann ein Alarmsignal für die Demokratie, wenn man berücksichtigt, daß es sich dabei zumeist um sehr kleine Gemeinden handelt. Es sind ja nicht allein die brandenburgischen Kommunalwahlen, bei denen es an Kandidaten mangelt. Aus allen neuen Ländern ist ähnliches zu hören: Der vor vier Jahren wiedergewonnenen Demokratie fehlen nun die Demokraten – nämlich jene politisch engagierten Bürger, die als Gemeindevertreter, Bürgermeister und Abgeordnete das politische Leben in Gang halten. Kurz: es fehlt – um das ominöse Wort zu benutzen – eine politische Klasse.

Nun ist offenkundig, daß es auch in den alten Bundesländern immer weniger Menschen in die Politik drängt. Aber dort wird die nachlassende Festigkeit des politischen Gefüges immer noch aufgefangen durch die Stabilität der gesellschaftlichen und wirtschaftlichen Strukturen. In den neuen Ländern fehlen solche Strukturen; die Wiedergewinnung eines bürgerlichen Lebens, das die Wiedervereinigung möglich gemacht hat – und das auch, nicht zu vergessen, der Hauptantrieb war, das alte System abzuschütteln –, hat einen Umbruch der Verhältnisse eingeleitet, der für viele zunächst und zuerst Unsicherheit gebracht hat. Ohnedies ist die Bildung einer neuen politisch-administrativen Führungsschicht für diese Länder ein schwieriges Unterfangen. Anders als nach 1945, als beim Aufbau der politischen Strukturen auf die alten Weimarer Politiker zurückgegriffen werden konnte, mußte man jetzt im Osten praktisch ganz ohne solche Erfahrungsträger auskommen – wenn mit Ende der Legislaturperiode der sächsische FDP-Fraktionsvorsitzende Kröber aufhört, wird ziemlich der letzte Politiker ausgeschieden sein, der noch Erfahrungen aus den Jahren vor der DDR-Diktatur mitbrachte. Überdies hat das SED-Regime die Strukturen des öffentlichen Lebens – Selbstverwaltung, Verbände, Vereine – nachhaltig zerschlagen. Etliches von dem, was an Substanz, an Kenntnissen und Fähigkeiten deshalb fehlte, haben die West-Importe ausgleichen können. Aber nicht zuletzt das Magdeburger Debakel macht deutlich, daß die ost-westliche Legierung, die heute viele Felder von Politik und Verwaltung im Osten bestimmt, an vielen Stellen eminent bruchanfällig ist.

Aber: So unverzichtbar die West-Hilfe für die neuen Länder bleibt, so sehr zu wünschen ist, daß Politiker und Verwaltungsleute aus den alten Ländern zu dieser künftigen Führungsschicht gehören – sie muß aus den Erfahrungen der Menschen dort, aus dem Innewerden ihrer Eigenständigkeit herauswachsen, wenn der Aufbau im Osten gelingen soll. Doch woher sollen denn die neuen Minister und Bürgermeister, Abteilungsleiter und Dezernenten kommen? Die erste Generation von Volljuristen, die sächsisches oder brandenburgisches Gewächs ist, wird, beispielsweise, erst in zwei Jahren in die Ämter einziehen. Und was die Älteren angeht, so fehlt es oft nicht nur an den Qualifikationen. Viele von den Revolutionären des Herbstes 89 haben resigniert, etliche auch bewiesen, daß Politik doch nicht ihre Sache ist. Schließlich hat – fast unbemerkt – in den vergangenen Jahren eine rapide Umschichtung unter denen stattgefunden, die zur Mitarbeit in der Politik bereit waren. Verdächtigungen und Enthüllungen haben ein Klima geschaffen, das nicht gerade dazu ermutigt, sich zu exponieren. Die erste Reihe, die etwa 1990 in der Volkskammer saß, ist schon lange gelichtet, aber auch von der zweiten Reihe, die seitdem den Landtagen angehörte, wird ein nicht geringer Teil nach den Wahlen im nächsten Jahr ausscheiden. Man würde in diesem Wechsel gerne einen Ausleseprozeß sehen. Doch manches spricht dafür, daß es sich angesichts des raren Guts, das die Bereitschaft zur Politik darstellt, um eine Art Raubbau handelt.

Auch deshalb stimmt der Mangel an Kandidaten bedenklich, der die Kommunalwahl in Brandenburg überschattet hat. Die alten Bundesländer können sich politisches Desinteresse – in gewissem Maße – leisten. In den neuen Ländern untergräbt der Rückzug von der Politik den Prozeß der Herausbildung der neuen Normalität.

Die Krisengewinnlerin

17. Dezember 1993

Bei der Wahl des Oberbürgermeisters der brandenburgischen Landeshauptstadt Potsdam erreichte der PDS-Kandidat Rolf Kutzmutz überraschend 45 Prozent der Stimmen, der SPD-Kandidat, der Amtsinhaber Gramlich, nur 30 Prozent. Zwei Wochen später kommt es zur Stichwahl, begleitet von einem gewaltigen Medieninteresse – stolz registriert man in Potsdam, daß selbst die »Washington Post« einen Korrespondenten schickt. Kutzmutz, letzter SED-Kreissekretär in Potsdam, war drei Tage vor der Wahl als Stasi-IM enttarnt worden, was er jedoch – ein so bisher ungewöhnliches Verhalten – ohne Reue einräumte. Der Kelch eines PDS-Oberbürgermeisters geht dann doch an Potsdam vorbei: am 19. Dezember stimmen 54,5 Prozent der Potsdamer für den SPD-Kandidaten, nur 45,5 für den der PDS.

Vier Jahre nach dem Zusammenbruch des real existierenden Sozialismus droht in einer Groß- und Landeshauptstadt die Wahl eines Oberbürgermeisters, der einer Partei angehört, die unbestreitbar in der Erbfolge der damals hinweggefegten Staatspartei steht, und der im übrigen ein zwar kleiner, aber lupenreiner Exponent dieses Systems war. Das ist ein Signal. Aber wofür? Für die Rückkehr der Vergangenheit oder nur für ein kurzes Gedächtnis? Für das Wieder-salonfähig-Werden jener roten Socken, die jedermann schon längst im politischen Abseits wähnte? Für das Maß an Ratlosigkeit und Trotz, das inzwischen in dem von Enttäuschung und Unsicherheit gebeutelten Osten gewachsen ist? Wie immer die Stichwahl in Potsdam ausgeht – und was die Prognosen über die Stärke der PDS wert sein mögen, die ihr Wahlerfolg sogleich wuchern ließ –: der Frage, wie wir es mit dieser Partei halten sollen, ist nicht mehr auszuweichen.

Dabei ist nichts daran herumzudeuteln, daß der Wahlerfolg der PDS für jeden, dem der Umbruch vom Herbst 1989 und die darauf folgende Herbeiführung der Einheit nicht gleichgültig geworden sind, eine ziemliche Zumutung darstellt, und in der Tat wäre es noch vor zwei, drei Jahren niemandem auch nur im Traum eingefallen, eine solche Entwicklung überhaupt für möglich zu halten. Aber unerklärbar ist sie nicht, und wenn es schon keine guten Gründe für sie gibt, so doch genügend schlechte. Deshalb nützt es wenig, der Partei und ihren Wählern nun nach dem Motto »Je gröber, desto besser« oder gar mit der Androhung des Verbots zuzusetzen. Vermutlich wirkt es eher kontraproduktiv, wenn man auf die Partei einschlägt, als sei sie noch die SED der Jahrzehnte vor der Wende und ihre Wähler seien eine Vereinigung der Unbelehrbaren.

Wohlgemerkt: Es besteht kein Grund, der Katze die Schelle abzunehmen. Wie keine andere politische Formation ist die PDS haftbar für das, was die DDR angerichtet und hinterlassen hat. Die Distanz ihr gegenüber ist deshalb allein schon ein Gebot der politischen Hygiene. Aber nicht weniger als die Vergangenheit selbst ist ihr anzulasten, daß sie den unzweideutigen Bruch mit ihr schuldig geblieben ist. Die Vergangenheitsbewältigung, die sie vorführt, ähnelt – je länger die Wende zurückliegt, desto mehr – einer Vergangenheitskosmetik, die sich die schlimme Geschichte der DDR erträglich, ja zunehmend gewinnend schminkt. Die wohlfeile Erkenntnis, daß nicht alles an ihr schlecht war, wird umgemünzt in die Behauptung, daß früher doch vieles besser gewesen sei. Und selbst der unbestreitbare Wandel der PDS nährt das Mißtrauen gegen sie. Eben noch war sie ein Monument an Unbeweglichkeit, Dogmatik und innerer Militanz. Nun gibt sie sich plötzlich betont pragmatisch, aufgeschlossen, ja aufgekratzt.

Die neue Botschaft hört man wohl, aber kann man ihr glauben? Es gibt, natürlich, auch in der PDS respektable Leute, und zumal auf der kommunalen Ebene mag mancher für sich durch Einsatz, Fleiß und Sachkunde einnehmen. Aber das ändert nichts daran, daß die Partei als ganze nach wie vor zur deutschen Einheit kein Verhältnis hat, mithin für keine Zukunft steht, die in diesem Land Gestalt zu werden verdient, also in allen Fragen, die über die Arbeit im lokalen Bereich hinausgehen, nicht kooperationsfähig ist. Solange das so ist, muß selbst derjenige, der für Cottbus oder

Potsdam als der richtige Mann erscheint, gegen sich – soweit er der PDS angehört – gelten lassen, daß er in der falschen Partei ist.

Die Aussichten der PDS sind, das ist wahr, auf dem Boden der Krise gewachsen, in der der Einigungsprozeß sich gegenwärtig befindet. Aber richtig ist auch, daß die Partei wenig zu bieten hat, um diesem Zustand abzuhelfen, ja, ihrer ganzen Verfassung nach nicht in der Lage ist, dazu einen Beitrag zu leisten: Sie ist Krisengewinnlerin, nicht Nothelferin. Und es ist ja auch nicht zu übersehen, daß in dem Protest, der ihr Resonanz verschafft, ein Hauch von Häme mitschwingt. Die PDS läßt sich nicht nur, wie man spöttisch gesagt hat, als Partei der Selbsterhaltung alter Strukturen lesen. Die PDS ist in gewissem Sinne auch die *P*artei *d*er *S*chadenfreude ob der Bredouille, in die Marktwirtschaft und freiheitliche Politik im Osten geraten sind: Auch dies ist ein Grund, die Trennlinie ihr gegenüber deutlich zu ziehen.

Das neue politische Gesicht des Ostens oder: Die PDS beginnt mitzuspielen

Ostdeutsche Politik braucht ein Gesicht

11. Januar 1994

CDU, SPD, FDP und selbst Bündnis 90 stehen in den neuen Ländern unter dem Verdacht, in erster Linie Anhängsel der Bonner Parteien zu sein. Dagegen erhebt die PDS, begrenzt auf die neuen Länder, den Anspruch, die Stimme der Ostdeutschen zu sein. Tatsächlich stehen die Politiker in den neuen Ländern im Schatten ihrer prominenten West-Repräsentanten. Dabei beträgt der Stimmenanteil, den diese Parteien in den Landtagen vertreten, durchweg mehr als vier Fünftel. Der Stimmenanteil der PDS liegt dagegen zwischen 9,7 Prozent in Thüringen und 15,7 Prozent in Mecklenburg-Vorpommern.

Zu den Gründen, mit denen der Erfolg der PDS bei den brandenburgischen Kommunalwahlen gern erklärt wird, gehört die Behauptung, sie sei nun einmal die Partei der Ostdeutschen. Mehr noch vielleicht als die Ansicht selbst ist die Bereitschaft ein Ärgernis, mit der sie nachgebetet wird. Das gilt zumal dann, wenn sie mit der These abgerundet wird, den anderen Parteien sei ihre Struktur ohnedies vom Westen »übergestülpt« worden, sie seien also, mehr oder minder, gar nicht in der Lage, die Interessen der Ostdeutschen zu vertreten. Denn daran stimmt so gut wie nichts. Die Parteien der Ostdeutschen sind allemal noch CDU, SPD, FDP und Bündnis 90. Sie – nicht die PDS – tragen den schwierigen Prozeß des demokratischen Aufbaus in den neuen Ländern. Sie stellen den überwiegenden Teil der Abgeordneten und die Tausende von Landräten und Bürgermeistern, die dafür notwendig sind. Sie haben – teils mit Leuten, die zuvor nichts mit der Politik zu tun hatten, teils mit Angehörigen der oft arrogant als »Blockflöten« abgetanen DDR-Parteien – die Fundamente gelegt, auf denen der neue Anfang politisch steht.

Das ist nicht nur eine Einsicht, die geeignet ist, das durch Wahrnehmungs-Faulheit und mediale Verzerrung verdrehte Bild wieder geradezurücken. Sie hat angesichts des begonnenen Wahljahres auch einen hohen politischen Rang. Denn mitentscheidend für die veränderte Wirklichkeit, die sich aus den Wahlentscheidungen der nächsten Monate herausbilden wird, ist auch das Ausmaß, in dem diese Leistung der Öffentlichkeit und den Wählern bewußt wird. Das heißt auch: wie das Ostdeutsche an der deutschen Politik sichtbar gemacht, also auch personalisiert wird. Das gibt den Kandidaten-Aufstellungen, die gegenwärtig stattfinden, ihr Gewicht. Da ereignet sich nicht nur das unumgängliche Gerangel um Wahlkreis- und Listenplätze. Es geht darum, ob und wie sich die Politik in den neuen Ländern darstellt – in einer Lage, in der sie dem Druck von wirtschaftlichen Notlagen und seelischen Belastungen ausgesetzt ist.

Man hat nicht den Eindruck, daß den Parteien klar ist, was jetzt von ihnen gefordert ist. Was Bismarck spöttisch das »Stopfen« der jeweiligen »Fraktionsmatratze« nannte, also der Ausgleich der innerparteilichen Interessen und Egoismen, beherrscht nach wie vor das Feld – die ostdeutschen Parteien haben es rasch, zu rasch gelernt. Dabei wäre es dringend nötig, weithin sichtbar Personen als Kandidaten zu nominieren, in denen die Ostdeutschen sich wiedererkennen und denen sie zutrauen, für sie einzustehen. Die SPD, immerhin, hat Wolfgang Thierse. Die CDU hat – sehen wir von Frau Merkel ab – bislang nur den kurz aufgeflackerten Streit, ob Lothar de Maizière, der letzte DDR-Ministerpräsident, ein Mandat erhalten wird.

Daran läßt sich nur ablesen, daß die Partei das Problem noch gar nicht erkannt hat, um das es geht. Es mag verständlich sein, daß de Maizière nicht zurück in die Politik drängt – es gibt erfreulichere Berufe, und die Erfahrungen, die er in Bonn gemacht hat, sind auch nicht danach, ihm diesen Entschluß nahezulegen. Aber gänzlich unverständlich ist es, daß die Union ihn nicht drängt, in die Politik zurückzukehren. Sie bekäme mit ihm einen Mann, der in den neuen Ländern nach wie vor breite Resonanz findet, weil er unverwechselbar und selbstbewußt ostdeutsch geblieben ist. Vor allem aber verbindet sich mit de Maizière die Überführung Ostdeutschlands aus der DDR in die neue, größere Bundesrepublik. Es steht außer Zweifel, daß dieses Unternehmen

– gegen widrige Umstände, viele Illusionen und immer am Rande des Abgrunds entlang zum Erfolg geführt – in den Geschichtsbüchern einmal als große Leistung vermerkt werden wird. Es spricht nichts dagegen, schon jetzt so klug zu sein und den Politiker, dem das in erster Linie zuzuschreiben ist, der Politik zurückzugewinnen.

Ob die Bundestagswahl nun, wie bisher angenommen, in den neuen Ländern entschieden wird oder nicht: für die Wahlen dieses Jahres ist hier der heikelste Boden, sind die größten Ausschläge bei den Resultaten zu erwarten. Die Parteien bringen den Ertrag ihrer Arbeit in Gefahr, wenn sie das nicht fest im Auge haben.

Wenn Gerechte Sünder suchen

21. Februar 1994

Im Wahlkampf, der nun beginnt, tauchen immer öfter SED- und Stasi-Akten mit Protokollen von vertraulichen Gesprächen von Politikern der alten Bundesrepublik mit DDR-Größen auf. SPD-Präsidentschaftskandidat Rau sieht sich mit dem Vorwurf konfrontiert, er habe sich 1986 – damals Kanzlerkandidat – um Wahlkampf-Hilfe der SED bemüht. Andere Aufzeichnungen über Gespräche führender Sozialdemokraten mit SED-Politikern nimmt Bundeskanzler Kohl zum Anlaß der Unterstellung, die SPD sei seinerzeit zur SED »geistig übergelaufen«. Sein Parteifreund Biedenkopf warnt dagegen vor der Gefahr, daß die beiden Parteien in die Versuchung geraten könnten, sich mit dem Vorwurf zu großer Nähe zur SED zu bekämpfen.

Nun hat also die zwielichtige Vergangenheit, die der Zusammenbruch der DDR freigelegt hat, auch die Politiker im Westen eingeholt. Dank des manischen Protokollierungseifers der DDR-Funktionäre muß so ziemlich jeder, der in den vergangenen Jahrzehnten Gespräche mit Politikern, Offiziellen oder auch nur x-beliebigen »Reisekadern« von »drüben« führte, damit rechnen, daß ihm Behauptungen oder Urteile vorgehalten werden, die in der Tiefe der DDR-Archive die Zeiten und schließlich auch den real-sozialistischen Weltuntergang überstanden haben. Das berühmte gesamtdeutsche Gespräch, über ein paar Jahrzehnte hinweg immer wieder gefordert: nun erscheint es gleichsam als Altlast, die das SED-System dem vereinten Deutschland hinterlassen hat, gut für Enthüllungen aller Kaliber. Und dabei bleibt es vermutlich nicht. Ganze Partien der deutsch-deutschen Politik in den Teilungsjahren weht aus den geöffneten Geheimarchiven von SED und Stasi ein Hauch von Zweifel und Fragwürdigkeit an.

Das sollte man nicht beklagen. Der Vergangenheit – zumal dieser Vergangenheit – muß man sich stellen, ob einem das paßt oder nicht. Es ist überdies auch höchst instruktiv, schwarz auf weiß Aufschluß darüber zu erhalten, was die SED damals im Schilde führte. Und es hat natürlich auch seinen Reiz zu erfahren, wie mancher der Helden unserer westlichen politischen Welt sich gegenüber den östlichen Machthabern geäußert hat. Daß dabei, vermutlich, ein gerüttelt Maß an Ahnungslosigkeit, Ignoranz, falschen Zungenschlägen und fataler Vertraulichkeit zum Vorschein kommt, muß, leider, nicht verwundern – wenn man sich auch wundern darf, was mancher manchem da an entlarvenden Bekenntnissen abgeliefert hat. Es gehört zu den Begleitumständen der deutsch-deutschen Politik, daß um des lieben (europäischen) Friedens willen sowie wegen vermeintlicher parteipolitischer Vorteile und des als deutschlandpolitischen Ritterschlag gehandelten Händedrucks mit Honecker viele bereit waren, mindestens ein Auge und manchmal alle beide zuzudrücken.

Da ist etliches zu erklären, aufzuarbeiten, vielleicht auch zu bedauern. Nur: so, wie das mittlerweile gängige Praxis zu werden droht, geht es nicht. Zu Recht hat die Bundestagspräsidentin den Umgang mit den Zitaten, die sich auf sie beziehen, ein »Unding« genannt. In der Tat muß von solchen Gesprächsfunden gelten, was ein französischer Soziologe einmal von sozialen Befunden gesagt hat: daß sie nämlich keine »Kieselsteine« seien, die auf dem Weg ausgestreut sind und »nur aufgelesen zu werden brauchen«. Aber eben so wird, fatalerweise, mit ihnen verfahren – ganz abgesehen davon, daß die Finder sie auch noch als Wurfgeschosse anbieten, je nach Gusto per Mikrophon oder Schlagzeile nutzbar. Dabei müßte sich das nicht nur deshalb verbieten, weil vieles dafür spricht, daß die eifrigen Notierer in erster Linie hörten, was sie hören wollten: es müßte schon genügen, sich klarzumachen, wie unsicher das Terrain ist, auf dem hier Spurensicherung betrieben wird.

Schwerer noch wiegt etwas anderes: die von der politischen Auseinandersetzung beflügelte Neigung, die Vergangenheit am Maßstab der erreichten Einheit zu messen, mithin Politik und Politiker danach zu beurteilen, ob sie seinerzeit auf dieses Ziel geschworen haben – »Sünder« jene, die nicht, »Gerechte«, was sonst, die anderen. Aber für das Urteil über die Vergangenheit ist das ein ganz unzuträgliches, in Wahrheit auch unerträgliches Muster. Es rückt aus dem Horizont der Erinnerung, daß alle Deutschlandpolitik unter dem Zeichen der für absehbare Zeit nicht zu erlangenden Einheit stand und es deshalb darauf ankam, Wege zu suchen, die die Deutschen hüben und drüben einander näher brachten. Darüber herrschte damals auch weitgehende Einigkeit, über die Parteigrenzen hinweg – soweit das geteilte Deutschland und seine Probleme die Politiker überhaupt umtrieb. Oft genug mag dabei die Moral gegenüber der Politik den kürzeren gezogen haben. Die Verhältnisse, sie waren so. Die Deutschlandpolitik posthum aber zum Fechtplatz für politischen Moralismus zu machen, nützt der Aufhellung der Vergangenheit nicht, sondern verhindert sie.

Ein Präsidentenwort erregt Anstoß

27. Mai 1994

Am 23.Mai wird Roman Herzog im Reichstag zum siebenten Bundespräsidenten gewählt. Die Wahl dauert sieben Stunden und wird zur Kraftprobe zwischen Regierungskoalition und Opposition. Erst nachdem der Bürgerrechtler Jens Reich, auf seine Kandidatur verzichtet hat und die FDP sich in einer dramatischen Fraktionssitzung dazu durchringt, ihre Kandidatin Hamm-Brücher zurückzuziehen und für den Unions-Kandidaten zu stimmen, erhält der bisherige Präsident des Bundesverfassungsgerichts im dritten Wahlgang eine Mehrheit von 696; auf Rau entfallen 605 Stimmen. Die enttäuschte SPD reagiert entrüstet, die Rede, mit der Herzog die Wahl annimmt, stößt auf Kritik, in der sich nochmals die Umstrittenheit seiner Wahl widerspiegelt.

Er habe sein Programm in ein einfaches Wort zusammengefaßt: es heißt »Entkrampfung«. Seit der Bundespräsidentenwahl am Montag hört sich das an wie Roman Herzog. Es war aber Theodor Heuss, der erste Bundespräsident, der seine Aufgabe seinerzeit so begriffen hat. Es ist mindestens eine merkwürdige Koinzidenz, daß der neue Präsident mit seiner Warnung vor der Verkrampftheit der Deutschen – gewollt oder ungewollt – eine Tonlage auf- und eine Haltung eingenommen hat, die Heuss seiner Amtsführung zugrunde gelegt hat. Aber nicht weniger muß auffallen, daß dem Postulat damals von jedermann akklamiert wurde, während Herzog teils auf Unverständnis gestoßen ist, teils Hohn und Häme erntete. Ist, was damals, wie Heuss' Erfolg als Präsident bezeugt, als hilfreich, ja befreiend empfunden wurde, heute etwas, was zu Argwohn Anlaß gibt?

Dabei gibt ja der Kontext, in dem Herzog das Wort gebraucht hat, Aufschlüsse darüber, was damit gemeint ist. Die Formel etwa von der späten Nation deutet auf jenes Erbe der deutschen Vergangenheit, das mit Obrigkeitsstaat und dem Defizit an liberaler

Demokratie die deutsche Gesellschaft schwer belastet und dem Unheil den Weg mindestens mitbereitet hat. Dagegen richtete sich bereits Heuss' Haltung, die ein Programm der Zivilität, der Bürgerlichkeit, der Öffnung war; für die ganze Nachkriegsgeschichte ist diese Abkehr von dem alten, angestrengten und machtpolitisch deformierten Deutschland und die Wendung zu Demokratie und Liberalität der beherrschende Nenner. Es ist nichts anderes als diese Traditionslinie, in die sich Herzog mit seiner Genugtuung und seinen Befürchtungen stellt.

Aber natürlich ist es nicht das, was der Formel angehängt wird. Sogleich wurde der Verdacht laut, Herzog wolle sich mit ihr der Vergangenheit entziehen. Kann man sich, so wurde gefragt, »unverkrampft« Auschwitz oder dem 20. Juli, also dem Widerstand gegen Hitler, nähern? Natürlich kann man es nicht. Aber zurückgefragt: soll man sich solchen Erinnerungsdaten, ja, der deutschen Vergangenheit etwa verkrampft nähern? Wer kommt eigentlich auf die Idee, Entkrampfung sei gleich ahnungslos, anmaßend oder respektlos? Offenkundig ist es nicht Herzogs Formulierung, die der eigentliche Grund für die Kritik ist, sondern jener Schwarm von Befürchtungen und Argwohn, Vermutungen und Unterstellungen, der heute über jeder Debatte hängt – immer bereit, sich auf jemanden zu stürzen, der nicht dem gerade gelittenen Bild politischen Verhaltens entspricht.

Dabei gibt es genügend Anlaß, das Wort, das Herzog in seiner Dankrede mit spürbarer Bewegtheit hinausstieß, als Anstoß für die Suche nach den Verkrampfungen unseres öffentlichen Lebens zu nehmen. Davon gibt es genug. Die Verkrustungen des politischen Betriebs zeigen sie ebenso an wie die zähe Schicht der Besitzstände und Unbeweglichkeiten, die unsere gesellschaftlichen Verhältnisse durchzieht. Nicht zuletzt bezeugen die Debatten über das Selbstverständnis der neuen Bundesrepublik wie über ihren Ort in der Welt, daß unserer äußeren Souveränität noch keineswegs die innere entspricht. Heuss nannte das im deutschen Neuanfang nach dem Kriege – in der ihm eigenen behäbigen Ausdrucksweise – »die Gesetze des Maßes«, die die Deutschen wieder lernen müßten; das war eben der Grund dafür, daß er ihnen »Entkrampfung« verordnete. Nun geht es darum, daß die Bundesrepublik in dem zweiten großen Anfang ihrer Geschichte, der jetzt fällig ist, das innere Koordinatennetz findet, das Selbstbewußtsein und Selbstverständnis abstützt.

Man kann manches an der Rede aussetzen, mit der Herzog sich als designierter Präsident vorgestellt hat. Die Passagen beispielsweise, in denen er den Bürgern im Osten entgegenkommen wollte, zeigten in enthüllender Widersprüchlichkeit, wie sehr er noch ein Mann des Westens ist. Auch fand sich in dieser Rede vieles, an dem sich gütlich tun konnte, wer sich zu den Neunmalklugen und selbsternannten Wächtern über die politische Moral im Lande rechnet. Nur: wer ausgerechnet Anstoß an der Aufforderung zu weniger Verkrampftheit nimmt, die einen ehrwürdigen Faden der Nachkriegsgeschichte aufgreift, muß sich schon fragen lassen, ob der Vorwurf der Verkrampftheit nicht auf ihn selbst zutrifft.

Die von der Unzufriedenheit leben

24. Juli 1994

Mit ihren Wahlerfolgen, vor allem aber mit ihrer Tolerierung der rot-grünen Minderheits-Regierung in Sachsen-Anhalt wird die PDS zu einem neuen politischen Faktor in der Bundesrepublik. Demgemäß heftig – und geschürt durch den beginnenden Bundestagswahlkampf – entbrennen die Auseinandersetzungen darüber, wie man sich ihr gegenüber verhalten soll. CDU-Generalsekretär Hintze erfindet mit den roten Socken als Kampagne-Instrument einen Klassiker der überzogenen politischen Polemik. Das aufgeregte Schwarze-Peter-Spiel dient vor allem der Profilierung. Es verdeckt die Beunruhigung darüber, daß eine Partei anderen Typs die Szene betreten hat, deren Ziele und Beweggründe den Bonner Parteien fremd sind.

Daß die gut zwei Millionen SED-Mitglieder in der DDR sich mit der Wiedervereinigung in Luft auflösen würden, war im Ernst nicht zu erwarten. Daß aber knapp fünf Jahre nach dem Zusammenbruch der Staatspartei ihre Nachfolgepartei in der Bundesrepublik zu einem politischen Faktor geworden ist, bleibt ein Schock, der niemanden unberührt lassen kann, dem es mit der Einheit ernst ist. Denn mit den Stimmen-Anteilen, die die PDS gewonnen hat und die ihr die Umfragen prognostizieren, bildet sie ein politisches Faktum, das man nicht hinwegreden oder durch koalitionspolitische Manöver ungeschehen machen kann. Wie man mit ihr umgehen soll, ist deshalb ein kardinales Problem der deutschen Politik. Nur ist es mit der inzwischen zur verbreiteten Überzeugung gewordenen Forderung nicht getan, man müsse sich mit ihr politisch auseinandersetzen. Die Frage ist, was das heißt.

Bislang nämlich hat diese Auseinandersetzung vermutlich mehr Schaden angerichtet als Klarheit geschaffen. Daß der Volksfront-Vorwurf gegenüber SPD und PDS das Zeug zu einem Rohrkrepierer hat, hat wohl inzwischen auch CDU-Generalsekretär Hintze begriffen; wer derart mit Kanonen auf Spatzen schießt, braucht sich nicht zu wundern, daß die eigene Glaubwürdigkeit auf der Strecke bleibt. Das gleiche gilt aber auch für die SPD-Retourkutsche, der CDU wieder einmal das Erbe der Ost-CDU anzukreiden; die allmächtige Staatspartei mit der ohnmächtigen Mitläufer- und Konzessions-Partei auf eine Stufe zu stellen, bezeugt bestenfalls Ignoranz, schlimmerenfalls die Absicht, die Öffentlichkeit für dumm zu verkaufen.

Schließlich führt es auch zu nichts, wenn fortwährend der PDS-Dezernent in Kleintrippsdrille und der mit PDS-Stimmen gewählte Landrat irgendwo in Mecklenburg gegen, beispielsweise, die Magdeburger Zitter-Partie ins Feld geführt wird und das dann alles auch noch auf die Bundesebene hochgerechnet wird. Kommunalpolitik ist nun einmal etwas anderes als Politik auf Landes- und Bundesebene, und die alte Behauptung, daß es keine sozialdemokratische Abfallpolitik und keine christdemokratische Verkehrspolitik gebe – die so auch nicht ganz stimmt –, entfaltet zumindest dann eine rechtfertigende Wirkung, wenn, wie das offenbar vielfach der Fall ist, PDS-Gemeinderäte sich herzlich pragmatisch geben. Es gibt eine Art von polemischer Kritik, die Gefahr läuft, nicht den Attackierten zu treffen, sondern den Kritiker selbst. Eben darum geht es hier.

Es bringt auch nicht weiter, der PDS und vor allem ihren Wählern vorzuhalten, sie wollten ihre alte DDR wiederhaben. Gewiß muß man der Partei ihre Vergangenheit um die Ohren schlagen, und zwar immer wieder, denn sie hat nicht nur nach wie vor mit ihr nicht unzweideutig gebrochen, sondern ist mittlerweile dabei, sie in unerträglicher Weise mit Rechtfertigungsformeln zu vernebeln. Aber wichtiger ist ihre Gegenwart, ihre praktische Politik wie ihre teils verschwiemelte, teils unverfroren klare Programmatik. Und was die Wähler angeht, so entlädt sich in ihren Voten erst recht nicht der Wunsch, nach den alten Verhältnissen – ein bißchen unausgelüftete Nostalgie abgerechnet –, sondern Unsicherheit, Ungeduld, Angst vor der Zukunft und ein ungenaues Gefühl der Gekränktheit über den Gang der Einigung.

Nein, gegen die PDS spricht vor allem, daß sie nicht jene Partei der Ostdeutschen ist, die sie zu sein vorgibt. Ihr Beitrag zu dem schwierigen Prozeß des Neuaufbaus des politischen, gesellschaftlichen und wirtschaftlichen Lebens in den neuen Ländern beschränkt sich, alles in allem, auf das Bremsen, Protestieren, Ablehnen und das Schüren von Unzufriedenheit; die Politik, die sie anbietet, erschöpft sich in Forderungen, die nicht einlösbar sind, in Vorschlägen, die undurchdacht sind, und in der Entschlossenheit, auf ihre Mühlen zu leiten, was immer an Sentiments und Ressentiments in Umlauf ist. Die Arbeit machen die anderen – die Minister, Verwaltungsbeamten, Landräte und Abgeordneten der demokratischen Parteien, die um Lösungen ringen und sich deshalb auch irren, Kritik ernten und Ablehnung einhandeln. Die PDS staubt ab – was immer an Unzufriedenheit, Verdrossenheit und Verwundungen dabei entsteht. Sie lebt – in ihrer modern-populistischen Praxis wie mit ihrem immer noch durchdringenden Marxismus-Geruch ausströmenden Programm – von der Ausbeutung der Schwierigkeiten, die den Vereinigungsprozeß begleiten.

Gewiß, das ist nicht alles, was gegen die PDS einzuwenden ist. Aber genügt es nicht? Dies jedenfalls, das Versagen vor den Aufgaben der Einheit, ist der Punkt, an dem die Partei immer wieder gestellt werden muß, hart und konsequent. Und es muß, das auch, davon gesprochen werden, was in den Jahren der Vereinigung in den neuen Ländern schon geleistet worden ist – zumal im Vergleich zu früher. Wer das herunterredet, redet die PDS hoch. Wer in der Fortführung dieses Prozesses nachläßt, gibt ihr ihre Chance.

Und sie bewegt sich doch

19. August 1994

Nach der deutschen Vereinigung beschloß die Bundesregierung 17 Großprojekte, die die Infrastruktur in den neuen Ländern und zwischen Osten und Westen auf den neuesten Stand bringen sollen – Bahnverbindungen, Autobahnen, Wasserstraßen. Die Verkehrsprojekte »Deutsche Einheit« bewegen Milliarden-Beträge, um die Folgen der deutschen Teilung zu überwinden. Zu ihnen gehören beispielsweise der Ausbau der Autobahn zwischen Berlin und Nürnberg, die Bahnlinie Hamburg-Berlin und – von vielen Umwelt-Organisationen bekämpft – die Modernisierung der Schiffahrtswege, die Hannover mit Berlin verbinden und bis zur Oder führen sollen.

Wissen wir eigentlich, was um uns herum geschieht? Manche Fortschritte haben es offenbar an sich, daß man sie leicht übersieht. Natürlich, die Grundsteinlegung beispielsweise am Mittwoch in Staaken an eben der Stelle, an der 1961 die Grenze die Bahnlinie von Berlin nach Hamburg unterbrach, hat öffentliche Aufmerksamkeit gefunden, und daß damit jene Strecke wieder auf modernes technisches Niveau gebracht werden soll, auf dem einst der legendäre »Fliegende Hamburger« fuhr, werden viele mit Genugtuung registriert haben. Aber wer weiß schon, daß es sich dabei nur um einen Mosaik-Stein in einem viel größer angelegten Vorhaben handelt? Nicht weniger als neun Bahnlinien werden in den neuen Ländern gegenwärtig erneuert oder neu gebaut. Zusammen mit Straßen und Kanälen umfaßt das »Verkehrsprojekt Deutsche Einheit« 17 Vorhaben. Kurz: im Gang ist ein Infrastrukturprogramm von historischen Ausmaßen.

Gerade an der Bahn zeigt sich der singuläre Charakter dieses vor drei Jahren gestarteten Unternehmens. Denn kaum irgendwo waren Teilung und Teilungsfolgen so drastisch sichtbar wie bei den Eisenbahnen. Von dem dichten, das ganze Deutschland verknüpfende Schienennetz waren an der Ost-West-Scheidelinie ganze acht Strecken übriggeblieben. An die Stelle der traditionellen, mitteleuropäischen Ost-West-Ausrichtung der Bahn trat die Orientierung auf die Nord-Süd-Verbindungen. Berlin büßte seine Rolle als Eisenbahnknotenpunkt ein – mit seinem West-Teil nur noch an den dünnen Fäden veralteter Fernbahnlinien hängend, mit dem Osten teilnehmend an dem Niedergang des Schienenverkehrs in die DDR. Was gegenwärtig geschieht, ist also nichts Geringeres als die Wiederherstellung dieses zerrissenen, deformierten und durch Vernachlässigung notleidend gewordenen Streckennetzes.

Hier wird Deutschland ganz praktisch wieder zusammengefügt, Berlin an den Eisenbahnverkehr überhaupt erst wieder richtig angeschlossen. Ruft man sich ins Gedächtnis, welche Rolle die Bahn im vergangenen Jahrhundert gespielt hat, so bekommt diese Anstrengung noch eine zusätzliche Dimension. Denn der Ausbau des Eisenbahnnetzes hat damals entscheidend dazu beigetragen, daß die deutschen Einzelstaaten zusammenwuchsen. Nun ist es dieses Milliardenvorhaben, das – mit allen den Folgen, die es für Reiseverkehr, Wirtschaft und Handel hat – zum zweiten Male die deutsche Einigung vorantreibt.

Der Blick zurück kann überhaupt Wunder wirken, wenn es gilt, die Dinge ins richtige Licht zu rücken. Wer erinnert sich noch daran, was für hochpolitische Verrenkungen unternommen werden mußten, um zu DDR-Zeiten zwischen Berlin und dem Altbundesgebiet den Bau von ein paar Kilometer Eisenbahn, einen neuen Grenzübergang oder die Erneuerung der Autobahnen in die Wege zu leiten? Und mit welchem Trara wurde in der DDR das bißchen Modernisierung gefeiert, das sich bei Bahnen und Autobahnen vollzog! Nun wird an Dutzenden von Stellen gebaut, sind einzelne Strecken bereits fertiggestellt und für die neue Linie, die von Erfurt nach Nürnberg führen soll – und zugleich ein Teil des künftigen europäischen Hochgeschwindigkeitsnetzes sein wird –, sind die Planungen nach nur zweieinhalb Jahren abgeschlossen worden. Doch wir nehmen es hin, als sei es gar nichts. Es ist aber eine große Sache.

Um so erstaunlicher ist es, daß davon in der öffentlichen Debatte so gut wie nicht die Rede ist. Und es läßt schon merkwürdige Schlüsse auf unsere Seelenverfassung zu, daß eher noch der Streit um das Schicksal der Trappen, die an der Trasse der Strecke Berlin–Hannover nisten, und natürlich die Proteste, die solche Groß-Vorhaben immer herausfordern, unsere Aufmerksamkeit auf sich ziehen als diese Baumaßnahmen selbst. Dabei könnte es ja sein, daß die Schienenstränge, Autobahnen und Kanäle, an denen da gearbeitet wird, mehr zum innerdeutschen Zusammenwachsen beitragen als viele tiefgründige, selbstzweiflerische Auseinandersetzungen. Es ist wahr, daß es nicht gut steht um die deutsche Einheit. Aber angesichts dieser Vorhaben möchte man fast mit Galilei sagen: Und sie bewegt sich doch.

Vom Ende eines Aufbruchs

23. September 1994

Mit einem Aufruf zu einem »demokratischen Dialog«, der mit den Worten endete: »Die Zeit ist reif«, begründete am 9. September ein Kreis von rund dreißig DDR-Bürgern das »Neue Forum«, eine erste unabhängige politische Plattform. Andere, vergleichbare Gruppen nannten sich »Demokratischer Aufbruch« und »Demokratie jetzt«. Sie alle wurden zu einem unverzichtbaren Ferment für die großen Demonstrationen, mit denen in den kommenden Wochen die Herbst-Revolution in Gang kam. Als »Bündnis 90« beteiligten sie sich an der demokratischen Volkskammerwahl, erhielten allerdings nur 2,9 Prozent der Stimmen. In den ersten gesamtdeutschen Bundestag und die Landtage der neuen Länder zogen sie im Bündnis mit den Grünen ein, allerdings mit eher mageren Wahlergebnissen.

Manchmal sorgt schon der Zeitpunkt dafür, daß ein Ereignis einen langen Schatten wirft. Zum Beispiel in diesen Septembertagen: Vor fünf Jahren meldeten sich zum ersten Mal jene kleinen, mutigen Gruppen zu Wort, die als »Neues Forum« oder »Demokratie jetzt« eine wichtige Rolle beim Umbruch in der DDR spielten. Ihre Repräsentanten wurden zu Leitfiguren des deutschen Herbstes. Nun, sozusagen zur Feier der Wiederkehr dieser historischen Vorgänge, sind bei den Wahlen in Brandenburg und Sachsen die Parteien aus den Landtagen geflogen, die sich als Erbe der Bürgerrechtler von damals begreifen. Und es reibt zusätzlich Salz in die Wunde, daß zugleich die PDS, die Erbin der SED, gegen die sie damals antraten, sich mit beträchtlich gewachsenem Gewicht dort etabliert hat.

Endgültiges Ende eines Aufbruchs? Die Gerechtigkeit gebietet einzuräumen, daß es um das Bündnis 90 seit langem nicht gut stand und die Partei an ihren Niederlagen ihren gehörigen Anteil hat. Es liegt, beispielsweise, auf der Hand, daß sie sich in Brandenburg mit ihrem verbissenen Kampf gegen Stolpe beträchtlich geschadet hat. Vielleicht hat auch die spät entdeckte Neigung zu einer Koalition mit der CDU Kurt Biedenkopfs ihre Chancen in Sachsen gemindert. Ohnedies war die Konstellation beider Wahlen mit ihrer Überkreuz-Woge von plebiszitärem Verlangen und Wahl-Enthaltung einer nach wie vor ziemlich individualistischen Partei nicht günstig.

Aber diese Niederlagen wiegen schwerer als irgendwelche Wahlschlappen. Sieht man es in einem etwas größeren Zusammenhang, so verstoßen die Wähler eine Partei, die mit ihrer Zivilcourage wesentlich dazu beigetragen hat, daß sie heute überhaupt wählen können. Die Helden des Herbstes werden zurückgestuft in eine Randrolle. Die Politik in ihrer ganzen banalen Normalität, mit den Sicherheits-Bedürfnissen der Menschen und den taktisch-pragmatischen Notwendigkeiten ihrer Praxis, ist an ihnen vorbeigezogen. Natürlich ist es richtig, daß die Bürgerrechtler auch in der DDR eine Minderheit waren, und der Umstand, daß sie an der Spitze einer massenhaften Bewegung standen, verdankte sich einer Situation, die nicht andauern konnte. Aber das macht die Sache nicht einfacher.

Daß hier die Folgen einer Revolution jene aus der Politik vertreibt, die den großen Umbau angestoßen haben, mag von den Bürgerrechtlern mit Bitterkeit quittiert werden. Es wirft aber vor allem die Frage nach ihrem Selbstverständnis auf. Was können sie der Politik heute geben? Was erwarten Wähler in den neuen Ländern von den Parteien? Die Aufarbeitung der Vergangenheit – so wichtig sie ist – kann es allein nicht sein, schon gar nicht in jener prinzipiell zugespitzten Form, bei der die Minderheit derer, die Widerstand geleistet haben, der Mehrheit vorhält, sich arrangiert zu haben. Eine Aufarbeitungs-Partei kann bei den anstehenden Problemen in den neuen Ländern so wenig Aussicht auf Erfolg haben wie eine Partei, die sich nicht mit der möglichen Politik zufriedengibt, sondern – immer zwei Schritte weiter – ihr Herz an eine von Grund auf andere Politik hängt.

Dabei könnte die Politik in den neuen Ländern – und in den alten erst recht – die Fragen und Denkanstöße der ostdeutschen Bürgerrechtler gut brauchen. Aber es könnte sein, daß das gleiche, gesinnungsstarke Einzelgängertum, das es ihnen seinerzeit ermöglichte, aus dem Konformismus des DDR-Milieus auszubrechen und damit die Wende in Gang zu bringen, ihnen nun auch im Wege steht, wenn es um ihren Beitrag zur Politik im demokratischen Deutschland geht. Dann hätten sie auf dem politischen Spielfeld verloren. Dann hätten auch wir alle etwas verloren.

Und dazu spielt die Renft-Combo

21. Oktober 1994

Bei den Bundestagswahlen vom 16. Oktober gewinnt die PDS in Ost-Berlin vier Direktmandate; sie sichern der Partei den Einzug in den Bundestag, obwohl sie bundesweit unter der Fünf-Prozent-Marke bleibt. Der Versuch der SPD, sie daran zu hindern, indem sie ihr wenigstens ein Direktmandat streitig macht, scheitert – Wolfgang Thierse verliert seinen Wahlkreis, den er 1990 noch gewonnen hatte. Wahlanalysen sehen in dem Erfolg der PDS, der ihr sogar ein Mandat mehr als erforderlich einbringt, die Folgen des auf den Gewinn von Direktmandaten abgestellten Wahlkampfs in Ost-Berlin. Das habe Wähler, die mit ihrer Zweitstimme SPD oder Bündnis 90/Grüne gewählt haben, dazu bewegt, ihre Erststimme der PDS zu geben, um die Partei ins Parlament zu bringen.

Die vier Direktmandate, die der PDS den Weg in den Bundestag geebnet haben, sind eine Niederlage für die Demokratie der Bundesrepublik, und so werden sie, zu Recht, in der öffentlichen Debatte empfunden. Aber das eigentliche Ärgernis sind sie noch gar nicht. Das offenbart sich erst unter der Lupe der Nahbetrachtung der Stimmenergebnisse. Dann zeigt sich, daß die siegreichen PDS-Kandidaten durchweg mehr Erststimmen als Zweitstimmen erhalten haben; nur dem SPD-Kandidaten Thierse blieb diese Demütigung erspart. Und eine Demütigung ist es, denn diese Richtung des Stimmensplittings läßt nur den Schluß zu, daß Wähler der Parteien, die gegen die PDS angetreten sind – und die ihnen auch ihre Zweitstimme gegeben haben –, gleichwohl deren Direktkandidaten in den Bundestag verhelfen wollten. Der Gedanke, via Erststimme die SPD-Kandidaten zu verstärken und damit die PDS-Direktmandate zu verhindern, hat nicht nur nicht gegriffen. Er hat offenbar das Gegenteil bewirkt.

Der Befund ist so brisant wie bedrückend. Denn er bedeutet ja, daß Wähler auch der demokratischen Parteien auf die Aufforderung hin, in dem Streit um das Verhältnis zur PDS, der im Ringen um die Direktmandate in Ost-Berlin gipfelte, Stellung zu beziehen, mit der Unterstützung der SED-Nachfolgepartei geantwortet haben. Das mag auch in der Maßlosigkeit begründet sein, mit der die Kampagne gegen die PDS zumal von der Union geführt worden ist; so etwas fordert Widerspruch heraus. Aber noch mehr spricht dafür, darin eine Konsequenz des ost-west-deutschen Seelendramas zu sehen, das den Einheitsprozeß begleitet. Vor die Alternative gestellt, die PDS in Bonn zu verhindern, dafür aber eine Partei zu unterstützen, deren Standbein sich im Westen befindet, oder den »Osten« stark zu machen, auch wenn man dafür eine Partei wählen muß, deren Demokratie-Verständnis zumindest fragwürdig ist, entscheiden sich viele Ost-Deutsche für das letztere.

Das zeigt Veränderungen im ostdeutschen Selbstverständnis an, die alarmieren müssen. Die Frontlinie, an der vor fünf Jahren die Entscheidung über die Einheit fiel – Ablehnung der SED, Wunsch nach Demokratie –, ist, so scheint es, längst überlagert von der neuen Ost-West-Scheidelinie. Demokratie hin, PDS-Sozialismus her: am Ende zählt das DDR-Wir-Gefühl – vielleicht auch deshalb, weil es ohne real existierende DDR viel leichter zu ertragen ist. Daß die Einheit manche zu DDR-Bürgern gemacht hat, die es vor der Wende partout nicht sein wollten, wußten wir bereits. Nun müssen wir lernen, daß das Zugehörigkeitsgefühl zur Schicksalsgemeinschaft DDR – zugespitzt, gewiß doch, durch Fremdheits-Erfahrungen, Arbeitslosigkeit, Besser-Wessis – schwerer wiegt als das Sozialismus-Trauma.

Daß sich Menschen in ihrem Lebensgefühl gleichsam verschanzen, ist nichts Ungewöhnliches; Beispiele dafür gibt es, ausreichend, auch im Westen. Aber daß dieses Bedürfnis so dringlich ist, daß politische Differenzierungen hintangestellt werden, die für eine freiheitlich-demokratische Ordnung lebenswichtig sind, ist im Jahre 5 der Einheit etwas zutiefst Bestürzendes. Es muß schon viel schiefgegangen sein beim deutschen Sich-Wiedervereinigen, wenn so viele der Nischenbewohner, die sich früher so demonstrativ vor dem Anspruch der Partei zurückzogen, nun im größer gewordenen Deutschland die PDS, also die Nachfolgerin dieser Staatspartei, als eine neue Nische nutzen. Wie tief die Abgrenzung gegenüber dem Westen bei manchen Ostdeutschen mittlerweile geht, illustrieren drastisch die Distanz-Bekundungen gegenüber manchen Kandidaten der demokratischen Parteien in Berlin, die genauso Ostdeutsche sind wie die der PDS: da wirkt bereits ein Mechanismus der Ausgrenzung, der sie, weil sie in der westlich geprägten Welt der Bonner Politik ihre Rolle spielen, schlankweg zu »Wessis« macht.

Ist das die – vorläufige – Antwort auf die Frage, was vom (DDR-)Sozialismus bleibt? Wie lange bleibt es? Es war von ziemlich makabrer Symbolik, daß für die Wahlparty der PDS am vergangenen Sonntag die Renft-Combo aufspielte. Die hatte seinerzeit in der DDR kräftig gegen den Stachel gelöckt, war verboten worden und irgendwo in der Versenkung verschwunden. Nun begleitete sie die Nachfolger der einstigen Gegner bei ihrer Siegesfeier.

Da waren's nur noch drei

14. November 1994

Die Landtagswahlen in Thüringen und Mecklenburg-Vorpommern, die mit der Bundestagswahl zusammenfielen, haben die Verwandlung des Parteien-Gefüges in den neuen Ländern weiter vorangetrieben. Die kleinen Parteien, FDP und Bündnis 90/Grüne, sind an der Fünf-Prozent-Hürde gescheitert. Nach den Wahlen in Sachsen und Brandenburg im September gibt es in vier der fünf Landtage nur noch drei Parteien. Die Annahme, das Parteiensystem werde sich nach dem Muster der Alt-Bundesrepublik entwickeln, ist nach nur vier Jahren widerlegt.

In Bonn, Erfurt und Schwerin sind die Vorgaben der Wähler so weit abgearbeitet, daß Koalitionen in Sicht sind. Doch das Einschwenken in die Normal-Spur verdrängt die tiefgreifende Veränderung, die mit den Wahlen im östlichen Gelände besiegelt worden ist. Vier Jahre nach dem Wieder-Beginn des parlamentarischen Lebens bieten die Landtage der neuen Länder – Sachsen-Anhalt ausgenommen – ein unverhofftes Bild: überall nur noch drei Parteien, CDU, SPD und PDS, die kleinen Parteien FDP und Bündnis 90 herausgekegelt. Mehrheits- und Regierungsfähigkeit ist wegen der PDS-Erfolge nur noch durch die absolute Mehrheit einer Partei – wie in Sachsen und Brandenburg – oder durch große Koalitionen herstellbar. Ist dies das neue Parteien-Gefüge im Osten?

Dieses Parteien-System, das bei den zweiten Landtagswahlen zutage getreten ist, macht zunächst nochmals deutlich, wie wenig die Wahlen von 1990 Wahlen im üblichen Sinne und wie sehr sie plebiszitäre Ereignisse waren, in denen sich der Wunsch nach der Einheit und das Bedürfnis nach klaren Verhältnissen zusammenschlossen. Aber das neue Muster zeigt auch, daß das westliche Parteien-System, unter dessen Vorzeichen der Aufbau von Parlamenten, Regierungen und Verwaltungen sich seither vollzogen hat, hier noch längst keinen verläßlichen Boden unter den Füßen hat. Dabei kann man in Rechnung stellen, daß diese Parteien-Struktur mit CDU, SPD und FDP den neuen Ländern keineswegs nur übergestülpt worden ist, sondern auf eine gar nicht so fremde Parteien-Landschaft aufgepfropft wurde, die auch hier, wie real-sozialistisch verbogen auch immer, bestanden hat, und daß das Bündnis 90 darüber hinaus ein genuines Gewächs der Wende war. Nun hat sich, nach einer Legislaturperiode, das ostdeutsche Parteien-Gefüge diesem Muster schon wieder entzogen.

Gewiß befindet sich das Parteien-System auch im Westen im Wandel, und die Krise der FDP läßt auch dort zunehmend neuartige Drei-Parteien-Landtage entstehen. Und man könnte sogar fragen, ob da nicht Vergleichbares entsteht, nur westlich variiert: zwei Volksparteien konfrontiert mit je einem Protest-Sammelbecken – in den alten Ländern verankert im aufgelockerten bürgerlichen Milieu der Villengegenden und Studentenstädte, in den neuen getragen von den alten DDR-Eliten in den Neubausiedlungen. Doch der Vergleich fördert vor allem die Unvergleichbarkeit beider Entwicklungen zutage. Während die Grünen aus dem etablierten Parteien-System herausgewachsen sind und ihm nun, unter beträchtlichen Verrenkungen, wieder entgegenwachsen, bleibt die PDS ein parteilicher Fremdkörper, der aus einer gescheiterten Epoche in eine ganz andere Gegenwart hineinragt. Und wenn der Wandel des Parteien-Spektrums im Westen die Folge der Erstarrung der Verhältnisse ist, so ist es im Osten der Mangel an politischen Strukturen, der hinter dem neuen Parteien-Gefüge steht.

Tatsächlich lassen auch die geringen Mitgliederzahlen der Parteien – mit Ausnahme der PDS – wie die Neigung zur Wahlenthaltung erkennen, daß die Parteien-Landschaft, ja die politische Landschaft überhaupt, noch keineswegs gefestigt ist. Das neue Bild der ostdeutschen Landtage zeigt insofern keinen Abschluß der Entwicklung, die mit dem Herbst 1989 begann, sondern nur eine weitere Stufe der Wieder-Einrichtung der parlamentarischen Demokratie. Die absoluten Mehrheiten in Sachsen und Brandenburg, die großen Koalitionen, die in Thüringen und Mecklenburg-Vorpommern absehbar sind, die PDS als ungemütlicher steinerner Gast des politischen Neuanfangs: das alles spiegelt eine Gesellschaft, die auch politisch von Unruhe und Unsicherheit erfüllt ist.

Eine Art Freispruch von der Geschichte

6. Januar 1995

In den Dezember-Wochen beginnt erneut eine Amnestie-Debatte. Der brandenburgische Ministerpräsident Stolpe macht mit einem »Spiegel«-Gespräch den Anfang. Sein Justizminister Bräutigam habe, so behauptet das Magazin wenig später, bereits Vorarbeiten für einen Gesetzentwurf geleistet. Sie soll differenziert vor sich gehen: Kleine, systembedingte Delikte sollen straffrei gestellt, Kapitalverbrechen und Todesschüsse an der Mauer weiter verfolgt werden. Überdies stehe die große Zahl der Ermittlungsverfahren in einem Mißverhältnis zu den wenigen gefällten Urteilen. Die Vorstöße lösen eine gewaltige Debatte aus, die ihre Kreise bis zu Bundespräsident Herzog und Alt-Bundespräsident von Weizsäcker zieht.

Die erste Debatte zum umstrittenen Thema ist es wahrhaftig nicht, aber nun wird es offenbar ernst. Zwar wird die Forderung nach einer generellen Amnestie für DDR-Delikte bislang nur von einzelnen Politikern erhoben, aber die Auseinandersetzung darüber, wie mit den großen und kleinen Exekutoren der Diktatur umgegangen werden soll, ist in vollem Gange. Die Kontroverse beschränkt sich nicht mehr auf die Erörterung der Möglichkeiten strafrechtlicher Verfolgung und der Relevanz der Stasi-Akten. Sie ist vor allem aufgeladen mit den Spannungen zwischen Ost- und Westdeutschen, aber auch mit den alten Zwistigkeiten über das Verhältnis zur eigenen Vergangenheit unter den Ostdeutschen selbst. Um so zugespitzter stellen sich die Fragen, die das politische Unterfutter der Kontroverse bilden: Nützt die Verfolgung des DDR-Unrechts dem Rechtsfrieden, oder stört sie ihn? Würde andererseits eine Amnestie das DDR-Unrecht rechtfertigen?

Denn so unumgänglich die Auseinandersetzung mit der Vergangenheit ist, so unsicher ist doch, ob die Prozesse gegen DDR-Größen und rechtsverbiegende Richter oder die bisherige Praxis der Stasi-Überprüfungen zum Ziele führen. Der Eindruck drängt sich auf, daß dies alles nicht nur und immer weniger als Befreiung von der Last der Diktatur empfunden wird, sondern, ganz im Gegenteil, als eine subtile Form der kollektiven Anklage. Die ganze Anstrengung mit ihren mühsamen Verfahren, Regelanfragen und Akteneinsichten, veranstaltet zu dem Zweck, eine Gesellschaft mit sich selbst wieder ins reine zu bringen, vermehrt offenbar nur die Schieflage, in die die Menschen in den neuen Ländern im Prozeß der Einigung gegenüber dem Westen gekommen sind. Nur so erklärt sich die einigermaßen abwegige Forderung, die Gauck-Behörde müsse sich auch der Westdeutschen annehmen, oder der Argwohn, mit der Verfolgung der SED-Täter wolle die westdeutsche Justiz nur ihr Versagen gegenüber der NS-Justiz kompensieren. Die Sympathie für eine Amnestie entspringt insofern wohl auch dem Bedürfnis nach einer Art Freispruch von einer Vergangenheit, die als Belastung und Anlaß fortwährender Zurücksetzung empfunden wird.

Zumindest Differenzierung ist deshalb angebracht. Daß Kapitalverbrechen und jene Regierungskriminalität, die hinter Mauerschüssen und Justizterror standen, von einer Amnestie ausgenommen werden müssen, muß dabei so unbestreitbar bleiben wie die Notwendigkeit eines Schlußstrichs unter die Auseinandersetzung mit der DDR-Vergangenheit. Wie der Teufel im Detail steckt aber auch hier das Problem in der Konkretisierung: Die Frage ist, wo die Grenze gezogen wird, jenseits derer die Strafverfolgung ausgesetzt wird, und wann der Zeitpunkt ist, an dem diese Vergangenheit rechtlich vergangen sein wird. Die Antwort kann nur Ergebnis einer breiten Diskussion sein. Sie kann nicht nur mit Kategorien des Rechts geführt werden, sondern muß sich stärker als bisher auf die Situation einlassen, in der in der DDR gelebt wurde, gelebt werden mußte. Denn nur von daher können die Maßstäbe herrühren, nach denen sich bemißt, was nicht entschuldbar oder was hinnehmbar ist.

Amnestie ist ein großes Wort. Wer es im ursprünglichen Sinne als Vergebung und Vergessen begreift, wird zu dem Schluß kommen, daß die Zeit dafür noch nicht reif ist. Aber erste Schritte sind nötig – sei es in bezug auf eine restriktivere Nutzung der Stasi-Akten, sei es durch Großmut gegenüber Menschen, die keine persönliche Schuld auf sich geladen haben. Die Aufarbeitung der Vergangenheit muß fortgesetzt werden, aber sie darf nicht die Gegenwart lähmen. »Man muß Zukunft im Sinn haben und Vergangenheit in den Akten«, sagte Talleyrand.

Die PDS und ihr hübscher Pferdefuß

26. Januar 1995

Vor dem PDS-Parteitag, der am 27. Januar in Berlin beginnt, spitzt sich der Streit in der Partei über ihr Verhältnis zu ihrem kommunistischen Erbe zu. Der Vorsitzende der Bundestagsfraktion, Gregor Gysi, wie der Parteivorsitzende Lothar Bisky fordern eine deutliche Abkehr vom Stalinismus. Der Adressat ist die Kommunistische Plattform, deren Sprecherin die junge Sahra Wagenknecht ist. Eine Trennung von der Plattform wird in der PDS jedoch strikt abgelehnt.

Eins kann man der PDS-Führung wirklich nicht vorhalten: daß sie ihren Parteitag, der am Freitag in Berlin beginnt, nicht deutlich genug als Platz für eine Richtungsentscheidung markiert habe. Sogar den Hebeldruck einer Rücktrittsdrohung hat der PDS-Vorsitzende Bisky eingesetzt, um die Partei zu zwingen, den bekennenden Kommunisten in ihren Reihen eine Abfuhr zu erteilen. Es ändert nichts daran, daß es vermutlich kaum das brennende Bedürfnis nach Klärung der innerparteilichen Diskrepanzen war, das sie so weit gebracht hat. Es sind die Sorgen um ihre politische Handlungsfähigkeit und insofern in gewissem Sinne ihre Wahl-Erfolge. Denn die Wähler haben keine Partei gewählt, die mit einer gescheiterten Ideologie kokettiert. Sie haben vielmehr ihrem Unmut und ihrer Verärgerung Ausdruck gegeben. Die PDS wird sie deshalb nur halten und damit Mitspieler in der Politik bleiben können, wenn sie auch den Anschein vermeidet, noch immer auf den Glauben von gestern zu schwören.

Aber was wäre gewonnen, wenn es der PDS gelänge, zum Zeichen dessen etwa der Sprecherin der kommunistischen Plattform in der Partei den Weg in den Vorstand zu verlegen? Daß ausgerechnet die hübsche junge Frau Wagenknecht der stalinistische Pferdefuß einer ansonsten frisch auf Reformkurs marschierenden Partei sein solle, ist ohnedies eine Vorstellung, die ein wenig zu boulevardesk ist, um wahrscheinlich zu sein. Eher ist ihr Auftreten ein Symptom. Denn daß sie so unbefangen jene alten Dogmen rezitiert, die keiner ohne Brechreiz hören kann, der miterlebt hat, wie sie Staatsdoktrin und belastende, lähmende Wirklichkeit zugleich waren, kann nicht nur mit ihrem Alter und ihrem Vergnügen erklärt werden, im sicheren Hort des Post-Kommunismus Rosa Luxemburg zu spielen. Es deutet einen Klimawechsel an – in der Bundesrepublik, aber vor allem in der PDS selbst.

Es ist ja kein Zufall, daß dieser Streit jetzt ausgebrochen ist. Die PDS-Erfolge bei Bundes- und Landtagswahlen haben viele Partei-Mitglieder offenbar als eine Art Rehabilitierung der alten Überzeugungen und Haltungen verstanden. Da kann es nicht wundern, daß die alten Formeln wieder Resonanz finden – bei den alten Genossen, die noch weithin das Partei-Fußvolk bilden, ebenso wie bei den ideologischen Ewiggestrigen, die nun Morgenluft wittern. Nun rächt es sich, daß die PDS den Bruch mit ihrer SED-Vergangenheit nur halbherzig vollzogen hat. Denn nur das würde sie in die Lage versetzen, den neuen Orthodoxen überzeugend entgegentreten zu können.

Daß sie mit dem Stalinismus nichts mehr am Hut habe, nimmt man der Partei ja ab. Aber was bedeutet das heute, wo die Monstrosität dieses Systems unverhüllt zutage liegt? Die Frage ist vielmehr, ob die PDS sich unzweideutig zu politischen Strukturen bekennt, die es verhindern, daß der Kampf um die politische Macht und, mehr noch, der schöne Wunsch nach der Verbesserung der Gesellschaft überhaupt ins Totalitäre entgleiten. Auch möchte man gerne glauben, daß sowohl der Stalinismus wie der real existierende Sozialismus Deformationen des Sozialismus seien. Aber waren es wirklich nur Betriebsunfälle? Und was schützt uns vor ihrer Wiederholung?

Schlüssige Antworten auf diese Fragen ist die PDS bislang schuldig geblieben, mehr noch: in ihrer gegenwärtigen Verfassung ist sie eine solche Antwort nicht. Die Degradierung von Frau Wagenknecht oder gar die Trennung von der kommunistischen Strömung in der Partei erübrigen die Auseinandersetzung mit ihrem Politik-Verständnis nicht, die dafür die Voraussetzung wäre. Ob sie diese Auseinandersetzung endlich aufnimmt, entscheidet über ihre Zukunft als politische Partei.

Wenn Schwaben in Dresden bauen

26. Februar 1995

Der Vereinigungsprozeß ist im Osten auf unterschiedliche Reaktionen gestoßen. Immer deutlicher verdichten sie sich in einer Grundstimmung, die so an seinem Beginn keiner erwartet hätte, weder im Osten noch, erst recht, im Westen. Eine Mischung aus Resignation und Trotz ist zu einer Begleiterscheinung der Einheit geworden. Dahinter steht ein massives Ungleichgewicht von Einkommen, Berufschancen und Besitzverhältnissen.

Hat die Einheit zu einer neuen Teilung geführt? Sind die Deutschen im Osten erst jetzt, wie ein kluger Ostdeutscher spitz angemerkt hat, zu den DDR-Bürgern geworden, die sie vor der Wende nicht sein wollten? Natürlich ist die Lust am Paradox dabei, wenn solche Fragen gestellt werden, aber die Wahrheit ist doch, daß sie ein bohrendes Ungenügen am gegenwärtigen Zustand der Vereinigung anzeigen. Das hat mit den aktuellen Problemen dieses Prozesses wenig zu tun, so schwer diese wiegen. Es quittiert vielmehr eine Grundstimmung, die sich im Osten ausgebreitet hat und die nicht leichthin mit dem Spottwort von der »Ostalgie« abzutun ist. Wie in dem alten Witz aus dem Herbst 1989 dem jubelnden Ostdeutschen mit seiner Losung »Wir sind ein Volk« der Bundesbürger ungerührt entgegnete, genauso gelte das für die Westdeutschen, so stößt dieser mit seinen schönen Reden von der Einheit mittlerweile immer öfter auf eine Sperre aus demonstrativ hervorgekehrten Wir-Gefühlen. Eine Art neue Identität äußert sich da, aber sie nährt sich nicht aus der Einheit, sondern aus einer halb trotzigen, halb verletzten Abgrenzung gegenüber dem Westen.

Im Jahre 5 der Einheit müssen solche Verwerfungen in der deutschen Seelenlandschaft alarmieren. Was meldet sich da? Ist es der Rückzug aus einer Einheit, in der die einen Deutschen die anderen zwar kräftig subventionieren, aber im stillen die Hände über sie ringen? Ist es die Erfahrungslast der vierzig Jahre besonderer Geschichte, die in dem neuen Staatswesen so schwer unterzubringen ist – es sei denn als eine Vergangenheit, die »aufzuarbeiten« ist, also, bestenfalls, einem politisch-geistigen Recycling unterworfen wird? Und gewiß kann man in der Animosität, die den Westdeutschen da entgegenschlägt, auch die Folgen von Mißverständnissen und Fehleinschätzungen, Erwartungen und Enttäuschungen erkennen, die sich gegenseitig hochtreiben.

Aber wirklich erklärbar ist diese Reserve doch nur aus dem fundamentalen Dilemma der Vereinigung selbst: der massiven strukturellen Schieflage, in der sich der Osten gegenüber dem Westen befindet – und zwar nicht nur in der größer gewordenen Bundesrepublik sondern, vor allem, im eigenen Land. Natürlich ist die Rede von der »Kolonisierung« des Ostens durch den Westen Unsinn. Aber wahr ist, daß die Ostdeutschen nun in einer Welt leben, die in einem Maße durch das Regelwerk, das Personal und das Kapital des Westens dominiert ist, das ihre Erfahrungen entwertet und sie im eigenen Land ein Stück weit zu Fremden werden läßt. Selbst in den Erfolgen des Um- und Aufbaus, die ja gar nicht zu übersehen sind, steckt deshalb noch eine subtile Kränkung: es ist die andere Welt, die sich ihrer damit bemächtigt.

Man kann sich die Umstände, die dazu führen, nicht konkret genug vor Augen halten. Nun haben die Ostdeutschen eigene, selbst gewählte Regierungen, aber überall sitzen Westdeutsche in den Spitzenpositionen der Bürokratie. Es gibt eine freie Wirtschaft, doch kaum ein großes Unternehmen befindet sich noch in ostdeutschem Besitz. Und auch die neuen Geschäfte und Wohnviertel, die nun endlich in Dresden oder Rostock entstehen, gehören schwäbischen Mittelständlern oder hessischen Großhändlern. Das alles wird nicht besser dadurch, daß es unvermeidlich ist: Wer sonst kann Recht sprechen, die Verwaltung dirigieren oder die Studenten in die Geheimnisse der Volkswirtschaft einführen? Und woher soll das Kapital für den Aufbau des Landes kommen als von dorther, wo es vorhanden ist, also in dem Teil des Landes, dem die Gnade früherer Freiheit und seit Jahrzehnten florierenden Wohlstands zuteil geworden ist?

Daß die Vorbehalte gegenüber dem Westen wachsen, ja oft eine fast aggressive Färbung annehmen, kann angesichts dieser Lage nicht verwundern. Das Problem besteht vielmehr darin, wie sie im anderen Teil der Bundesrepublik aufgenommen werden: als Zeichen unheilbarer östlicher Verstocktheit, gar der Undankbarkeit oder als Versuch, sich gegenüber dem Neuen zu behaupten. Es ist richtig, daß kaum jemand erwartet hätte, daß gerade der, alles in allem, erfolgreiche Fortgang des Einigungs-Prozesses Reaktionen hervorbringt, die auf den ersten Blick als Rückschritte erscheinen. Aber vielleicht ist die Verteidigung ostdeutscher Identität kein Rückzug aus diesem Prozeß, sondern der Versuch, in ihm Fuß zu fassen.

Und die Länder mittenmang

23. April 1995

Der sächsisch-anhaltinische Regierungschef Höppner, zur Zeit Vorsitzender der Ministerpräsidenten-Konferenz, spricht sich dafür aus, daß der Bundesrat gleichzeitig mit dem Bundestag nach Berlin umzieht. Sonst drohe die Kammer zu einer »Beamtenveranstaltung« zu werden. Überhaupt tue das 1991 beschlossene Verbleiben in Bonn dem Bundesrat und dem Föderalismus nicht gut. Auch in anderen Landesregierungen wächst die Bereitschaft, den Beschluß zu überprüfen. In diesen Äußerungen wird die Wirkung des vielberedeten »Rutschbahn«-Effekts gesehen: Der Regierungssitz Berlin werde früher oder später weitere Behörden aus Bonn nachziehen. In der Tat beschließt der Bundesrat eineinhalb Jahre später, am 27. September 1996, mit großer Mehrheit seinen Umzug nach Berlin. Zum Schluß sind nur noch Nordrhein-Westfalen, Rheinland-Pfalz und das Saarland dagegen.

Vermutlich sollte man sich nicht daran stoßen, daß es wieder einmal der Pragmatismus ist, der die ausgeklügelten Kalkulationen zur Seite schiebt. Wenn sich der Bundesrat nun möglicherweise doch entschließt, seinen Sitz nach Berlin zu verlagern, hätte das jedenfalls in erster Linie den schlichten Grund, daß die Ministerpräsidenten und ihre Helfer dort sitzen wollen, wo – wie die Kieler Regierungschefin Simonis mit entwaffnender Offenheit eingeräumt hat – »die Musik spielt«. Natürlich steht es außer Frage, daß es ein Gewinn für das Zusammenspiel der obersten Verfassungsorgane wäre, wenn sie sich an einem Ort befänden. Aber diese Erwägung wäre überzeugender, wenn sie nicht nur der Macht der (Umzugs-)Fakten hinterhersetzte – überdies durch den eher zufälligen Termin der Grundstücksangebote für Landesvertretungen angestoßen –, sondern das Resultat eines Umdenkens der Länder in bezug auf ihr Verhältnis zur Hauptstadt wäre. Denn dort liegt das eigentliche Problem.

Es muß ja zu denken geben, daß es in Berlin mittlerweile über dreißig Außenstationen ausländischer Botschaften gibt, aber gerade ein halbes Dutzend Vertretungen der deutschen Länder. Außer Bayern, das eine regelrechte Landesvertretung unterhält, dem rührigen Bremen sowie Nordrhein-Westfalen, Hessen und Hamburg, die in Berlin über Büros verfügen, haben die Bundesländer die neue, alte Hauptstadt offenbar noch nicht richtig entdeckt. Man kann nicht umhin, darin auch die Folgewirkungen der Hauptstadt-Debatte mit ihren komplizierten Verklemmungen und mühsam beherrschten Ressentiments zu erkennen. Denn der Beschluß, den Bundesrat in Bonn zu lassen, war ja nicht nur als Trostpflaster gedacht, sondern drückte auch einen subtilen Vorbehalt aus. Der Bundesrat in Bonn sollte sozusagen die föderale Bastion der Alt-Bundesrepublik gegen die angebliche zentralstaatliche Gefahr verteidigen, die von Berlin ausgehen könnte.

Nun mag das der Schnee vom vergangenen Jahr sein. Bedenklich an der abwartenden Haltung der Länder ist deshalb auch eher das merkwürdige Verständnis der Bundesrepublik, das es verrät. Es macht den Eindruck, als hätten die Länder mit jener Republik, die sich per Parlamentsbeschluß Berlin als Hauptstadt gewählt hat und inzwischen kräftig dabei ist, ihn zu verwirklichen, eigentlich nichts zu tun. Aber die Bundesrepublik ist kein Bund-Länder-Zwitter, sondern ein Bundesstaat, der gemeinsam von Bund und Ländern gebildet wird, und Berlin ist deshalb nicht nur die Hauptstadt des Bundes, sondern auch die der Länder, ist also auch ihre Sache.

Wenn sich der Bundesrat dafür entscheidet, Bundestag und Regierung nach Berlin zu folgen, bedeutete das deshalb auch alles andere als die Räumung einer föderalen Position. Es würde damit, im Gegenteil, der bundesstaatliche Charakter der Republik in ihrem politischen Zentrum zum Ausdruck und zur Geltung gebracht. Es sind mithin nicht nur praktische Gründe, die dafür sprechen, sondern auch sehr prinzipielle: Während die Plazierung in Bonn eine Ferne von Bund und Ländern symbolisiert, die dem föderalen Gefüge nicht entspricht – und das Bundesorgan Bundesrat zu jenem Nebenschauplatz Länderkammer macht, der er nach dem Grundgesetz gerade nicht ist –, würde die Nachbarschaft von Bundestag, Bundesrat und Regierung jenes Mit- und Gegeneinander der Verfassungsorgane verkörpern, in dem Eigenart und Stärke des Föderalismus besteht.

Deshalb nützt es der Debatte auch nicht, wenn sie mit der Arbeitsteilung zwischen Berlin und Bonn zusammengeworfen wird, die, ob einem das gefällt oder nicht, zur Substanz des Hauptstadtbeschlusses gehört. Der Bundesrat ist kein Tariergewicht, um an der Aufteilung der Funktionen und Verwaltungen herumzuexperimentieren. Das sollte man gerade in Berlin beherzigen. Je unmißverständlicher die Bundesrats-Entscheidung aus dem immer noch wabernden Konkurrenz-Verhältnis zwischen Hauptstadt und – wenn's denn der Gesichtswahrung dient – »Bundesstadt« herausgehalten wird, desto besser.

Daß dieses Thema nun gleichsam aus heiterem Himmel über die Länder gekommen ist, hängt allerdings auch mit ihrem nicht recht geklärten Verhältnis zur Wiedervereinigung zusammen. Die alten Länder haben sich zwar bilateral gegenüber den neuen Ländern kräftig engagiert, aber ansonsten vor allem darauf geachtet, ihre Position gegenüber dem Bund auszubauen. Dazu paßte ein Bundesrat, der sich im Verhältnis zu der entstehenden gesamtdeutschen politischen Arena gleichsam am Rande postierte. Die Entscheidung für den Bundesratssitz in Berlin könnte eine Änderung dieser Haltung signalisieren. Sie ist überfällig.

Schwierigkeiten mit dem ost-westlichen Seelenleben
oder: Die Einheit wächst doch

Erinnerungsarbeit lohnt sich

10. Mai 1995

Mit einer Serie von Feiern wird in allen europäischen Hauptstädten das Ende des Zweiten Weltkriegs vor fünfzig Jahren begangen. Die Gedenkveranstaltungs-Tour beginnt am 6. Mai in London, nimmt dann ihren Weg über Paris und Berlin und endet am 9. Mai in Moskau. Beim Staatsakt im Schauspielhaus am Gendarmenmarkt in Berlin, der am Nachmittag des 8. Mai stattfindet, sprechen neben Bundespräsident Herzog der britische Premier Major, der russische Regierungschef Tschernomyrdin, US-Vizepräsident Al Gore sowie der französische Staatspräsident Mitterrand. Die deutsche Debatte über diesen Tag hatte wieder einmal unter der Frage gestanden, ob es sich um einen Tag der Niederlage oder der Befreiung handele. Nun spricht Herzog davon, mit dem 8. Mai 1945 sei »ein Tor in die Zukunft aufgestoßen« worden.

Daß vor einem halben Jahrhundert die kühnste Phantasie nicht ausgereicht hätte, sich vorzustellen, wie Europa in diesen Tagen des 8. Mai 1945 gedenken würde, ist oft gesagt worden, zumal von den Deutschen. Die Gerechtigkeit gebietet es, daran zu erinnern, daß auch diesen Veranstaltungen vor ein paar Monaten oder gar Wochen ganz andere Prognosen gestellt worden sind. Gerade in Deutschland schwappten die hochemotionalisierte Bedenken über. Nun, nachdem die drei Gedenktage vorbei sind, ist kein Grund erkennbar, das große Spektakel zu bedauern. Es kann, im Gegenteil – und erst recht dann, wenn man den ganzen Bogen in den Blick nimmt, den es von London über Paris und Berlin nach Moskau geschlagen hat –, als politischer Gewinn für Europa verbucht werden.

Die Erinnerung an die große Wende des Kriegsendes teilt – so war zu registrieren – die europäischen Nationen nicht, sondern führt sie zusammen, und zwar nicht auf dem Weg über eine Wiederbelebung der Anti-Hitler-Koalition, deren politische Substanz sich in den Jahrzehnten von kaltem Krieg und atomar gesicherter europäischer Teilung verflüchtigt hat, sondern aus dem Geist des Willens zur Demokratie und der friedlichen Zusammenarbeit. Der Blick zurück auf Krieg und Zerstörung bindet nicht mehr lähmend an die Vergangenheit, sondern befreit zur Arbeit an der Zukunft. Die Deutschen dürfen mit Dankbarkeit feststellen, daß es dieser Perspektivwechsel war, der die Veranstaltung bestimmte, die ihren Anteil an dem Gedenken zuvörderst ausmachte – zunächst durch Bundespräsident Herzog, dessen Rede diesen Gedanken klug und überzeugend zum Leitthema machte, dann durch den französischen Präsidenten, der ihn, mit dem Hauch des Testamentarischen, Ereignis werden ließ.

Dabei war gar nicht zu übersehen, wie unterschiedlich das gleiche begangen wurde. Das britische Vergnügen an der Tradition, der festliche Patriotismus der Franzosen, die beethoven-umrahmte Feierstunde im Schauspielhaus am Gendarmenmarkt in Berlins Mitte: schon das faltete ein breites Spektrum des Gedenkens auf. Erst recht gilt das für das militärische Schauspiel in Moskau. Es spiegelte die Größe des Opfers, das die Sowjetunion für den Sieg erbracht hat, ebenso in diese drei Tage ein wie die schwierige Lage eines Landes, das in der Erinnerung an den 8. Mai 1945 auch den Halt suchte, den es in seiner Gegenwart nirgendwo findet.

Aber spürbar waren auch die Spannungslinien, die dieses Europa nach dem Abbau der Ost-West-Teilung durchziehen. Dafür standen der kaum verhüllte Versuch des russischen Ministerpräsidenten Tschernomyrdin, einer Ausdehnung der Nato auf die osteuropäischen Reformstaaten entgegenzuwirken, wie, vor allem, die bewegt-gequälte Klage des polnischen Präsidenten Walesa. Beides machte schlagartig deutlich, daß es das mitteleuropäische Staatenband zwischen den baltischen Republiken und Polen, Tschechien und Ungarn ist, über dem der Schatten der untergegangenen Jalta-Welt heute noch am meisten lastet.

Es gehört nicht zuletzt zu dem Ertrag dieses Gedankens, daß es die binnendeutsche Debatte über die Frage, ob der 8. Mai 1945 Befreiung oder Niederlage gewesen sei, in den Hintergrund geschoben hat. Es hat belegt: man kann mit dieser Ambivalenz umgehen, wenn man es vernünftig tut. Denn den Konsensus darüber gibt es in Wahrheit seit langem. Man muß ihn nur gegen diejenigen durchhalten, die mit seiner Bezweifelung – von links oder rechts – ihr politisches Süppchen kochen wollen. Zu solchem Umgang mit dem Gedenken haben die Veranstaltungen zum 8. Mai, aller Skepsis zum Trotz, ermutigt.

Als die Lawine ein Ruderhaus bekam

1. Juli 1995

Am 1.Juli 1990 ist die Wirtschafts- und Währungsunion in Kraft getreten. Fünf Jahre später sieht der CDU/CSU-Fraktionsvorsitzende Wolfgang Schäuble, der den Vertrag auf der Seite der Bundesrepublik ausgehandelt hat, in ihr einen Erfolg. Sie habe dazu beigetragen, die Menschen in den neuen Ländern wenigstens einigermaßen an das Wohlstands- und Sicherheits-Niveau der alten Bundesrepublik heranzuführen. Er räumt jedoch auch Korrekturbedarf ein, etwa beim Rentenrecht und Entschädigungsfragen.

Das Inkraft-Treten der Wirtschafts- und Währungsunion heute vor fünf Jahren bleibt der einschneidendste und folgenreichste Schritt auf dem Weg zur Wiedervereinigung. Wie nachhaltig er gewirkt hat, zeigt sich auch darin, daß die Erinnerung daran noch immer bienenschwarmgleich die Fragen nach der Notwendigkeit dieser Roßkur nach sich zieht: Mußte diese Operation sozusagen am offenen Herzen von Währung und Wirtschaft so vor sich gehen? Ging es nicht langsamer, moderater, mit anderen Umstellungs-Kursen – kurz: schonender für die Strukturen der DDR, schonender auch für das Finanzsystem im Westen? Aber ablesbar ist das Gewicht dieser Entscheidung auch daran, daß alle Erörterungen bei der Antwort enden: Nein, eine andere Möglichkeit gab es nicht. Denn zufrieden stellt dieser Schlagabtausch niemanden. Er demonstriert nur, wie sehr uns der ungeheure Umbau noch beschäftigt, der damals begann – und daß wir mit ihm noch immer nicht fertig geworden sind.

Dabei droht die Fixierung auf das Maßnahmebündel, das mit dem 1. Juli 1990, null Uhr, wirksam wurde, zumal die Umstellung der DDR-Mark auf die D-Mark, die Tragweite des Unternehmens zu verkürzen. Der Prozeß der Wiedervereinigung hatte ja etwas von einer Lawine, der man versuchte rasch noch ein Führerhäuschen einzubauen. Zumindest seit dem Fall der Mauer begann der

Unterschied der beiden Systeme mit der Gewalt von tektonischen Kräften auf einen Ausgleich zu drücken, drängten die Menschen in der DDR nach dem besseren Geld, schwoll die Zahl der Übersiedler nach dem Westen rapide an, lösten sich die Strukturen der DDR auf. Die Wirtschafts- und Währungsunion sollte diesem Prozeß eine stabilisierende Ebene einziehen, und in der Tat hat sie die Übersiedlung drastisch eingeschränkt und den Bürgern der DDR, die zwischen dem Abschied vom Gestern und einem ungewissen Morgen schwankten, eine Perspektive gegeben. Aber in Wahrheit war sie der Anfang eines Unternehmens, über dessen Ausmaß sich damals keiner eine Vorstellung machen konnte.

Sind wir nun klüger? Was das Wort von der »schöpferischen Zerstörung«, das ein Nationalökonom einmal auf die kapitalistische Wirtschaftsweise gemünzt hat, bedeutet, ist uns in beispielloser, im einzelnen wie im ganzen kaum nachvollziehbarer Weise klargeworden. Die Zuversicht, daß die Umstrukturierung der Wirtschaft in den neuen Ländern notwendig sei und im Grunde genommen nicht scheitern könne, mußte sich immer von neuem gegen die krisenhaften Konsequenzen dieses Prozesses behaupten – und muß es noch. Dem Verschwinden ganzer Industrien stehen Investitionen gegenüber, von denen sich zu DDR-Zeiten niemand auch nur etwas hätte träumen lassen. Die schlimme, teils offene, teils dank sozialpolitischer Maßnahmen verdeckte Arbeitslosigkeit geht zusammen mit der Entstehung neuer Gewerbe-Strukturen. Die Zeichen gelungener Modernisierung wird niemand leugnen, der sich die Erinnerung an die DDR bewahrt hat. Aber auch deren Kosten sind nicht zu bestreiten, und dabei ist nicht nur an in den Sand gesetzte Projekte und Fehlentwicklungen zu denken, sondern auch an die Hoffnungen und Biographien, über die die große Transformation hinweggegangen ist.

Zu einer Bilanz, die einen ruhig schlafen läßt, summiert sich das alles noch nicht, aber unübersehbar ist auch, daß das Unternehmen, das vor fünf Jahren in Gang gesetzt wurde, auf dem Wege ist. Es vollzieht sich, das ist wahr, langsamer, widersprüchlicher und mit mehr Rückschlägen, als man damals angenommen hat. Aber es gibt noch immer keinen Grund anzunehmen, daß es nicht ans Ziel kommen werde.

Der Bundestag im Reichstag

20. Juli 1995

Die Entscheidung des deutschen Parlaments, den Reichstag zu seinem Sitz in Berlin zu wählen, zieht die heikle Frage nach sich, wie das alt-neue Haus denn künftig heißen soll. Bundestagspräsidentin Süssmuth neigt dazu, den Namen der Institution – Bundestag – den Vorzug vor dem historischen Namen – Reichstag – zu geben. Andere, vor allem Berliner, wollen an dem angestammten Namen festhalten, auch wenn das Reich, nach dem er einst genannt wurde, vergangen ist.

Das englische Parlament tagt in Westminster und die französische Nationalversammlung im Palais Bourbon, und so wird auch der Bundestag künftig seinen Sitz im Reichstag haben – was immer die Debatte noch bringt, die sich um seine Benennung entsponnen hat. Denn das historische Bewußtsein, eigensinnig wie es ist, gibt nicht so leicht wieder etwas frei, was es einmal besetzt hat: gegen die hundert Jahre, die hinter dem Wallot-Bau stehen, sind Umtaufaktionen vermutlich machtlos. Der Streit, ob der Reichstag weiter Reichstag oder Bundeshaus heißen soll, ist also ziemlich unnütz. Aber überflüssig ist er nicht. Denn er lehrt uns etwas über uns selbst. Da lernt man bekanntlich nicht aus.

Dabei gehört die Entscheidung, daß das Parlament seinen Platz im Reichstag finden solle, zu den wenigen Schritten von Bonn nach Berlin, die nicht umstritten waren. Aber so ganz wohl ist es uns dabei offenbar doch nicht. Und in der Tat: Gemessen an dem schönen, bauhaus-hellen Bundeshaus, das die parlamentarische Erfolgsgeschichte der Bundesrepublik beherbergt hat, bleibt dieses Gebäude ein nicht ganz geheurer Ort. Liegt es da nicht nahe, mit der Umbenennung ein Zeichen zu setzen – für die Abkehr der Deutschen von ihrer Parlaments-Feindschaft, einen neuen Anfang am alten Platz und, nicht zuletzt, die Versöhnung der Bonner mit der neuen Berliner Republik?

Nur lebt dieses schöne Signal zum Teil von schlichter Ignoranz. Gewiß hängen am Reichstag nicht nur die Anfänge, sondern, vor allem, auch die Leidensgeschichte des parlamentarischen Geistes in Deutschland. Aber gleichwohl hat der Reichstag dem monarchischen Staat erstaunlich viel demokratisches Terrain abgerungen. Überhaupt hat er eine größere – und populärere – Rolle in der Öffentlichkeit gespielt als der Bundestag. Das hängt mit der gewandelten Stellung des Parlaments zusammen – aber ein Befund, der ihn ehrt, bleibt es doch. Kurz: Der Reichstag war besser als sein Ruf. Das gilt auch für die Weimarer Republik – auch wenn das Parlament zu ihrem Niedergang beigetragen hat. Doch an die Macht gebracht hat Hitler nicht das Parlament, sondern die Straße.

Aber zweifelhaft ist vor allem das Verhältnis zur Geschichte selbst, das sich in dem Umbenennungswunsch ausdrückt. Als ein berühmter Nachkriegsarchitekt seine Verachtung des Reichstags in den Ausruf packte, am liebsten sei er ihm als Ruine gewesen, erntete er mit Recht Kopfschütteln. Doch legte das Zornwort eine neuralgische Stelle frei: Es ist der manische Affekt der Nachkriegsgenerationen, das Vorkriegszeit-Deutschland bis ins vierte oder fünfte Glied zu verfolgen. Spielt er bei der Umbenennung wirklich keine Rolle? Nein, hier soll nicht nur – was recht und billig ist –, dem Reichstag der Bonner Parlamentarismus transplantiert werden: die gelungene Geschichte soll – so verraten die Untertöne der Debatte – der glücklosen übergestülpt werden.

Eine andere Verhüllung des Reichstags, nun in politpädagogischer Absicht? Der Gedanke, den Wallot-Bau als alten Reichstag zu verpacken und als neuen Bundestag zu enthüllen, war ja schon eine der Suggestionen, die dem Christo-Projekt die tiefere Bedeutung einflößten. Aber die Umsiedlung des deutschen Parlaments nähme sich selbst die Überzeugungskraft, wenn die Spuren verwischt würden, die vom Heute ins Gestern und Vorgestern führen. Hier, im Reichstag, hat es seine Wurzeln, liegt einer der wenigen Kontinuitätsfäden zutage, mit denen die deutsche Demokratie in die Vergangenheit zurückreicht: es wäre ein schlimmes Beispiel von Gedankenlosigkeit, die Rückkehr an diesen Ort mit einer Namensänderung zu verbinden, die diesen Bezug schwächt.

Zu Besuch in Wolfs Küche

17. September 1995

Immer wieder erscheint der Ex-DDR-Spionage-Chef Markus Wolf als neugierig beäugter Gast in Fernsehsendungen oder als Gesprächspartner. Daß er einer der ranghöchsten Stasi-Offiziere war und Stellvertreter von Erich Mielke, stört dabei niemanden. Die Prozesse, die die Justiz gegen ihn angestrengt hat, haben ihm nicht viel anhaben können. Den sechs Jahren Haft, zu denen er 1993 wegen Landesverrat und Bestechung in Düsseldorf verurteilt wurde, hat im Mai 1995 eine Entscheidung des Bundesverfassungsgerichts die Spitze genommen. Nun hat er, in Rußland als Sohn kommunistischer Emigranten aufgewachsen, ein Buch über russische Küche geschrieben. Es stößt sogleich auf lebhaftes Interesse.

Zu den Merkwürdigkeiten der Nachwendezeit gehört der Eindruck, daß der Zusammenbruch des Kommunismus auch das Selbstverständnis des Westens ins Wanken gebracht habe. Rechte wie Linke beklagen die Gefährdung der Orientierungssysteme unserer Gesellschaft, sehen sich um deren stabilisierendes Gegenbild gebracht, sei es das Feindbild, sei es die Utopie. Aber vielleicht muß man, um über den Zustand unserer Gesellschaft nach diesem großen, befreienden Umbruch ins Rätseln zu geraten, gar nicht an den Aufmarsch von Skinheads oder den berühmten Wertewandel denken. Möglicherweise genügt es, den Blick auf den ehemaligen östlichen Spionagechef zu richten, der unter dem geballten Interesse der Medien ein Kochbuch vorstellt – einen Vorgang also, an dem das Aufregende darin besteht, daß es niemanden aufregt.

Aber weshalb sollte Markus Wolf auch keine Kochbücher schreiben? Dies ist ein freies Land, Wolf ist ein freier Mann – und soll man Verhältnisse nicht glücklich preisen, in denen einer, der ein gefährlicher Gegner freiheitlicher Lebensformen war, nur noch über die Zubereitung von Soljanka schreiben kann? Hier soll auch keine Schelte an dem Urteil geübt werden, das ihn straffrei gesetzt hat. In ihrer verschlungenen Weise haben uns unsere Richter schon klargemacht, daß für das Bedürfnis nach Gerechtigkeit auf dem juristischen Felde wenig zu holen ist, und die noch anstehenden Verfahren werden diesen ärgerlichen Befund bestätigen. Natürlich könnte man sich denken, daß ein Mann von Wolfs Intelligenz etwas beitrüge zur Erklärung des monströsen Desasters, an dem er immerhin führend beteiligt war, und auch ein paar selbstkritische Gedanken lägen angesichts des Erbes nahe, das seine Behörde hinterlassen hat. Statt dessen also Döntjes aus dem lustigen Spionageleben und Gespräche über marinierten Lachs.

Aber das ist Wolfs Problem. Unseres ist ein anderes: nämlich eine Öffentlichkeit, die jeden IM jagt, aber jemandem, der zu denen gehörte, die die menschenverachtende Maschinerie kommandierten, applaudiert. Dem kleinen Mann, der seine Berichte schrieb, gilt die Verachtung, dem Schreibtischtäter die – wenn auch klammheimliche – Bewunderung. Ist das die Normalisierung, um die wir uns im schwierigen deutsch-deutschen Verhältnis mühen? Sieht so die Liberalität aus, die wir so gerne vorzeigten?

Die Folgen jedenfalls liegen auf der Hand, und sie wiegen schwer. Es verschwimmt die Binsenweisheit, daß der Umstand, daß Wolf und alle die anderen Häuptlinge des Regimes nicht bestraft werden können, nicht heißt, daß sie ehrenwerte Männer seien. Es verdunstet das Faktum, daß Spionage nicht gleich Spionage ist, weil eine Diktatur kein demokratischer Rechtsstaat ist und die Stasi nicht das harmlose Pendant von BND und Verfassungsschutz war, sondern »Schild und Schwert der Partei«, wie sie sich stolz nannte, also eine Bürgerkriegsarmee gegen die eigene Bevölkerung und – mit Wolf an der Spitze – gegen den demokratischen Staat auf deutschem Boden. Es geht die, gewiß doch, herzlich banale Einsicht verloren, daß es, bei allen notwendigen Abwägungen, Differenzierungen und Ja-aber-Bedenken, in der Politik richtige und falsche, bessere und ziemlich schlimme Prinzipien gibt.

Zu viel Bedeutung für einen Vorgang, der doch nur ein Spektakel-Bedürfnis befriedigt, für das gestern ein Tennisspieler, morgen Mutter Theresa und heute eben ein Stasi-General im Ruhestand herhält? Es ist ja wahr, daß unsere Mediengesellschaft alle Themen erbarmungslos zur Unterhaltungsware macht. Mit dem Stoßseufzer »Wir amüsieren uns zu Tode« hat der Kulturkritiker Neil Postman diesen Zustand markiert. Wir, im Jahre 5 nach dem Zusammenbruch des Ost-West-Gegensatzes, amüsieren uns lediglich in die politische und moralische Indifferenz hinein. Schon zeigen sich die ehemaligen Generäle der Volksarmee beleidigt darüber, daß man ihnen den Prozeß macht, weil sie doch nur – man glaubt seinen Ohren nicht zu trauen – ihren Beitrag zu »Sicherheit und Frieden« geleistet hätten, nicht anders als die Bundeswehr. Das sind nur Symptome, aber sie zeigen an, wie die Maßstäbe ins Rutschen kommen. Am Ende weiß keiner mehr richtig, weshalb die Herbst-Revolution 1989 eigentlich stattgefunden hat.

Die meisten Probleme sind lösbar

2. Oktober 1995

In den Bilanzen zum fünften Jahrestag der Wiedervereinigung überwiegt das Bemühen um Differenzierung. Der Einigungsprozeß sei »schwieriger geworden als wir anfangs glaubten«, erklärt Wolfgang Schäuble, CDU/CSU-Fraktionsvorsitzender. Bundeskanzler Helmut Kohl fordert die Deutschen in Ost und West auf, Schritt für Schritt aufeinander zuzugehen. Die Meinungen bei den Ostdeutschen gehen auseinander: In einer Umfrage äußern 53 Prozent, die Vereinigung hätte nach Lage der Dinge nicht besser gemacht werden können, 41 Prozent sind vom Gegenteil überzeugt.

Fünf Jahre gibt es die deutsche Einheit. Aber wie lange ist es her, gemessen an unseren Erinnerungen, daß Westdeutsche und West-Berliner in Dreilinden oder Herleshausen in der Warteschlange vor der Grenzkontrolle standen? Und wann war das, daß die Ostdeutschen die Jahre bis zum Rentenalter hochrechneten, zu dem die ersehnte Westreise möglich wurde? Liegt das zehn Jahre zurück? Oder fünfzehn? Man muß das Gedankenspiel gar nicht in solche fiktiven Jahresspannen einkleiden, um sich klarzumachen, wie wenig man das, was sich seit der Wende vollzogen hat, an den seither vergangenen Jahren messen kann. Damit sollen nicht Schwierigkeiten verharmlost und Konflikte weichgezeichnet werden. Aber daß einerseits eine Vergangenheit ins fast Nebulöse zurücksinkt, die andererseits noch immer kräftig in die Gegenwart hineinreicht, ist doch vor allem die Folge realer, tiefgreifender Veränderungen. Nichts macht so deutlich, daß wir hinter diese Jahre nicht mehr zurückkönnen, wie die Schwierigkeiten, die es uns bereitet, dahinter zurückzu*denken*. Und gibt diese Verschiebung unseres Zeitgefühls nicht vielleicht einen besseren Eindruck davon, wie weit die Einheit bereits vollzogen, mithin zu unser aller Wirklichkeit geworden ist, als die meisten Statistiken, demoskopischen Fliegenbeinzählereien und bemühten Bilanzen?

Natürlich ist gar nicht in Zweifel zu ziehen, daß der Zustand der deutschen Einheit in ihrem fünften Jahr viele Wünsche offenläßt. Aber mittlerweile ist es an der Zeit, ihn in Schutz zu nehmen, nicht nur gegen seine Kritiker, sondern auch gegen die Diagnostiker, die da vor allem Entfremdung und Mentalitätskonflikte erkennen und die innere Einheit beschwören. Möglicherweise ist es gerade dieses hochgemute Ziel, das vom Fortschreiten der Einheit ablenkt. Denn es gehört zu jenen idealen Vorstellungen, vor denen sich jeder konkrete Schritt zu blamieren droht.

Längst sind ja Ost und West auf Gedeih und Verderb miteinander verbunden, haben nicht nur die »alten« Bundesländer die »neuen« »kolonisiert« – um das Reizwort zu verwenden, das alle Vorurteile mobilisiert –, sondern hat auch der Osten kraft Gesetz und Wählerstimme seinen Anteil, wie unvollkommen auch immer, am politischen, wirtschaftlichen und sozialen Leben der ganzen Bundesrepublik. Und was die Klage angeht, Ost und West seien sich in den letzten Jahren fremder geworden, so ist sie doch gerade die Kehrseite des, zugegeben, nicht einfachen Prozesses des Einander-Kennen-Lernens. Was kannten denn Wessis und Ossis »vorher« voneinander? Die Westdeutschen wußten kaum noch, wo Rostock oder Cottbus liegt, und hielten Dynamo Dresden für den Namen eines Elektrizitäts-Werks, die Ossis bekamen den Westen in Form von Appetit-Häppchen verabreicht. Nun mischen sich in den Schlagzeilen einträchtig oder, öfter noch, strittig die Neuigkeiten aus ost- und westdeutschem Gelände, von der Stasi bis zu Boris Becker.

Das alles macht, das ist wahr, die Probleme des vereinigten Deutschland nicht kleiner. Aber diese Probleme haben Namen. Sie heißen: De-Industrialisierung, Verteilungskonflikte, »Rückgabe statt Entschädigung«, fortdauernde Ungleichgewichtigkeit bei Einkommen, politischen Ämtern, Besitz- und Vermögensverhältnissen. Die meisten davon sind lösbar, einige rascher, viele nur über sehr lange Zeiträume hinweg. Aber es wäre hasenfüßig und unhistorisch zu befürchten, die Anstrengungen, die es erfordern wird, ihrer Herr zu werden, müßten die Einheit beschädigen. Auch und gerade in ihnen wächst sie, ächzend, aber unaufhaltsam. Es mag sein, daß sie längst weiter ist, als wir glauben.

Den Finger auf die Rechnung legen

4. November 1995

Bei den Wahlen zum Abgeordnetenhaus in Berlin am 22. Oktober wird die PDS mit 14,6 Prozent drittstärkste Partei; im Ostteil ist sie mit 35 Prozent der überragende Wahlsieger. Gregor Gysi, der PDS-Fraktionsvorsitzende im Bundestag, kommentiert das Ergebnis mit dem Satz: »An uns kann niemand mehr vorbei«. Die Frage, wie die anderen Parteien es mit der PDS halten wollen, bestimmt danach verstärkt die politische Diskussion. Der frühere Bundespräsident von Weizsäcker nutzt am Reformationstag einen Empfang im Brandenburger Dom, um vor einer »Dämonisierung« der PDS zu warnen und die CDU zu kritisieren, die sie als »Wahlkampfkeule« gegen die SPD gebraucht habe. Das sei »weder klug noch fromm«.

Wo Gregor Gysi recht hat, hat er recht, und inzwischen hat ja auch der Altbundespräsident in die gleiche Kerbe geschlagen. Nach dem PDS-Erfolg bei den Berliner Wahlen müssen die anderen Parteien wohl oder übel ihr Verhältnis zu der SED-Nachfolgepartei überdenken. Doch so viele Tabus sind da gar nicht mehr zu brechen. Allerorten wird schon umgedacht und mit den gängigen Vorwurfs-Formeln von der Ausgrenzung und der Gebetsmühlenhaftigkeit der PDS-Kritik das Feld für die Revision planiert. Und klar ist auch, worauf die hinauslaufen soll: auf die sachliche Auseinandersetzung, zumindest einen offeneren Umgang. So weit, so gut. Bleibt nur die Frage, wie denn eigentlich dieses veränderte Verhältnis praktisch aussehen soll.

Es ist richtig, sich vor Augen zu halten – auch wenn diese Erkenntnis so neu nun wieder nicht ist –, daß die PDS aus vielen, sehr unterschiedlichen Gründen gewählt wird, unter denen die Ideologie vermutlich der geringste ist. Es spricht auch vieles dafür, daß nicht wenige ihrer Funktionäre Politik höchst pragmatisch betreiben und daß die Partei ihre Erfolge auch dieser Arbeit verdankt. Es kann schließlich kaum noch zweifelhaft sein, daß es der

PDS eher nützt, wenn man auf sie einschlägt, als sei sie noch die SED der Zeit vor der Wende. Aber ist sie deshalb schon eine Partei wie die anderen, mithin eine selbstverständliche Mitspielerin im demokratischen Wettbewerb?

Das eben muß sich erst noch herausstellen, und wenn der postulierte gewandelte Umgang mit der PDS Sinn haben soll, dann den, dies herauszufinden. Insofern mag es sogar ein Vorzug sein, daß die Partei in Berlin eine Stärke gewonnen hat, die – zumindest in den Bezirken – die Übernahme politischer Verantwortung geradezu erzwingt. Denn nun steht sie auf dem Prüfstand der Praxis. Nun muß sie zeigen, worin ihr Beitrag zur Bewältigung der schwierigen Aufbau- und Übergangsphase besteht, in der sich der Ostteil von Stadt und Republik befindet. Nun wird sich erweisen, ob sie mehr zu bieten hat als Forderungen und Versprechungen, die Ausbeutung der Sentiments und Ressentiments, die der gewaltige Umbruch im Osten aufgewirbelt hat, und jenen dubiosen Alleinvertretungsanspruch, *die* Ostpartei zu sein, mit dem sie der großen Mehrheit der Bürger in den neuen Ländern, die nach wie vor CDU, SPD oder Grüne wählt – und dem Westpublikum dazu –, fortwährend den Schneid abkauft.

Aber »Gysi und sein Trupp«, wie sich die PDS im Wahlkampf genannt hat – den gelernten DDR-Bürgern träufelte sie damit die Assoziation zu einem beliebten, caritativ gestimmten sowjetischen Jugendbuch ins Ohr –, ist eben nicht nur der Ossi-Samariterbund, der dem Rentner beim Antrag hilft und überdies der Protestsehnsucht vom Prenzlauer Berg Obdach bietet. Eine Partei mit der Herkunft und dem politischen Ehrgeiz der PDS kann man nicht nur an ihren Taten messen. Sie muß nach wie vor auch an ihrer Programmatik, am Umgang mit ihrer Vergangenheit, am Verhältnis zu Staat, Marktwirtschaft und, nicht zuletzt, der Einheit gemessen werden. Doch in ihren Strategie-Debatten blubbert immer noch der linke Radikalismus, blühen die politischen Zweideutigkeiten.

Die anderen Parteien haben gewiß Grund, gegenüber der PDS alles Pharisäertum abzulegen. Aber auch das Entree-Billett zum politischen Spielplatz kostet seinen Preis. Auch wird man aufpassen müssen, daß die fällige Entdämonisierung der PDS nicht schnurstracks in ihre Verharmlosung umschlägt. »Prüfe die Rechnung,/du mußt sie bezahlen./Lege den Finger auf jeden Posten«, heißt es bei Brecht. Der meinte damals seine Genossen. Nun ist es an der Zeit, die Maxime gegen ihre Nachfolger zu kehren.

Alleinvertretung vor Gericht

3. März 1996

Im Prozeß gegen den letzten DDR-Staatsratsvorsitzenden Egon Krenz und fünf weitere Politbüro-Mitglieder beginnen die Beweisaufnahmen. Die Angeklagten bedauern die Todesfälle an der Mauer, derentwegen sie angeklagt werden, weisen aber die Anklage selbst als rechtswidrig zurück und verlangen die Einstellung des Verfahrens. Nur Günter Schabowski macht eine Ausnahme. In einer eindrucksvollen Erklärung zur Anklage bekennt er seine moralische Schuld und räumt ein, daß die DDR vor dem Leben und der Wirklichkeit versagt habe.

Sie waren es nicht – der Warschauer Pakt oder der Kalte Krieg oder gar das Unglücksjahr 1933 sind es gewesen. Es hätte einen schon gewundert, wenn sich die SED-Politbüromitglieder vor Gericht anders verteidigten. So läuft es darauf hinaus, daß die Antwort auf die Frage, wer für das monströse Grenzregime und die Toten, die es gefordert hat, verantwortlich ist, im Nebel von Rechtfertigungsformeln und Begriffsakrobatik versinkt. Aber zu den Indizien dafür, daß dem SED-Regime mit seinem Sturz recht geschehen ist, gehörte ja von Anfang an die Form, in der sich seine Repräsentanten von der Macht verabschiedet haben: ohne eine Spur von Einsicht, verstockt, rechthaberisch.

Weshalb sind die letzten Wortgefechte, die die Krenz, Dohlus und wie sie alle heißen, im Moabiter Landgericht dem Schicksal liefern, das sie ereilt hat, dennoch schwer erträglich? Es ist nicht so sehr ihr Sich-Wehren gegen die juristische Beweisführung; die bleibt eine gewagte Konstruktion. Selbst der Verweis auf die Abhängigkeit von der Sowjetunion könnte – sieht man in ihm das Einknicken vor den Realitäten der Macht – noch auf Verständnis rechnen; freilich ist es schon hoch peinlich, wie sich die einstigen SED-Oberen, die sich sonst mit ihrer Souveränität nicht genugtun können, eilfertig hinter dem großen Bruder verstecken. Doch auch der Westen hat diesen Realitäten seinen Tribut geleistet.

Aber das Gleiche ist hier eben nicht vergleichbar. Der Westen hat Mauer und totalitäre Herrschaft notgedrungen hingenommen, oft mit schlechtem Gewissen. Nichts davon bei den SED-Größen, jetzt wie damals: kein Anzeichen, kein Unterton, daß sie eine Änderung des Grenzregimes überhaupt *gewollt* hätten, wenn sie gekonnt hätten. Tatsächlich ist ihr ganzes Auftreten ein Beweis dafür, daß es gar nicht der Dominanz der Sowjetmacht bedurfte, um sie an einem Mindestmaß von Humanität zu hindern; dafür reichte die eigene Ideologie aus. Denn wenn etwas bestürzt, dann der Umstand, wie ungerührt sie auf dem falschen Bein hurra schreien, auf der Friedensleistung der DDR einschließlich der Mauer beharren, sich als Opfer des bösen Westens darstellen: noch immer die Gefangenen des eigenen Denkens, des gescheiterten politischen Experiments. Vielleicht trifft das böse Wort von Fritz Beer, dem Präsidenten des Auslands-PENs, doch zu: daß sie »Saurier« seien, die sich, nachdem das »Sumpfland ihrer alten Existenz« »ausgetrocknet« ist, auf dem »neuen Festland« nicht mehr zurechtfinden.

Zum Skandal wird diese Haltung freilich dort, wo Krenz behauptet, mit ihm würden »unsichtbar« die Bürger der DDR auf die Anklagebank gesetzt. Daß der letzte SED-Chef derart für alle stehen will, heißt doch nichts anderes als daß alle für ihn stehen sollen. Er nutzt die Spannungen zwischen »Ossis« und »Wessis«, um die ehemaligen DDR-Bürger gleichsam für seine Verteidigung zu mobilisieren. Die Politbürokratie, die sich nie zur Disposition ihrer Bürger gestellt hat, nun endlich doch als ihr Repräsentant, wo sich doch die Identität der DDR-Bürger nicht zuletzt gegen deren Herrschaft herausgebildet hat? Es ist der unverfrorene Fall einer versuchten Geiselnahme noch nach dem Ende der Mauerzeit.

Es ist schwer, über den eigenen Schatten zu springen – zumal dann, wenn er unauflösbar verknüpft ist mit dem Scheitern einer Idee und eines Staates. Unmöglich ist es nicht; die Erklärung Günter Schabowskis zeigt es. Was immer der Prozeß noch bringen wird: zu der Geschichtsstunde, die das Beste ist, was dabei herauskommen kann, hat sie einen wichtigen Beitrag geleistet.

Ein Minenhund auf eigene Faust

2. September 1996

Die PDS müsse »endlich in der Bundesrepublik ankommen«, sie müsse »ein positives Verhältnis zur parlamentarischen Demokratie und zum Grundgesetz finden« und »für Poststalinisten unerträglich gemacht werden«. Mit diesen Sätzen, formuliert in einem Interview mit der Illustrierten »stern«, erzeugt Andre Brie, Vorsitzender der PDS-Grundsatzkommission, einen gewaltigen Wirbel, vor allem in seiner eigenen Partei. Alle drei stellvertretenden Vorsitzenden setzen sich scharf mit dem Partei-Intellektuellen, der auch Wahlkampfleiter der Partei war, auseinander. Karl-Eduard von Schnitzler, der frühere DDR-Fernsehkommentator, nennt Bries Äußerung in einem Leserbrief im »Neuen Deutschland« schlicht »eine Provokation«.

Alle wollen regieren. Wir wollen verändern, schrieb die PDS im Wahlkampf entsagungsvoll auf ihre Plakate und bekam zum Dank die Scheuern voller Stimmen. Hat sich das geändert? Will sie nun doch auf der Ebene von (zumindest Landes-)Regierungen mitmischen? Die SPD, die weiß, daß die Bereitschaft zu Koalitionen im Osten ihre Positionen im Westen erschüttern würde, hat die ausgestreckte Hand sogleich zurückgewiesen. Die Grünen haben sich daran erinnert, daß ihre Ost-Wurzeln in der Bürgerrechtsbewegung liegen, die gegen den PDS-Vorläufer SED entstand, also massiv bedroht wären, wenn sie dieser allzuweit entgegenkäme. Was bleibt also nach dem Debatten-Feuerchen, das der PDS-Programmatiker Andre Brie mit einem Interview am Rande des Sommerlochs entzündet hat? Nicht viel, so scheint es, aber doch drei Tatsachen, die auf diese Weise immerhin wieder in Erinnerung gebracht worden sind: Es gibt, erstens, in allen neuen Ländern außer Sachsen theoretisch eine Mehrheit jenseits der CDU, also die bundesweit vielberedete »linke Mehrheit«. Sie ist, zweitens, derzeit politisch nicht aktivierbar, und zwar, in aller

Schlichtheit gesagt, weil die PDS so ist, wie sie ist. Daraus folgt, drittens, daß das Thema eminent spekulationsanfällig ist und eine Wiederholung der Debatte schon fast als programmiert gelten kann.

Das eigentlich Brisante an der Debatte waren ja nicht Bries Thesen, sondern die Reaktionen in der PDS. Sie bestätigten nämlich – die ablehnenden noch mehr als die zustimmenden –, wie recht Brie mit seiner Philippika hat. Denn seine Forderungen – die Partei müsse ein positives Verhältnis zum Grundgesetz finden und in der Bundesrepublik »ankommen« – klagten keineswegs allgemeine Bekenntnis zu Verfassung und zum wiedervereinigten Deutschland ein, an denen in der Tat in der Partei kein Mangel ist. Sie richteten sich gegen das Gefühl, das in der Partei mittlerweile kräftig an Boden gewinnt: daß man eigentlich recht gehabt habe, weil man doch aus dem (real-sozialistischen) Regen in die (kapitalistische) Traufe gekommen sei, weshalb man mit den alten Sentiments und Ressentiments für die Zukunft hinlänglich ausgerüstet sei. In ihm hat sich ein guter Teil der Partei guten Gewissens eingerichtet – bis hin zu der Groteske, daß sich ausgerechnet der Neues-Deutschland-Leser Karl-Eduard von Schnitzler unter Berufung ausgerechnet auf Max Reimann, den KPD-Kämpen der ersten Stunde, zum Verteidiger des Grundgesetzes aufwirft. Da mag die PDS zehnmal die Ost-Partei sein: sie setzt mit solchen Haltungen auf ein Ost-Bewußtsein, das sie – wie ein Teilnehmer der Diskussion formulierte – »emotional ins Gestern drückt«.

Bleibt die Frage, weshalb die PDS-Führung ihren früheren Wahlkampf-Manager ziemlich erbarmungslos im Regen stehen ließ. Verstehen sich den Bisky und Gysi nicht auch als Reformer? Haben sie nicht eben, originellerweise auf einem »Ost-Gipfel«, mit dem Kooperationsangebot an die SPD akkurat jenes »Ankommen« in der Bundesrepublik praktiziert, das Brie ihnen anempfiehlt? Man tritt ihnen vermutlich auch nicht zu nahe, wenn man unterstellt, daß sie dessen Einstellungen weitgehend teilen. Dann muß es wohl so sein, daß sie dazu in erster Linie der Druck ihrer Traditionalisten bewegt hat. Das mag taktisch nicht einmal unverständlich sein: was wäre die PDS ohne die braven

Altgenossen, die mit der Entschlossenheit, die aus verletztem Stolz und der Bitterkeit der Niederlage kommt, der PDS die Treue halten? Aber strategisch ist es ein Offenbarungseid: die PDS vollzieht damit den Kotau vor jenem Charakterzug der Partei, den Brie ihren »kulturellen Konservatismus« nennt und den man vielleicht besser – je nach Gusto – als ihre Ideologiebedürftigkeit oder die Sehnsucht nach der alten wärmenden Partei-Enge bezeichnen kann. Indem die PDS Brie – wahrhaftig kein Revisionist, sondern ein Funktionär von der programmatischen Sorte – nicht stützt, zeigt sie, daß seine Kritik auch auf sie zutrifft.

Es gibt im politischen Sprachgebrauch die Formel vom Minenhund. Das arme Tier wird eingesetzt, um herauszubekommen, wo das Terrain explosiv ist, in die Sprache Politik übersetzt: was geht und was nicht, vor allem: wie weit man gehen kann. Trifft das Bild den Kasus? Der PDS-Vordenker – ein Minenhund nach innen, aber auf eigene Faust?

Mitte verpflichtet

22. Dezember 1996

Nach fast zweijährigen zähen Verhandlungen unterzeichnen am 21. Dezember in Prag die Außenminister der Bundesrepublik und Tschechiens ein Protokoll, mit dem eine deutsch-tschechische Versöhnungs-Erklärung regierungsamtlich wird. Ende Januar wird sie von den Regierungschefs unterzeichnet, Anfang Februar in den Parlamenten verabschiedet werden. Beide Seiten bedauern das Leid und das Unrecht, das beide Völker erfahren haben. Mit der Erklärung, die von den Vertriebenenverbänden, zumal der Sudetendeutschen Landsmannschaft immer wieder attackiert worden ist, wird der letzte, noch ausstehende Stein in den Prozeß des Ausgleichs gesetzt, den die Bundesrepublik seit Jahren mit dem Osten anstrebt.

Kaum ein Land hat so viele Nachbarn wie Deutschland. Das ist ein altes Thema, aber nun, nach dem großen Umbruch von 1989/90, stellt es sich neu. Denn bis dahin war diese besondere Lage, die man früher gern mit der Formel von der deutschen Mittellage umschrieb, durch die ost-westliche Teilung des Kontinents gleichsam halbseitig außer Kraft gesetzt. Nach Osten blieb der Westen Deutschlands in seiner Handlungsfähigkeit beschränkt, der Osten Deutschlands war es im politisch zementierten Ost-Block ohnedies, und die schöne Beteuerung so vieler Bundesregierungen, die Deutschen wünschten ein Volk der guten Nachbarn zu sein, stieß immer wieder an die Ost-West-Schranken. Es klang deshalb manchmal wie ein Wort zum Sonntag und gelegentlich auch nur resignativ. Nun stellt sich diese Versicherung als praktische, nach allen Seiten einzulösende Aufgabe. Jetzt ist die Konsequenz der geographischen Lage Deutschlands wieder sichtbar geworden: daß das Verhältnis zu den Nachbarn für uns mehr Bedeutung hat als für die meisten anderen Länder.

Das ist eine lange Vorrede zu einem kurzen Akt, der Paraphierung der deutsch-tschechischen Erklärung, die die Außenminister nun vollzogen haben, aber sie ist notwendig. Denn sie macht deutlich, daß es bei dieser Erklärung nicht nur darum geht, ein schwieriges Verhältnis zu entkrampfen und die Beziehungen in diesem mitteleuropäischen Winkel der Zukunft zu öffnen. Oder vielmehr: daß die Absicht, dieses besondere Verhältnis, in dem sich so vieles mischt – fruchtbare Vergangenheiten und die Vergiftung durch die diversen Nationalismen, Unterdrückung der Tschechen, Vertreibung der Deutschen – auf eine neue, versöhnende Stufe zu heben, ein Beitrag zu einer Politik ist, die für Deutschland unabdingbar ist. Und es machte die Haltung der Sudetendeutschen Landsmannschaft so ärgerlich, daß sie an diese Aufgabe nicht einmal einen Gedanken verschwendete, sondern in Lobbyisten-Allüre das Thema sozusagen für sich privatisierte. Das Verhältnis von Deutschen und Tschechen ist aber nicht allein Sache einer Landsmannschaft, so sehr es sie betrifft. Es ist Sache der Staatsraison der Bundesrepublik.

Dabei kann die Bundesrepublik im Blick auf ihr Verhältnis zu ihren Nachbarn durchaus zufrieden sein: noch nie in der deutschen Geschichte war es mit so vielen so gut wie heute. Um zu begreifen, was das heißt, braucht man gar nicht an das neunzehnte Jahrhundert mit seinen Rivalitäten denken, die immer drohten, in Kriege umzuschlagen. Es genügt, die vergleichsweise zivilen Jahre vor der großen, vom nationalsozialistischen Wahn hervorgerufenen Katastrophe in Erinnerung zu rufen. Denn trotz aller diplomatischen Anstrengungen, Pakte und selbst Völkerbunds-Aktivitäten reichte es damals in der europäischen Staatenwelt doch nur zu einem prekären, immer von Nationalismen und Gebiets-Ansprüchen bedrohten Gleichgewicht. Dies überwunden zu haben, bleibt die große Leistung der westeuropäischen Staaten. Sie ist begründet in einer Form der Gemeinschaft, die historisch neu ist, weil sie Souveränitätsverzichte einschließt. Die Bundesrepublik hat ihren Teil dazu geleistet, und wenn heute das Verhältnis zu unseren Nachbarn besser ist als je zuvor, liegt der Grund nicht allein in der Arbeit der Verständigung: er liegt auch in der Schaffung dieser neuartigen Bündnisstrukturen, die die nationalen

Egoismen bremsen und die Wahrnehmung der eigenen Interessen an die europäische Integration binden.

Soweit sind wir im Osten Europas noch nicht, aber der Umbruch von 1989/90 hat Chancen dafür eröffnet. Mit ihrer Ostpolitik hat die Bundesrepublik den Boden für die große Veränderung mitbereitet. Für die Erweiterung der westeuropäischen Nachkriegs-Gemeinschaft nach Osten hin kann sie in der alt-neuen Mittellage deshalb wertvolle Dienste leisten. Aber die neue Situation enthält auch Elemente einer Bewährungsprobe. Denn sie bringt wieder die ungleichen Größen Deutschlands und seiner Nachbarstaaten zum Tragen, die die Teilung relativierte und der eiserne Griff der Bi-Polarität für Jahrzehnte neutralisierte. Schon grummelt es in Frankreich: zwar sei es nicht die Furcht vor Deutschland, die sich breitmache, so Max Gallo, früherer Regierungssprecher, eben im »Spiegel«, »aber eine Zeit der Verdächtigungen hat begonnen«. Das ist sozusagen das Nachwort zu den Bemühungen um gute Nachbarschaft, wie sie die deutsch-tschechische Erklärung markiert: notwendig ist eine neue Behutsamkeit, um das gewonnene europäische Klima des Vertrauens nicht aufs Spiel zu setzen.

Alte Rechte, neue Lebensverhältnisse

31. Dezember 1996

Zu einer der heftigsten Auseinandersetzungen im Vereinigungsprozeß hat sich die Frage entwickelt, ob die Ergebnisse der sogenannten Bodenreform zwischen 1945 und 1949 rückgängig gemacht werden sollen. Bundesregierung und die DDR-Regierung unter de Maizière haben das 1990 ausgeschlossen, das Bundesverfassungsgericht hat diese Haltung 1991 bestätigt und im April 1996 bekräftigt. Dagegen laufen Alteigentümer Sturm. Die Auseinandersetzung spitzt sich abermals zu, als Justizminister Schmidt-Jortzig – abweichend von der Bundesregierung – im Dezember in einem Zeitungsartikel seine Sympathie für eine Revision zu erkennen gibt. Postwendend widerspricht ihm der sächsische Justizminister Heitmann: Ein solcher Schritte würde in den neuen Ländern »alte Wunden aufreißen«.

Vermutlich sind wir ja schon weiter, als wir glauben. Andererseits ist schwer zu bestreiten, daß der Zustand der deutschen Vereinigung es schwer macht, davon wirklich überzeugt zu sein. Dagegen sprechen nicht nur die nach Lösung rufenden praktischen Probleme in den neuen Ländern und die eher lavierenden Debatten, die dieses Jahrhundertthema in den alten Ländern begleiten. Noch mehr tun es die ost-westlichen Dissonanzen, die sich auf dem Feld der Stimmungen und Verstimmungen – wahrhaftig ein weites Feld – breit gemacht haben. Natürlich weiß längst jeder, daß alle Unzufriedenheit nicht bedeutet, irgend jemand im Osten oder Westen wolle ernsthaft die Einheit rückgängig machen. Um so mehr stellt sich die Frage, ob die Menschen im Osten und im Westen unter dieser Einheit eigentlich das gleiche verstanden haben und verstehen – oder ob sie sich nicht in Wahrheit auf Unterschiedliches beziehen, wenn von dem sprechen, was sie einen sollte.

Nichts beleuchtet das so scharf wie die Zuspitzung der Auseinandersetzung um die Haltung gegenüber der Bodenreform in der damaligen sowjetischen Besatzungszone – der Streit des Jahres, der überdies das Zeug hat, auch zum hochsymbolischen Zankapfel des neuen Jahres zu werden. Denn in der Frage, ob der Ausschluß der damaligen Enteignungen von einer Rückgabe, der im Einigungsvertrag 1990 besiegelt worden war, korrigiert oder ob an ihm festgehalten werden solle, verlief die Scheidelinie nicht, wie sonst üblich, entlang der Parteilinien, zwischen links und rechts, liberal oder konservativ. Sie trennte den Osten vom Westen – da war keine Stimme aus den neuen Ländern, die den Alteigentümern bei ihrem Verlangen nach Revision beigesprungen wäre, und daß ausgerechnet der sächsische Justizminister Steffen Heitmann, CDU-Mitglied, Kohls seinerzeitiger Favorit für das Bundespräsidentenamt und jeder Sympathisantenschaft mit der DDR unverdächtig, als Kronzeuge für diese Ablehnung auftrat, markierte spektakulär den tiefen Bruch. Ähnlich übrigens das Bild bei der Novelle zum Landwirtschaftsanpassungsgesetz, das die Überprüfung der Umwandlung des LPG-Eigentums bezweckte: einträchtig fanden sich die Ost-Minister, egal, ob CDU, ob SPD, in der Abwehrfront.

Wer hier nur zwei Rechtsauffassungen aufeinanderprallen sieht, verkennt die Dimension des Konflikts. Ausdrücklich hat Heitmann von den »neuen Lebens- und Rechtsverhältnissen« gesprochen, die auf dem »alten Unrecht gewachsen« seien, und an das Zusammenbrechen des bisherigen »Ordnungssystems« der Bürger im Osten erinnert; danach müsse ein nochmaliges Aufgreifen der Eigentumsfrage – »sieben Jahre nach der friedlichen Revolution, und sechs Jahre nach der Wiedervereinigung« – den Einigungsprozeß empfindlich stören. Dahinter steht ein Verständnis der Einheit, das aus der Erfahrung der DDR lebt, ihren Zwängen und Nöten, und dessen entscheidender Antrieb das Abwerfen dieser Restriktionen war. Natürlich war dafür der »Westen« das Leitbild – jedenfalls für die meisten der Bewohner der DDR –, aber es war ein Westen aus dieser Perspektive des bedrängten Lebens – also, alles in allem, der Versorgungsengpässe, der Bevormundung und der vorenthaltenen politischen Freiheiten. Wenn man für diese Einheit eine erklärende Bezugsgröße finden will, so ist sie gewiß kein Rechtssatz und auch nicht die frühe, längst hinterm Erinnerungshorizont versunkene Nachkriegszeit. Vielleicht kann man sie von 1968 herleiten, als mit Prag der Sozialismus seine letzte Rechtfertigung verlor, oder von den Zerfalls-Erscheinungen im Ostblock, die mit Gorbatschows Reformen sichtbar wurden, aber am Ende ist es wohl die Summe all der Lockerungen und Erosionen, die seit den siebziger Jahren in der DDR Platz griffen, die in Leipzig und Dresden und anderswo den Mut hervorbrachten, im Herbst 1989 die Einheit einzuklagen.

Demgegenüber haben die Forderungen der Alteigentümer ihren Angelpunkt sozusagen im Jahr 1945 oder im Jahr 1949: Ihre Einheit hat die Aufhebung des damals geschehenen Unrechts zum Inhalt – und daß es sich dabei um Unrecht handelt, bezweifelt niemand –, also, dem Prinzip nach, die Ausdehnung des Rechtsstaats Bundesrepublik auf die neuen Länder. Dagegen wäre noch nichts einzuwenden, wenn diese Forderung in diesem Fall in der Konsequenz nicht zugleich so etwas bedeutete wie die historische Auslöschung der seither vergangenen vierzig Jahre. Es ist das, was die Alteigentümer – über die maßlose Polemik hinaus, in der sich viele von ihnen üben – bei allen Rechten, auf die sie sich berufen können, ins Unrecht setzt. Im Pochen auf die alten Rechte wird das zarte, weil nicht nach Heller und Pfennig und Rechtssatz zu kalkulierende Leitbild des moralischen Ausgleichs verletzt, ohne den die Einheit nach den Jahren des unterschiedlichen deutschen Schicksals nicht zu haben ist, wenn schon ein veritabler Lastenausgleich nicht möglich ist.

Wenn immer wieder die Rede davon ist, daß die deutsche Vereinigung auch Folgen für die alten Bundesländer habe, so betrifft das nicht nur die Brieftaschen. Es muß auch – und das mag schwerer wiegen – die Vorstellungswelt meinen.

Schwierigkeiten mit der Normalität

16. März 1997

Über Wochen und Monate hinweg hat das Buch des Politologen Daniel Goldhagen »Hitlers willige Vollstrecker« die deutsche Öffentlichkeit aufgewühlt. Mit der rasch zum Bestseller avancierten Untersuchung, noch mehr mit seiner These, die nationalsozialistische Judenvernichtung sei auf einen in Deutschland tief verwurzelten Antisemitismus zurückzuführen, hat der junge Amerikaner die Säle zwischen München und Hamburg gefüllt und eine heftige Diskussion ausgelöst. Die Reaktion auf ein Buch, das die Fachkritik eher abschätzig beurteilt hat, legt unterschiedliche Mutmaßungen über die Verfassung der Deutschen nach der Wiedervereinigung nahe.

Nun haben das umstrittene Buch und die verstörte Debatte, die es ausgelöst hat, sozusagen ihren Platz gefunden. So etwa wird man die Verleihung des Demokratie-Preises an den amerikanischen Historiker Daniel J. Goldhagen in der vergangenen Woche in Bonn wohl verstehen dürfen. Aber weder die Fragwürdigkeit seiner Grundthese, im Mord an den Juden hätten die Deutschen nur ihre beispiellose antisemitische Verderbtheit ausgelebt, noch die Mängel, die die Historiker seinem Buch bescheinigten, haben dabei eine Rolle gespielt. Es ist die Wirkung auf die Öffentlichkeit, die als der zu preisende Ertrag der stürmischen Wochen im Herbst übriggeblieben ist. Goldhagen habe, so hieß es in der Begründung der Preisverleihung, die »Sensibilität für Hintergründe und Grenzen einer deutschen Normalisierung geschärft«.

Den jungen amerikanischen Historiker, der übrigens in seiner Dankesrede seine deutschen Kollegen gar nicht genug loben konnte, gar ein »deutsches Modell« der Vergangenheitsbewältigung ausmachte, kann man für diese nationalpädagogische Wendung nicht in Anspruch nehmen. Sie ist genuin deutscher Herkunft – was man schon an der feinen Distanzierung erkennt, mit der da von »einer deutschen ›Normalisierung‹« gesprochen wird, insinuierend, daß dieser nicht recht über den Weg zu trauen sei. Wir kennen die Weise, wir kennen den Text: Es ist der alte, durch die Wiedervereinigung erneuerte Vorbehalt, die Deutschen könnten wieder in zerstörerisches Unwesen verfallen, wenn ihnen nicht ihre Vergangenheit immer wieder vorgehalten werde wie das Kruzifix dem vom bösen Geiste Befallenen. Und Jürgen Habermas, unser Präzeptor Germaniae, hat sogleich Verständnishilfe geleistet, indem er in seiner Laudatio die »neue Sorte von vaterländischem Geist« beklagt hat, die sich seit 1989 im vereinigten Deutschland ausbreite. Dort verlange man nach »fraglosen Traditionen« und »starken Werten«, um das Volk »zukunftsfähig« zu machen.

Ist dem so? Es ist richtig, daß eben erst die Diskussion um die Wehrmachts-Ausstellung in München solchem Verdacht Nahrung gegeben hat. Aber es darf auch nicht unterschlagen werden, daß die Reemtsma-Ausstellung das Münchener Kampffeld mit der Gloriole des Aufklärers verlassen hat, die CSU jedoch mit dem Makel des politischen Dunkelmännertums – insofern ist das Gefälle des moralischen Urteilens, notabene auch der gesinnungsstarken Scharfrichterei in der Bundesrepublik so intakt wie eh und je. Überdies macht es Mühe, die an Rabulistik grenzt, von der Vereinigung eine Spur zu solchen Zeugnissen politisch-historischer Verstocktheit zu legen. Schon gar nicht sind sie das Exempel für einen Geist, der etwa den Anspruch erhöbe, die Zukunft mitzugestalten – das geschieht auch und gerade in dem zum Bannerträger etatistischer Modernisierung gewordenen Bayern anders.

Die Wahrheit ist, daß die Vereinigung nichts so wenig hervorgebracht hat wie einen vaterländischen Geist, weder einen alten noch einen neuen, ja, daß sie überhaupt kaum etwas entzündet hat, was inspiriert und ermutigt. Das ist keine schöne Wahrheit, und selbst die Genugtuung, daß über der Vereinigung nicht einmal ein Hauch von nationalem Überschwang lag, bekommt unter diesem Gesichtspunkt einen schalen Beigeschmack. Die Unterstellung, es drohe in ihrem Sog ein Wieder-Anknüpfen an altes, verhängnisvolles Denken, hat noch weit weniger Wirklichkeit für sich wie die Vereinigung Wieder-Vereinigung ist.

Was den Argwohn gegenüber einer deutschen Normalisierung angeht, so muß man gar nicht sehr viel Sensibilität aufbringen, um für ihn Verständnis zu haben. So nahe ist uns die Dritte-Reich-Vergangenheit allemal. Gleichwohl muß es wundernehmen, wie sehr dieses Wort eine Art untergründige Losung geworden ist, um die herum das deutsche Gegenwartsbewußtsein pendelt, wechselweise an- und abgestoßen und immer irgendwie gereizt. Kohls »Wende« von 1982/83 handelte in gewisser Weise von ihr, denn die Rückkehr zur Normalität war so etwas wie ihr Leitgedanke; im Historikerstreit markierte sie die Alarmzone der Debatte; ein guter Teil der Auseinandersetzung nach 1989 hat damit zu tun, daß sich Deutschland dem Zustand eines normalen Nationalstaats mehr angenähert hat als je zuvor in seiner Geschichte, aber sich gerade damit schwer tut. Wann werden wir gelernt haben, mit Normalität – normal umzugehen?

Kein Siegerrecht – ein Sieg des Rechts

26. August 1997

Am 25.August werden die Urteile im Politbüro-Prozeß gesprochen: Sechseinhalb Jahre Gefängnis für Egon Krenz, je drei für Günter Schabowski und Günther Kleiber. Das Gericht sieht es als erwiesen an, daß sie als Mitglieder des höchsten SED-Gremiums den Tod von Flüchtlingen an der innerdeutschen Grenze mitverursacht haben. Die drei Angeklagten lassen die zweieinhalbstündige Urteilsverkündung reglos über sich ergehen. Nur Egon Krenz, der unmittelbar danach im Gerichtssaal verhaftet wird, ruft seinen im Saal versammelten alten Genossen zu, er beuge sich nicht. Alle Parteien begrüßen das Urteil, nur die PDS spricht von »Siegerjustiz«.

Jedes Strafverfahren ist auch ein Vorgang der öffentlichen Bewußtseinsbildung: indem es über individuelle Schuld und Unschuld urteilt, arbeitet es auch an den Maßstäben für das, was in einer Gesellschaft als Recht und Unrecht angesehen wird. Die Richter im Politbüro-Prozeß haben in diesem Sinne ein Zeichen setzen wollen. Es soll – dafür stehen die Urteile gegen Krenz, Kleiber und Schabowski, unübersehbar, wie sie sind – künftig in Deutschland als Unrecht, also als nicht hinnehmbar und rechtfertigbar gelten, daß an der Grenze zwischen den beiden Staaten Menschen getötet wurden. Es soll auch nicht zu entschuldigen sein, dazu geschwiegen zu haben, wenn man an der entscheidenden Schaltstelle des Staates saß, der dieses Grenz-Regiment zu verantworten hatte. Es soll schließlich auch nicht erlaubt sein, diese Verantwortung mit dem Verweis auf die Souveränität der DDR, die solches Handeln erlaubte, oder auch den Mangel der Souveränität der DDR, die gerade an der Grenze dem großen Bruder unterworfen war, oder der Ost-West-Konfrontation zu verdunkeln.

In bezug auf diese Maximen des Urteils kann sich das Urteil fraglos auf das Rechtsgefühl der überwiegenden Mehrheit der

Menschen im Osten und im Westen stützen. Soweit reicht das zivilisatorische Minimum in bezug auf die Schutzwürdigkeit des menschlichen Lebens und Verpflichtung zur Verantwortung, die mit hohen politischen Positionen verbunden ist, hierzulande allemal. Das Problem des Verfahrens bestand denn auch eher in der rechtlichen Beweisführung: Waren die obersten Repräsentanten der DDR für das Urteil eines Gerichts der Bundesrepublik überhaupt erreichbar? War das, was sie taten oder unterließen, so eng mit den Tötungen verbunden, daß sie dafür zur Rechenschaft gezogen werden konnten?

Was ersteres anlangt, so haben die Debatten der vergangenen Jahre und die einschlägigen Urteile des Bundesverfassungsgerichts den Boden hinlänglich festgetreten: Auch Taten in der DDR müssen sich an den anerkannten menschenrechtlichen Standards messen lassen. Für den Zusammenhang von Politbüro und Grenz-Regime, also, in letzter Konsequenz den Todesschüssen, haben die Richter, zweitens, eine Überfülle von Belegen beigebracht. Daß die Politbüro-Mitglieder nicht töten wollten, will man ihnen ja gerne glauben. Aber sie haben als oberste Befehlsebene der DDR die Apparatur legitimiert und organisiert, deren äußerste Konsequenz das Töten war – und keiner von ihnen hat etwas unternommen, diese schlimme Konsequenz, von der sie wußten, aus der Welt zu schaffen.

Aber nicht allein auf dieser Ebene ist dieser Kampf ums Recht zuletzt geführt worden. Zumal das Schlußwort von Egon Krenz, aber auch Äußerungen des PDS-Vorsitzenden Bisky haben das Gericht weniger rechtlich als vielmehr politisch und moralisch attackiert. Sie haben – nach dem Motto: Haltet den Dieb – massiv eine Politisierung des Verfahrens betrieben, um damit der Beweisführung des Gerichts die Überzeugungskraft zu nehmen. Dabei muß man sich nicht so sehr über Krenz wundern, der sich die Verfahren gegen ihn und seinesgleichen nur als eine Verschwörung dunkler bundesrepublikanischer Mächte vorstellen kann – und damit nur zu erkennen gibt, daß er nichts begriffen und vor allem nichts dazugelernt hat. Bisky dagegen überrascht damit, daß er eine Verurteilung von Krenz allen Ernstes mit dem Ende des Rechtsstaats gleichsetzt.

Das ist zwar aberwitzig, aber es hat Methode. Die Prozesse gegen die DDR-Repräsentanten sollen als Prozesse gegen die DDR, also gegen ihre Bürger, also als ein Schritt zu ihrer Degradierung zu Bürgern zweiter Klasse begriffen werden. Solche Argumentation nimmt die früheren DDR-Bürger als Geisel, um sie, ihre berechtigte und unberechtigte Unzufriedenheit nutzend, sozusagen als Schutz gegen die Konsequenz der Rechtsprechung zu gebrauchen. Aber im Moabiter Landgericht standen nicht die Bürger der DDR, auch nicht das Fußvolk der Funktionäre oder abgewickelte Wissenschaftler vor Gericht, sondern die Repräsentanten der DDR, denen das Volk schon im Herbst 1989 den Prozeß gemacht hat. Und daß Krenz, Kleiber und Schabowski nun hinter Gitter müssen, ist nicht das Ende des Rechtsstaats, sondern seine sichtbare Stabilisierung. Es ist kein Siegerrecht, sondern ein Sieg des Rechts.

Die Hauptstadt wird sichtbar

18. September 1997

Bei schönem Spätsommerwetter wird das Richtfest für den Umbau des Reichstags gefeiert, des »Flaggschiffs« des Umzugs, wie es in einem Bericht heißt. Die Konturen der Erneuerung des Gebäudes werden sichtbar. Die sechs Träger der Kuppelkonstruktion sind bereits zu sehen, der Zusammenbau der Aussichtsplattform beginnt. Es ist nicht das einzige Ereignis dieser Art in diesen Tagen, Wochen und Monaten. Seit dem Frühjahr reihen sich in Berlin erste Spatenstiche, Grundsteinlegungen und Richtfeste aneinander.

Die ARD war eben dran, desgleichen die Bayerische Landesvertretung, an diesem Donnerstag ist es der Reichstag, über dem die Richtkrone hochgeht, in der nächsten Woche folgen Thüringen mit dem ersten Spatenstich für seine Landesvertretung und das Bundeskanzleramt mit der Grundsteinlegung. Schon hat man Mühe, die Termine auf die Reihe zu bringen, denn auch bei Bankpalästen und Bürohäusern jagen sich die Premieren. Aber eigentlich ist es gar nicht die Fülle solcher Ereignisse, die am Ende dieses Sommers die Phantasie bewegt. Es ist der Umstand, daß sich aus allen den Gerüst-Gebirgen und Kran-Wäldern, die seit Jahren die Berliner Mitte beherrschen, nun wirklich die Konturen eines neuen Berlin herausschälen. Es ist die Änderung des Aggregatzustandes der Stadt, die sich mächtig aufdrängt: Wo Baustelle war, wird Innenstadt, wo Gerede und Kleinkrieg dominierten, ist das politische Treiben von morgen erahnbar.

Tatsächlich ist das Hauptstadt-Unternehmen in den vergangenen Jahren so bis zum Überdruß beschworen, bestritten, bebrütet worden, daß die Gefahr besteht, es werde nun, wo es in Zielweite kommt, gar nicht mehr recht wahrgenommen. Ohnedies könnte man dieses Kapitel der jüngsten Geschichte – frei nach Kleists Aufsatztitel: Über die allmähliche Verfertigung der Gedanken beim Reden – als das langsame Werden einer Hauptstadt beim Streiten und Zögern beschreiben. Aber nun taucht sie aus dem Tohuwabohu der vergangenen Jahre auf. Die Landnahme der Politik und ihrer Trabanten ist vollzogen. Ihr Gehäuse nimmt Gestalt an. Wir wissen nicht nur, wo die Ministerien ihren Platz haben werden. Mit einem Mal fallen uns Blicke an – am Pariser Platz, am Kulturforum –, die Urbanität offenbaren, und an die Stelle der einsamen Bauten in den leeren Räumen zwischen Ost und West, die eben noch unsere Aufmerksamkeit auf sich zogen, ist jetzt die Ödfläche zwischen Brandenburger Tor und den Gebäuden am Leipziger und Potsdamer Platz getreten. Denn fast als einziger Ort bewahrt sie die Erinnerung an die einstige tödliche Brache inmitten der Stadt.

Aber die heutige Richt-Krönung des Reichstags ragt eben doch aus alledem heraus. Der Beschluß, den Bundestag nach Berlin zu verlegen, bildete ja den Angelpunkt aller Veränderungen. Das Haus selbst wiederum ist ein steingewordenes Erbe unserer Vergangenheit und zugleich Zentrum des Regierungsviertels, dessen Etablierung in Berlin der Stadt die Zäsur setzt. Was er war und was er wird, sein Wandel vom dunklen Monument an der ausgesetztesten Stelle der Mauer zum Eckstein der neuen Aufgabe der Stadt, erbringt den fast handgreiflich faßbaren Maßstab für die Tiefe des Wandels, den wir erleben. Wenn jetzt der Roh-Umbau abgeschlossen wird und die Kuppel wieder über der Stadt steht, ändert sich nicht nur etwas in einer Ecke des Spreebogens. Damit tut die ganze Stadt einen Schritt heraus aus der langen, zu langen, belastenden Übergangsphase, unter der sie in den vergangenen Jahren geseufzt hat.

Merken das die Berliner? Es täte not und täte ihnen gut, aber noch wichtiger wäre es, daß es auch die Deutschen überall in der Bundesrepublik merkten. Denn daß man sich in Berlin die Stadt nun wirklich zunehmend als künftigen Ort der Politik und hauptstädtischen Lebens vorstellen kann, reicht, natürlich, nicht aus, die Stadt zur Hauptstadt zu machen – so viel Genugtuung es nach dem langen Wartestand auslösen mag. Es muß schon hinzukommen, daß die Bundesrepublik insgesamt die Stadt als ihre Hauptstadt entdeckt. Bis dahin ist es, vermutlich, noch ein weiter Weg. Aber auch dafür geht von dem heutigen Richtfest ein Zeichen aus.

Die halbierte Einheit

2./3. Oktober 1997

Die Feier des Tags der Einheit, die stets von dem Land ausgerichtet wird, das im Bundesrat den Vorsitz führt, findet in diesem Jahr in Stuttgart statt. Sie wird von Zehntausenden mit einem Bürgerfest begangen. Bundeskanzler Kohl fordert die Deutschen auf, jetzt ihre ganze Kraft auf ein vereintes Europa zu richten. Ehrengast ist der ehemalige US-Präsident Bush, dessen Verdienste um die Einheit hervorgehoben werden. In Leipzig nimmt der frühere sowjetische Staats- und Parteichef Gorbatschow an einem Festakt im Gewandhaus teil und wird mit stehenden Ovationen begrüßt.

Erinnert sich an diesem siebten »Tag der Deutschen Einheit« noch jemand daran, daß dieser nationale Feiertag einmal umstritten war? Mancher hätte, zum Beispiel, lieber den 17. Juni behalten. Heute, wo diese Kontroverse vergessen ist wie so vieles andere, lohnt es sich eigentlich nur deshalb, sie ins Gedächtnis zurückzurufen, weil der 3. Oktober mittlerweile vielleicht doch zum 17. Juni wird: Nämlich zu einem Feiertag, der zum Freie-Tage-Besitzstand der Republik gehört und bei dem sich kaum noch jemand Rechenschaft gibt, weshalb er begangen wird. Und das geschieht nicht von ungefähr. Denn auch die deutsche Vereinigung steht ja nicht mehr wirklich im Vordergrund der politischen Themen. Das Ereignis, das eben noch eine ganze Gesellschaft bewegte, ist zum glanzlosen, mühsamen Alltag geworden.

Aber kann das verwundern? Nichts ist schwerer zu ertragen als eine endlose Reihe von historischen Tagen und ein Ausnahmezustand, wie er mit dem Mauerfall begann und in diesem Oktobertag gipfelte, taugt nicht zur Dauer. Daß nun, nach dem großen Gezeitenwechsel, neue Themen – oft genug auch alte – sich wieder der Köpfe und Tagesordnungen bemächtigen, der Standort Deutschland, der Euro oder das Ringen um den schlanken Staat, ist auch das Zeichen einer Normalisierung, die man besser erklärt als beklagt. Es belegt schließlich auch, daß die Einheit zur Tatsache geworden ist. Längst lebt niemand mehr in Köln oder Dresden mit dem Bewußtsein, die jeweils andere Stadt läge noch auf einem anderen Stern, Jan Ullrich ist der Held der ganzen Nation, und im übrigen arbeitet die große Verteilungsmaschine des Wohlfahrts- und Verwaltungsstaates ächzend, aber unermüdlich. Sie hat Ost und West längst fest an das gleiche Schicksal gebunden, wenngleich in noch sehr unterschiedlicher Weise. Doch erstaunlicher als die Distanzen, die noch immer zwischen Ost und West aufklaffen, ist die Kraft des Systems zur Entdramatisierung einer Lage, die nach wie vor dramatische Züge trägt.

Doch der Preis für diese unterkühlte, pragmatisch halbierte Einheit ist hoch. Es sind die seelischen Verwerfungen zwischen Ost und West, die mit den Jahren nicht geringer, sondern drängender geworden sind. Ein ganzes Syndrom von Betroffenheiten und Empfindlichkeiten ist gewachsen, vor allem im Osten, und der wahrhaftig nicht leichte Prozeß des Sich-wieder-Aneinandergewöhnens wird begleitet von dem scharfen Geräusch der Vorbehalte und Stereotype, Witze und Häme eingeschlossen. Es bleibt auch nach sieben Einheits-Jahren wahr, daß die Vereinigung den Deutschen keinen Identitäts-Schub, sondern eine neuerliche Identitätsdebatte gebracht hat – anders als man das in einem vierzig Jahre lang geteilten Land hätte erwarten können und wie das unsere Nachbarn, Bewohner selbstbewußter Nationalstaaten, auch erwartet haben.

Dafür, für das Bedenken dieses Aspekts der Einheit, ist der 3. Oktober da. Er rückt ihre Alltags-Wirklichkeit in die Perspektive des Schicksalsbogens, den die Deutschen seit Kriegsende durchlebt haben, und macht bewußt, daß sie nicht nur ein Problem von Finanzen und Fördermaßnahmen ist. Er erinnert daran, daß die Einheit wirklich einmal Vereinigung war, zu der beide Teile ihren Anteil beisteuerten – die Ostdeutschen die Zivilcourage, die das Tor zur Einheit aufstieß, die Westdeutschen die politische und wirtschaftliche Stärke, die ihre Realisierung ermöglichte. Er rückt die Einheit wenigstens für diesen Tag wieder in das Zentrum der deutschen Politik. Und dort gehört sie hin, wenn die Bundesrepublik zu der Rolle fähig werden soll, die ihr der Wandel auferlegt, der vor acht Jahren Ereignis wurde.

Ein deutscher Bahnhof

13. November 1997

Der Leipziger Hauptbahnhof, der am 12. November eingeweiht wird, ist das Pilotprojekt für das neue Bahnhofskonzept der Deutschen Bahn – der Bahnhof als Verkehrs-, Dienstleistungs- und Erlebniszentrum. Aber der Umbau, der eine halbe Milliarde Mark gekostet hat und den historischen Umriß der alten Halle mit zwei großen, in die Tiefe gelagerten Shopping-Etagen verbindet, soll auch ein Zeichen für den Aufschwung Ost sein.

Wenn der einstmals größte Bahnhof unter den großen alten Bahnhöfen von Grund auf umgebaut wird, kann das gewiß als Ereignis gelten. Erst recht trifft das zu, wenn damit jene neue Generation von Bahnhöfen das Licht der Welt erblickt, mit denen die Deutsche Bahn das Land überziehen will – Vorboten des 21. Jahrhunderts, hoch technisiert, kühn konzipiert, Dienstleistungszentren und Konsumtempel zugleich. Aber die Einweihung des Leipziger Hauptbahnhofs gestern war doch noch mehr. Der Einbau der neuen, strahlenden Innenwelt ins alte Gehäuse setzt auch ein Zeichen für die dynamische Entwicklung einer Stadt und einer Region, die wie keine andere den Neuaufbau im Osten exemplifizieren. Und so mag man sogar eine tiefere Bedeutung darin sehen, daß es die Stadt ist, die vor acht Jahren die Revolution verkörperte, in der die neue Zeit so modern und ehrgeizig, so zukunftsstolz und selbstbewußt aufscheint wie nirgendwo sonst in den neuen Ländern.

Es stimmt ja auch, daß – wie es der Werbe-Slogan will – »Leipzig kommt«. Es sind nicht nur die Banken, die kühne Glashalle der Messe und die wiederhergestellten Bürgerhäuser, die dafür einstehen. Hier scheint eine Stadt die Last von real-sozialistischem Verfall und DDR-Grau wirklich abgeschüttelt zu haben. Spürbar ist ein wiedererwachter urbaner Lebens- und Lokalgeist – wobei freilich hinzuzufügen ist, daß es Leipzig unter den ostdeutschen Großstädten am ehesten gelungen ist, seinen städtischen Charakter durch die DDR-Jahrzehnte hindurchzuretten. Dazu kommt die Entwicklung, die die Region Leipzig-Halle-Dessau dank Tradition und geographischer Lage genommen hat. In diesem Städtedreieck ballt sich ein guter Teil der Kräfte und Potentiale, die den Neuaufbau und die Neustrukturierung im Osten mitbestimmen. Es entsteht eine neue Ausfüllung des Begriffs Mitteldeutschland – und Leipzig ist dafür das Zentrum.

Aber der um- und umgestülpte Bahnhof, die ehrgeizige Stadt und die Region buchstabieren nicht nur die Stärke des Neuaufbaus Ost, sondern auch seine Problematik. Was in Leipzig und um Leipzig herum so beeindruckend neu und zukunftsversprechend ist, die schön restaurierte Substanz und der Hauch eines kosmopolitischen Übermorgens – es ist alles ein bißchen zu glatt, zu groß, zu poliert, zu perfekt. Niemand weiß ja, ob der neue Bahnhof von den Leipzigern angenommen wird oder ob er den neuen Edel-Geschäften in den Innenstadt-Passagen, die von den Einheimischen kaum genutzt werden, nur eine neue fremde Glitzer-Zone hinzufügt. Die stürmische Entwicklung des Umlandes, die ins platte Land Baugebiete von der Größe der Stadt hineingeschoben und mit riesigen Einkaufszentren bestückt hat, erweist sich zunehmend schon als Bedrohung der eben erneuerten Strukturen. Und so ganz zufällig ist es auch nicht, daß sich mit Leipzig der Name des Groß-Pleitiers Schneider verbindet.

Es gibt keinen Anlaß, die Erfolgsgeschichte herunterzureden, die die Erneuerung im Osten, alles in allem genommen, ist. Sie hat in wenigen Jahren zustande gebracht, was die DDR ihren Bürgern in mehr als drei Jahrzehnten schuldig geblieben ist – eine ordentliche Infrastruktur, den Versuch der Wiederherstellung der sträflich vernachlässigten Bausubstanz, dazu die Ausstattung des öffentlichen Lebens, auf die ein mitteleuropäisches Land im zwanzigsten Jahrhundert Anspruch hat; wenn denn Ulbrichts alberne Formel vom Überholen ohne einzuholen, mit der die DDR den Sieg des Sozialismus über den Kapitalismus beschwor, einmal eine Spur von Berechtigung hatte, dann für diese Jahre *nach* dem Sozialismus. Doch diese Modernisierung liegt noch immer wie eine Schicht von Neuem und Fremden über dem Land, und niemand kann sagen, inwieweit sie ins Leben und Selbstverständnis der Menschen eingewachsen ist, wie weit sie von ihnen mitgetragen wird, wie lange es noch dauert, bis sie zu *ihrer* Wirklichkeit geworden sein wird.

Auch dies kann man an Leipzig ablesen, gerade nach einem Ereignis, das ein Anlaß zur Freude war. Es war ja eine Revolution von unten, mit der alles anfing. Um so mehr muß es einen beschäftigen, daß es überwiegend eine Revolution von oben – und von außen – ist, die nun das Bild des Aufbaus der neuen Länder prägt. Es ändert nichts an der Leistung. Aber es erklärt vielleicht manches.

Die neue Geschichte zehrt die alte auf oder: Auf dem Weg zur Berliner Republik

Magdeburgs langer Schatten

3. Mai 1998

Bei den Landtagswahlen in Sachsen-Anhalt am 26. April verteidigt die SPD ihre führende Position, verliert die CDU massiv, stagniert die PDS, verfehlen die Grünen den Einzug ins Parlament. Aber das Ergebnis, das überall wie ein Donnerschlag empfunden wird, sind die 13,2 Prozent, die die rechtsextreme DVU aus dem Stand erreicht. Der Erfolg der Phantompartei, der sich einzig den Wahlplakaten und Briefsendungen des Münchener Hetzblatt-Verlegers Gerhard Frey verdankt, erschreckt alle und verstärkt die Koalitions-Nöte der demokratischen Parteien. Aber auch die Strategien für die Bundestagswahlen im September geraten kräftig durcheinander.

Landtagswahlen sind, dem Föderalismus sei's geklagt, Testwahlen, Probeläufe für die große Entscheidung, die zählt, die Bundestagswahl. So sind auch die Wahlen in Sachsen-Anhalt gesehen worden, hoffnungsvoll bei der SPD, bänglich-defensiv bei der Union, und so sind sie auch zum Debakel geworden, für Sieger wie für Verlierer.

Denn das Wahlergebnis, das keine Mehrheit erlaubt außer der, die keiner will, nämlich der von SPD und CDU, oder das – im Fall der Fortsetzung der Duldung der SPD durch die PDS – den parlamentarischen Mechanismus auf den Kopf stellt, indem es die Minderheitsregierung in die Abhängigkeit von einer Mega-Opposition bringt: es ist nur die eine Seite der Magdeburger Bescherung. Die andere sind die Folgen für den Kampf um die Macht in Bonn. Die Wahl hat, fünf Monate vor der Bundestagswahl, so ziemlich alle Pläne und Strategien gründlich durcheinandergebracht. Nicht, daß sich die Aussichten für den Wahlausgang nun gänzlich anders darstellten. Aber offenbar geworden ist, daß die bisherigen Rechnungen der Wahlkämpfer kaum aufgehen werden.

Der Wahlkämpfer Kohl, der auch verlorene Schlachten noch wendet, die neue Mitte, mit der die SPD mehrheitsfähig wird, das rot-grüne Zeitalter, das nach sechzehn Jahren Unions-Dominanz endlich die Erfüllung linker Sehnsüchte bringt: alles Muster mit bestenfalls noch beschränktem Wert, Konzepte ohne Überzeugungskraft, beschädigte Zauber-Formeln. Natürlich ist nach den Erfahrungen, die die Prognostiker mit Kohl gemacht haben, nach wie vor Vorsicht bei dem beliebten Spiel geboten, ihn abzuschreiben. Doch der Einbruch, den die CDU in Sachsen-Anhalt erlebt hat, demystifiziert den Kanzler der Einheit so gewaltig, daß kaum anzunehmen ist, er werde es allein nochmals schaffen. Für eine andere Strategie aber ist die Union nicht vorbereitet. Auf der anderen Seite bot Magdeburg zwar alles andere als das rot-grüne Bündnis, von dem viele Sozialdemokraten seit langem träumen, und das die Partei schließlich akzeptiert hat. Aber zu den Hoffnungen, die im Wahlergebnis von Sachsen-Anhalt untergegangen sind, gehört eben auch ein gutes Stück Rot-grün.

Jedenfalls zieht die Nötigung, in Sachsen-Anhalt ernsthaft die ungeliebte Option einer großen Koalition zu erwägen, die SPD in eine Richtung, die sie bisher höchstens als Notausgang aus einem alle anderen Möglichkeiten blockierenden Wahlergebnis betrachtet hat. Das ist Gift für die Mobilisierung, mit der sie bisher so gut gefahren ist. Und die Grünen, die sich in der sicheren Rolle des Mehrheitsbeschaffers fühlten – fast schon nach dem FDP-Modell: Schwanz wackelt mit Hund – spüren plötzlich den eisigen Anhauch der Fünf-Prozent-Klausel im Nacken. Darüber hinaus läßt das Magdeburger Wahlergebnis eine Möglichkeit irrlichternde Gestalt annehmen, die bisher keiner aberwitzig genug war, sich auszumalen: das Scheitern aller kleineren Parteien, Grüne und FDP an der Fünf-Prozent-Klausel, die PDS an den erforderlichen drei Direktmandaten. Es würde den Bundestag zu einem Zweiparteien-Parlament machen. Das ist nicht nur Gedankenspielerei. Es wäre eine logische Konsequenz der Verwandlung der kleinen Parteien in Regionalparteien – Grüne und FDP im Westen, PDS im Osten; auch diese Perspektive läßt sich aus dem Ergebnis hochrechnen.

Allerdings legt Magdeburg auch den Schluß nahe, daß die PDS am ehesten die Chance hat, den Schwankungen der Wähler-Stimmungen standzuhalten – als der verläßliche steinerne Gast im Osten der politischen Landschaft der Bundesrepublik. Doch dieser Befund gehört schon zu der Hauptlektion, die Sachsen-Anhalt uns erteilt hat. Sie lautet: der Osten bleibt anders. Und da einiges dafür spricht, daß die Bundestagswahl im Osten entschieden wird, hat dieser Befund etwas Menetekelhaftes.

Das Bedrohliche bezieht sich dabei nicht allein auf den Erfolg der DVU. Es betrifft das Wahlverhalten in den neuen Ländern im ganzen. Das schlug 1990 jenseits aller Kalkulationen zugunsten der CDU aus; es katapultierte vier Jahre später plebiszitär zwei charismatische Figuren, Stolpe und Biedenkopf, nebst ihren Parteien in Höhen, die in der Alt-Bundesrepublik der CSU vorbehalten sind – und räumte nebenbei die Parlamente von Klein-Parteien leer –; es verhilft nun einer Partei zu Abgeordneten, die keine Partei ist, sondern ein Marketing-Unternehmen zum Zwecke der Vermarktung von Ressentiments und Wut. Der DVU-Erfolg liefert dazu nur noch den Blick in die politische Bodenlosigkeit. Die bedroht als Gefahr zwar alle Gesellschaften, aber die im Westen verfügt über Strukturen, die sie im Zaum halten, die im Osten nicht.

Die Gleichzeitigkeit des Ungleichzeitigen war schon einmal, in der unglücklichen Weimarer Republik, die Signatur einer Gesellschaft, die mit sich nicht im reinen war. Bonn ist nicht Weimar und Berlin wird es nicht werden. Aber die Ungleichgewichtigkeiten in der Bundesrepublik – Osten und Westen. Reformbereitschaft und braunes Dunkelmännertum, europäischer Horizont und angststarre Besitzstandswahrung – haben ein gefährliches Maß erreicht.

Der Argwohn um die Berliner Republik

6. September 1998

Je näher der Umzug rückt, desto stärker drängt der Begriff »Berliner Republik« in die öffentliche Debatte. Er wird zur idealen Projektionsfläche für die Erwartungen und Befürchtungen, die sich an die Veränderung knüpfen, die Deutschland seit der Wiedervereinigung erfahren hat und die in der Verlagerung von Bonn nach Berlin ihren symbolischen Ausdruck findet.

Die Hauptstadt zieht nach Berlin. Wird die Bundesrepublik damit zur Berliner Republik? Der Kanzler mißbilligt den Gedanken, der Kanzlerkandidat ergreift ihn mit Lust, der Bundespräsident setzt ihn zumindest unter Quarantäne. Womit unübersehbar wird, daß der Begriff dabei ist, die Harmlosigkeit zu verlieren, nur das zu bezeichnen, was sich von selbst versteht, nämlich die von Berlin aus regierte Bundesrepublik. Er meint ja auch mehr. Wie alle die gängigen Epochen-Etiketten – Weimarer Republik, Bonner Republik, auch das Dritte Reich – lebt die Formel von ihrer historischen Ausstrahlung. Der Umgang mit ihr ist ein Lackmus-Test für das politische und kulturelle Bewußtsein vom Zustand dieser Republik. Aber was zeigt der Begriff eigentlich an?

Wer von der Weimarer Republik spricht, ruft sogleich die eigentümliche Mischung von Idealismus und Kraftlosigkeit herauf, die über diesen glücklosen vierzehn Jahren liegt. »Bonn« als Inbegriff von Politik stand erst für Provisoriums-Bescheidenheit und Enge, dann mehr und mehr für Genugtuung über eine gelungene Demokratie. Berliner Republik zielt, natürlich, auf den Wandel, den die deutsche Vereinigung und die Verlagerung des Schwerpunkts der Politik bedeuten. Aber damit fangen die Probleme erst an. Natürlich muß die Bundesrepublik sich verändern – schon deshalb, weil sie größer geworden ist und sich einer veränderten Weltlage gegenübersieht. Sie soll sich ja durch den Umzug auch ändern – hin zu mehr Weltoffenheit und Problembewußtsein. Doch eine andere Republik soll sie auch nicht werden.

Aber besteht denn diese Gefahr? Gibt es irgendwo ein Indiz dafür, die Bundesrepublik könne sich losreißen von den Grundlagen, auf denen sie errichtet ist – West-Orientierung, Europa, Demokratie, Föderalismus? Was spricht dafür, daß sie der Versuchung anheimfallen könnte, in die alten deutschen Unzuverlässigkeiten einzubiegen, die Deutschlands Nachbarn immer wieder geängstigt haben? Daß der Kanzler, Europäer durch und durch, sich kritisch über die deutschen Beitragszahlungen für die EU geäußert hat? Daß Essayisten, die sich eben noch im post-nationalen Zeitalter fest eingerichtet hatten, mit ihren Wünschelruten nach nationalen Wasseradern suchen? Daß ein Generationswechsel ansteht, mit dem die Republik aus dem Banne ihres Nachkriegsschicksals heraustritt?

In Wahrheit geht es darum, wie und in welchem Maße die Republik ihre Bonner Erfahrungen nach Berlin mitnimmt. Ohnedies spricht fast alles dafür, daß die Gefahr, die Republik könne stärker an ihre Bonner Tugenden und Untugenden gebunden bleiben, als für sie gut ist, weit größer ist als die Möglichkeit, sie könne auch nur partiell das Erbe der alten Bundesrepublik verwerfen. Vielleicht stützt nichts so sehr die Absicht, das vereinte Deutschland bewußt als Berliner Republik zu begreifen, wie die Aussicht, daß sie sonst doch nur die alte Bonner Republik bleiben werde – erweitert um ein paar tausend Quadratkilometer, versetzt an einen neuen Standort. Berlin also als eine Art Bonn. Dann fehlt nicht viel zu der Einsicht, daß man sich die ganze Mühe hätte sparen können.

Als in den fünfziger Jahren der Vorschlag gemacht wurde, die Regierung der Bundesrepublik nach Berlin zu verlegen, um ihren gesamtdeutschen Anspruch zu demonstrieren – er stammte von Gerd Bucerius, damals CDU-Abgeordneter, bekannter als Verleger der »Zeit« – knurrte Bundespräsident Heuss, man habe »Balladenpolitik« genug gehabt. Es gehört in der Tat zum Bild der alten Bundesrepublik, daß sie angesichts der Katastrophe, aus der heraus sie entstand, stets auf Nummer Sicher ging – und sie tat gut daran. Auch deshalb ist der Argwohn grundlos, mit dem

Umzug werde sie untergehen und sozusagen als wiederaufgelegtes Kaiserreich von 1871 oder als schwankende Republik von Weimar oder als eine »andere Republik« wieder auftauchen. Die Ängste vor einem Rückfall in alte Zeiten sind seit langem zu Phantom-Ängsten geworden. Und was die neuen Ängste angeht, so gibt es genügend Anlaß zu dem Verdacht, sie gälten gar nicht so sehr möglichen Fehlentwicklungen, die die neue Lage umwittern. In ihnen sammele sich vielmehr die mangelnde Bereitschaft, sich auf diese Lage einzulassen.

Halbe Wahrheit, ganze Heuchelei

21. Dezember 1998

In Mecklenburg-Vorpommern ist Anfang November die erste Koalition von SPD und PDS gebildet worden. Ministerpräsident Harald Ringstorff verteidigt in der Regierungserklärung, die er einen Monat später abgibt, das Bündnis mit der Absicht, ein Klima der Versöhnung herzustellen und Gräben in der Gesellschaft zuzuschütten. In der Praxis des Regierens versuchen SPD und PDS nach Möglichkeit das Wagnis herunterzuspielen, das diese Koalition bedeutet. Erst recht bemüht sich die SPD-Führung in Bonn, das Unternehmen niedrig zu hängen, indem sie es als Regionalproblem einordnet. Sie will vermeiden, daß die Koalition mit der PDS die Wähler verschreckt, denen sie den Erfolg bei der Bundestagswahl verdankt.

Was heißt PDS? Richtig, Partei des Demokratischen Sozialismus. Den Namen hat sich die SED zugelegt, als im Dezember 1989 die Partei von der Herbstrevolution hinweggefegt zu werden drohte. Nicht mehr ganz so bekannt ist, daß der Begriff keine Erfindung der PDS ist. Über ein paar Jahrzehnte war er der Leitbegriff der SPD. Die SPD entschied sich für ihn, weil sie den Gedanken des Sozialismus für ihre Partei retten wollte, die PDS, weil sie sich als Partei retten wollte. Dabei war der Demokratische Sozialismus genau das, was sie, als SED, früher mit Feuer und Schwert als Sozialdemokratismus verfolgt hatte. Für die SPD hingegen bedeutete das Bekenntnis zu ihm die Abgrenzung vom Sozialismus kommunistischer Prägung, mithin ihre Raison d'être in der Nachkriegszeit.

Das alles, gewiß, ist mittlerweile nur noch eine Fußnote zur jüngsten Parteigeschichte. Immerhin kann es angesichts der neuen Debatten über das Verhältnis der beiden Parteien nicht falsch sein, eine Vergangenheit in Erinnerung zu halten, die zu folgenreich war, als daß man sie einfach auf den berühmten Misthaufen der Geschichte kippen könnte. Es geht ja bei der Koalition in Schwerin, mit der die SPD die PDS zur Regierungspartei gemacht hat, nicht nur um »Versöhnung und Gerechtigkeit«, wie das der neue Ministerpräsident Harald Ringstorff in seiner Regierungserklärung behauptet hat. Es geht, natürlich, um Macht – um Macht, die die SPD nicht mit der CDU teilen wollte, weshalb sie der PDS den ersehnten Persilschein ausstellte, und um die Macht, an die die PDS dank dieser Entscheidung gekommen ist. Und außerdem geht es um eine Weichenstellung, die, vielleicht, kaum weniger wichtig ist als die rot-grüne Regierungsbildung in Bonn.

Es ist richtig, daß man die PDS, die von rund einem Fünftel der ostdeutschen Bürger gewählt wird, nicht länger ausgrenzen kann; das merkt inzwischen auch die CDU. Man kann auch nicht mehr einfach mit dem SED-Prügel auf sie einschlagen, denn in gewissem Sinne ist auch sie schon ein Ergebnis der Nachwende-Irrungen und -Wirrungen. Aber es ist etwas anderes, sie in einer Weise zu legitimieren, die alle Unterschiede verharmlost. Die PDS ist eben keine normale Volkspartei, denn zur Volkspartei gehören die Öffnung für alle sozialen Schichten und die Emanzipation von Ideologien. Von beidem ist die PDS noch weit entfernt: Sie ist nach wie vor eine Milieupartei, nämlich die der alten SED-Mitglieder, und eine hochgradig ideologische Partei ist sie allemal auch noch, allen pragmatischen Ansätzen zum Trotz. Dankenswerterweise kommt immer einmal wieder eine Frau Kenzler (die Amnestie-Befürworterin), die diesen Pferdefuß der Partei sichtbar macht.

Weil das so ist, ist die Schweriner Koalition auch kein einfaches taktisches Bündnis, sondern ein Konkurrenzunternehmen auf engstem Raum in strategischer Absicht. Das sagte Ringstorff nicht, aber man kann es ihm glauben. Es ist ein Teil des Ringens um die – etwas pathetisch ausgedrückt – Seele der Ostdeutschen, nüchterner: darum, wer die Ostdeutschen am besten vertritt. Das ist aber keineswegs die PDS. Sieht man von den PDS-Bürgermeistern ab, so sind es SPD und CDU, die für den Osten arbeiten, deren Leistungen zählen und die auch von achtzig Prozent der Ostdeutschen gewählt werden. Wer das nicht deutlich zum Thema macht, wer die Zusammenarbeit unter die Rechtfertigungsformel geraten läßt: SPD oder PDS – wir sind doch alle Ostdeutsche, der begibt sich auf eine schiefe Ebene, auf der er seinen politischen Anspruch verliert und als Mehrheitsbeschaffer der PDS endet.

Der Bundeskanzler richtet gegenwärtig vermutlich Stoßgebete zum Himmel, damit Schwerin eine mecklenburgisch-vorpommerische Eskapade bleibt, ein »Feldversuch«, wie der rhetorische Versuch heißt, den dort präparierten Sprengsatz zu entschärfen. Aber die Gefahr, daß von Schwerin aus eine Zerreißprobe in die SPD getragen wird – im Osten *wie* im Westen – besteht. Die Behauptung, die Entscheidung sei eine Sache der Landesverbände, ist nur die halbe Wahrheit und eine ganze Heuchelei. Die SPD will als Regionalproblem vertuschen, was für sie ein Kardinalproblem ist. Das wird nicht gut gehen. Sie muß die Diskussion grundsätzlich führen. Sonst untergräbt sie jene neue Mitte, der sie die Macht verdankt.

Der bittere Ernst der Normalität

26. März 1999

Nachdem die Nato am Abend des 24. März mit den Angriffen auf Jugoslawien begonnen hat, die die Politik des Diktators Milosevic gegenüber den Albanern im Kosovo stoppen soll, entschließt sich der Bundestag am nächsten Morgen kurzfristig zu einer Debatte. In einer Aussprache vor dem Eintritt in die reguläre Tagesordnung, der die Anspannung der Abgeordneten anzumerken ist, beteuert Verteidigungsminister Scharping, daß der Einsatz ausschließlich das Ziel habe, eine humanitäre Katastrophe zu verhindern. Regierungskoalition wie Opposition erklären, daß sie die deutsche Beteiligung am Einsatz der Allianz unterstützen. Nur einzelne Abgeordnete von SPD und Grünen scheren aus. Dagegen kritisiert die PDS die Aktion und kündigt eine Klage beim Bundesverfassungsgericht an.

Es ist gut, daß sich der Bundestag in seiner übergroßen Mehrheit hinter den Kosovo-Einsatz gestellt hat. Aber die Übereinstimmung, die das Parlament damit demonstriert hat, gibt nicht nur den Soldaten bei ihrer schweren Aufgabe die Unterstützung, auf die sie Anspruch haben. Man wird in ihr auch eine Stütze der Bewußtseins-Verfassung der Bundesrepublik sehen können, die diese noch nötig haben wird. Denn mit diesem Einsatz gerät sie in ein Terrain, das von historischen Traumata und polarisierenden Debatten regelrecht vermint ist. Man kann und muß diesen Einsatz – wie das der Bundeskanzler und die Sprecher der Fraktionen getan haben – in den aktuellen Kategorien der Verantwortungsethik begründen. Aber es ist nicht gut möglich, sich dabei nicht von den Schatten unserer Geschichte begleitet zu fühlen. Der erste kriegerische Einsatz seit dem militärischen und politischen Zusammenbruch Deutschlands bedeutet ja nicht nur ein neues Kapitel in der Außen- und Sicherheitspolitik. Er stellt die Bundesrepublik in ihrem Verhältnis zu sich selbst auf den Prüfstand.

Denn diese Eintracht ist auch ein bißchen erstaunlich. Man kann sie guten Gewissens gegen den Verdacht in Schutz nehmen, da erhebe ein neuer Wilhelminismus sein Haupt – etwa in der Art der »The Germans to the front«-Stimmung, der die Deutschen einmal angehangen haben. Aber der Wandlungs-Prozeß, in dem sich die Deutschen langsam an die Möglichkeit von Waffen-Einsätzen herandebattiert und -gestritten haben, hat seine eigenen Probleme. Es ist wahr, daß dieser Einsatz von einer Regierung verantwortet wird, die in ihrer Mehrheit vor ein paar Jahren Einsätze jenseits des NATO-Territoriums vehement abgelehnt hat, und die von einer Partei mitgetragen wird, die das Bündnis, in dessen Rahmen er erfolgt, eben noch preisgeben wollte. Die töricht-provokante Bemerkung des grünen Abgeordneten Ströbele, nun gehe von deutschem Boden wieder ein Krieg aus, belegt zwar nur, daß er nichts begriffen hat. Aber sie deutet auch an – von einer Extrem-Position aus –, gegen was für eine Art Verwirrung sich diese Übereinstimmung durchzusetzen hatte.

Doch was der Kosovo-Einsatz uns abverlangt, reicht tiefer. Der militärische Nie-wieder-Affekt – Ergebnis der deutschen Katastrophe – steckt eben doch in den Grundmauern dieser Republik, und alle Entscheidungen für Bundeswehr, Bündnis und schließlich zur uneingeschränkten Partnerschaft haben die Irritation in dieser Sache nicht ganz abgetragen. Auch die Einsicht in die Notwendigkeit militärischer Gewalt ist davon immer belastet geblieben. Vermutlich zeigte sich ein Reflex dieser Unsicherheit auch in den Gesinnungs-Exzessen, mit denen die deutsche Friedensbewegung seinerzeit die befreundete Welt verblüffte. Selbst der Umstand, daß der Einsatz nun, nachdem die Entscheidung darüber gefällt wurde, so merkwürdig unbestritten ist, hängt irgendwie damit zusammen; es mischt in die glücklich erreichte Eintracht etwas nicht ganz Geheures. Und es gibt zu denken, daß die einzige massive Ablehnung auf das Konto der PDS geht – also der Partei, die an diesem mühsamen Prozeß keinen Anteil hatte, die sich aber in ihrer früheren Gestalt als SED in einer kommishaften Kumpanei mit dem Militärischen befand.

Es ist nach der Wende viel von der neuen Verantwortung der Deutschen gesprochen worden. Das geschah oft vage und rhetorisch. Mit dem Einsatz deutscher Soldaten in der Auseinandersetzung um das Kosovo löst die Bundesrepublik diese Veränderung ihrer Rolle ein. Nun ist wirklich die Normalität da, die auf die Deutschen nach ihrer Vereinigung und dem Ende des Ost-West-Konflikts wartet, und es zeigt sich, daß sie eine bitterernste Sache ist.

Reden gegen den Kleinmut

20. April 1999

Mit einer Debatte über den Stand der deutschen Einheit beginnt der Bundestag seine Arbeit im Berliner Reichstag. Zuvor hat Bundestagspräsident Thierse das Haus mit der rituellen Schlüsselübergabe aus den Händen von Architekt Sir Norman Foster für das Parlament in Besitz genommen. Der festliche Akt wird begleitet von dem Scharmützel über den Namen des Gebäudes: Bundeskanzler Schröder und CDU/CSU-Fraktionschef Schäuble finden, daß es gut weiter Reichstag heißen könne, Thierse beharrt dagegen auf dem – vielfach bespöttelten – Namenskompromiß, auf den sich die Fraktionen geeinigt haben: »Plenarbereich Reichstagsgebäude«.

Der einzige wirklich überzeugende Grund, die deutsche Hauptstadt von Bonn nach Berlin zu verlegen – unbeschadet aller anderer Motive, die dafür sprachen –, war die Erwartung, daß von Berlin aus die deutsche Einheit besser vorangebracht werden könne. Keine andere Debatte hätte dem Beginn der Arbeit des deutschen Bundestags im Reichstag deshalb auch mehr entsprochen als die über den Zustand der deutschen Einheit, die er gestern führte. Aber neben allen den Fragen, die Bundestagspräsident, Kanzler, Oppositionsführer und die anderen Redner stellten, warf diese Debatte vor allem auch die eine auf: Wie soll man, wie kann man heute über die deutsche Einheit sprechen – zehn Jahre nach der Herbstrevolution, fünfzig Jahre nach dem Beginn der deutschen Teilung und was sonst noch an symbolischen Daten in den Kulissen steht? Nur so bemüht sachlich? So ohne herausfordernde neue Gedanken? So vernünftig?

Es war ja, das muß gesagt werden, eine gute, ernsthafte Debatte. Es wurde so ziemlich alles gesagt, was zu sagen ist, und insgesamt zeigte sich das Parlament durchaus auf der Höhe des einschlägigen Problembewußtseins. Die wirtschaftlichen Probleme wurden benannt – noch nicht sehr gut, aber doch besser, als oft behauptet wird; die bekannten Befindlichkeiten zwischen den Deutschen in West und Ost erörtert – viel schwerer wiegend als die wirtschaftlichen, vermutlich noch lange andauernd; auch wurden die Verdienste der Menschen in der DDR im allgemeinen und die der Bürgerbewegung im besonderen für die Herbeiführung der Einheit gebührend hervorgehoben. Nicht nur der CDU-Vorsitzende Schäuble, sondern auch Bundestagspräsident Thierse, SPD-Mitglied, würdigten die Rolle Helmut Kohls, und hätte man auch noch Lothar de Maizière erwähnt, der als letzter DDR-Ministerpräsident wahrhaftig das seine zur Einheit beigetragen hat, wäre an diesem Punkt der historischen Gerechtigkeit ebenfalls Genüge getan worden.

Es fehlte der Debatte auch nicht an spürbarer Bewegung, und unverkennbar war – angefangen mit der Ansprache des Bundestagspräsidenten –, daß dies eine große Stunde war. Dennoch drängte sich der Eindruck auf, daß alle diese wohlgemeinten und redlichen Anmerkungen, Analysen und Erklärungen doch ziemlich ratlos gegen das massive Gefälle anredeten, das zwischen Ost und West im vereinten Deutschland besteht – wirtschaftlich, aber auch mental. Es trifft ja auch nicht zu, daß der deutsch-deutsche Lernprozeß – wie es der Bundeskanzler wissen wollte – genauso von Stuttgart nach Schwerin verläuft wie umgekehrt. Andererseits haben selbst die Verständnis-Bekenntnisse der Westdeutschen gegenüber der besonderen Situation der Ostdeutschen – bei aller Ehrlichkeit, die man ihnen ruhig zubilligen kann – mittlerweile längst etwas Gebetsmühlenhaftes angenommen. Gregor Gysi e tutti quanti parieren sie locker sie mit dem Verweis auf die ostdeutsche Alltagserfahrung, die sich der westdeutschen Einfühlung entzieht.

Aber daß die Debatte so viele Wünsche offen läßt, zeigt vermutlich vor allem, wie schwierig die Aufgabe ist, die den Deutschen mit der Einheit gestellt ist. Ohnedies kann das rhetorische Hand*auf*legen allein die Schieflage zwischen Ost und West nicht richten. Das Hand*an*legen muß dazu kommen – und es kommt ja hinzu, auch wenn es bedrücken muß, daß es noch immer die gleiche Handvoll von Unternehmen ist, die als Beispiel vorgezeigt wird. Doch gibt es keinen anderen Weg als die Fortführung der

Anstrengungen, die seit der Rückgewinnung der Einheit unternommen wurden. Sie sind erheblich gewesen, und sie haben zu Resultaten geführt, die – mit dem großen bilanzierenden Blick gesehen – zu Genugtuung Anlaß geben. Es besteht auch kein Anlaß zum Kleinmut, aber viel Bedarf an Ermutigung.

Das alles sorgte im Reichstag für Einigkeit. Oder hatte das schon mit dem neuen Standort Berlin zu tun? Wahrscheinlich war es eher der Reflex des erhebenden Gefühls, mit dem Einzug in das neue, alte Haus einen Schritt getan zu haben, der nicht nur eine Annäherung darstellt, sondern in sich selbst ein Ziel ist. Um die vielbeschworene wahrnehmungsschärfende Wirkung des neuen Ortes braucht man sich im übrigen nicht zu sorgen: Die Stadt da draußen wird schon dafür sorgen.

Die Unfähigkeit zu erinnern

17. Juni 1999

Der 17. Juni, als Tag der deutschen Einheit bis zur Wiedervereinigung nationaler Feiertag, wird mit Gedenkminute und Kranzniederlegung auf dem Friedhof Seestraße begangen, wo einige seiner Opfer liegen – Bundesfamilienministerin Bergmann vertritt dabei den Bund, der Regierende Bürgermeister Diepgen Berlin. Ein Gedenktag soll der Tag bleiben. Vor dem Finanzministerium, das beim Aufstand im Jahr 1953 als Haus der Ministerien ein Hauptort des Protestes war, ist ein Denkmal geplant. Ein erster Entwurf wird wegen heftiger Kritik zurückgezogen. Ein Jahr später, am 17. Juni 2000, wird das Denkmal der Öffentlichkeit übergeben.

Zur Erinnerung: Der 17. Juni war der Tag, an dem 1953 die Arbeiter in der DDR gegen das System aufstanden. Seither, bald vier Jahrzehnte lang, ist er in der Bundesrepublik gefeiert worden. Ziemlich genauso lange haben sich die Deutschen auch mit diesem Tag schwer getan. Und hat das etwas geändert, seit er zugunsten des 3. Oktober abgeschafft wurde? Nun ist er, hüben und drüben, zur Erinnerung freigegeben: ein Tag zum Gedenken, aber keiner denkt daran. Zumal den Westdeutschen zu den Ostdeutschen im Moment – hält man sich an den Innenminister und die Präsidentin des Verfassungsgerichts – ohnedies nur einfällt, daß es ihnen an Demokratie-Bewußtsein fehlt.

Dabei war der 17. Juni 1953 das erste jener großen Ereignisse, die den Ostblock erschütterten – vor Ungarn 1956, vor Prag 1968, vor der politischen Solidarnosz-Bewegung in den achtziger Jahren. Man muß freilich einräumen, daß er deren Rang im Bewußtsein ihrer Gesellschaften nie gewonnen hat. In der DDR wurde die Erinnerung an ihn, natürlich, unterdrückt. Aber man kann auch nicht sagen, daß sie in der Gesellschaft wirklich lebendig geblieben wäre – mit Ausnahme vielleicht, paradoxerweise, der SED, für die er die große, nie ganz überwundene Schrecksekunde blieb. Im Westen dagegen wurde er zwischen den bemühten Feierlichkeiten zum »Tag der Einheit« und der zunehmenden Fremdheit gegenüber dieser Einheit und den anderen Deutschen zum Allerwelts-Feiertag deformiert.

Aber weshalb ist es nach 1990 nicht gelungen, diesen Tag als einen Eckstein für das gemeinsame Deutschland und seine demokratische Kultur wiederzugewinnen – sozusagen als eine deutsche Lesart des Bastille-Sturms der Franzosen? Gut, der Aufstand war nicht erfolgreich, und Niederlagen feiern sich schlecht. Aber so einfach kann man sich die Erklärung nicht machen. Denn dem Blick auf dieses Datum stellen sich vor allem die unterschiedlichen Geschichten in den Weg, die die Deutschen in Ost und West seither erlebt haben und denen sie noch längst nicht entwachsen sind. Das ist es ja auch, was aus der Unempfindlichkeit spricht, mit der die West- über die Ostdeutschen urteilen – und, gewiß doch, auch die Ost- über die Westdeutschen; der Generalverdacht des Demokratie-Mangels gegenüber den Ostdeutschen ist nur ein besonders eklatanter Teil davon.

Aber haben denn die Deutschen eine solche Rückgewinnung aus – westlicher – Ritualisierung und – östlicher – Verfemung nach 1990 überhaupt ernstlich in Angriff genommen? Keine Rede davon. Vermutlich hatten sie Wichtigeres zu tun. Doch die Bewahrung und Aktivierung eines solchen Ereignisses für das kollektive Bewußtsein ist wichtig, erst recht in einem Land, dem es an vergleichbaren Daten so fühlbar mangelt! An diesem 17. Juni 1953 haben die deutschen den aufrechten Gang probiert, der in ihrer Geschichte so selten versucht wurde. Der Tag ist mithin ein Beweis für ein Deutschland, das es auch gibt: ein Deutschland, das nicht mitläuft, das Zivilcourage zeigt und auf Freiheit und Mitwirkung pocht. Zumindest insofern steht der 17. Juni 1953 in der Fluchtlinie des Herbstes 1989 – wie vielfach gewunden die Wege in der Nachkriegszeit im Osten wie im Westen auch verlaufen sind.

Die Unfähigkeit zu trauern hieß das Wort, das einmal über den Umgang der Deutschen mit der Vergangenheit des Dritten Reichs gesetzt wurde. Wird die Unfähigkeit zu erinnern nun zum Stempel auf dem Verhältnis des vereinten Deutschland zu seiner Vergangenheit?

Ein Kraftakt ohne Kraft

26. Juni 1999

Bald zehn Jahre lang ist um ein Mahnmal für die ermordeten Juden Europas in Berlin gestritten worden. Ein Wettbewerb, eine Kommission, diverse Kolloquien haben zu keinem allgemein akzeptierten Ergebnis geführt. Schließlich hat der Bundestag das Vorhaben an sich gezogen. In einer Debatte am 25.Juni entscheidet er sich für den Entwurf des amerikanischen Architekten Eisenman, ein gewaltiges Stelenfeld, gegen den Vorschlag des Theologen Richard Schröder, das Tötungsverbot der Zehn Gebote in hebräischen Lettern als Denkmal zu gestalten. Dazu soll, auf Wunsch von Kulturstaatsminister Naumann, ein Ort der Information kommen.

Also Eisenman. Man relativiert dieses Votum des Bundestags nicht, wenn man darin vor allem die Entschlossenheit sieht, mit einem klaren Vorsatz nach Berlin zu gehen, in der Mitte der deutschen Hauptstadt ein Denkmal zur Erinnerung an die Vernichtung der europäischen Juden zu errichten. Es ist auch ein richtiger, produktiver Gedanke – der die Dimension der Entscheidung erst recht zutage treten läßt –, darin ein Vermächtnis Bonns an Berlin zu erkennen, der Republik der vergangenen fünfzig Jahre an die künftige. Und man beschönigt den kontroversen Ausgang der Debatte nicht, wenn man die Entscheidung für das Stelenfeld, gegen Richard Schröders Vorschlag, niedriger hängt, so erbittert darum gestritten worden ist. Dieser Beschluß ist in erster Linie ein Zeugnis der Absicht, an dem Denkmals-Gedanken festzuhalten – gegen die Haltungen, gegen die er in Wahrheit Front macht: Gleichgültigkiet, Neigung zum Vergessen, das schweigende Widerstreben gegen das Wach-Halten der Erinnerung. Rund die Hälfte der Bürger ist nach Ausweis der Demoskopen gegen ein Mahnmal.

Aber eine etwas zündendere Debatte, etwas mehr Mut, die Kontroversen wenigstens anzusprechen, in denen der Denkmals-Gedanke ja fast unterzugehen drohte, hätte man sich schon gewünscht. Statt dessen: geradezu ein Übermaß an Vernünftigkeit, an hoch achtenswertem Ernst, aber eben auch an Furcht, bei dem heiklen Thema zu straucheln – etwas Falsches zu sagen, der Sache nicht gerecht zu werden, an Wunden zu rühren. Diese Debatte ist der Selbstverständigung der Deutschen, die ihr eigentliches Feld war, etliches schuldig geblieben. Der Bundestag hat seine Rolle als Entscheidungsträger wahrgenommen, aber eher in der Rolle des Nothelfers. Er hat mit Erfolg ein Unternehmen auf festeren Boden zu bringen versucht, das immer tiefer in Desinteresse, Abneigung und Überdruß abzurutschen drohte. Ohnedies steht das Vorhaben selbst unter dem Paradox, daß es nicht wirklich gelingen kann. Da durfte man wohl erst recht nicht erwarten, daß es eine Debatte hervorbringen würde, die zu einer Sternstunde des Parlaments wird.

Dafür ist das Votum für Peter Eisenman erstaunlich deutlich ausgefallen – eigentlich zu deutlich, wenn man die Gewagtheit des Entwurfs bedenkt. Dieses Stelenfeld hat seine Qualitäten ja gerade darin, daß es auf Erläuterungen und imitatorische Gebärden verzichtet. Ein Stück spröder, steinerner Stadtlandschaft, das inmitten der Regierungsmeile stumm für eine Botschaft stehen soll: daß von hier aus etwas Furchtbares ausgegangen ist, daß in die Fundamente dieser florierenden Republik etwas Ungeheuerliches eingeschlossen ist. Mit dem Votum für einen »Ort der Information« zeigt das Parlament, daß es dieser Kraft nicht wirklich vertraut. Es ist absehbar, daß hier der Keim künftiger Kontroversen liegt: Wie groß darf diese pädagogische Stütze sein? Wie verhält sie sich zu den anderen Gedenkstätten? Man kann immerhin hoffen, daß die beschlossene Stiftung das Vorhaben an den Klippen vorbeisteuert, die mit Sicherheit auftauchen werden.

Denn es versteht sich, daß das Ringen um das Mahnmal mit diesem Beschluß nicht zu Ende ist – und nicht nur wegen der technischen Probleme, die bei seiner Umsetzung anfallen werden. Es ist das Mahnmal selbst, der Gedanke, mit ihm in die erneuerte Hauptstadt die Erinnerung an eine schlimme Vergangenheit zu pflanzen, die eine Herausforderung bleiben. In einer seiner letzten Bonner Sitzungen hat der Bundestag gestern immerhin die Bereitschaft demonstriert, sich ihr auszusetzen.

Ein Hoch über Berlin

5. September 1999

Bei strahlendem Spätsommerwetter beginnt der Bundestag am 7. September seine erste Sitzungswoche in Berlin. Auch die Ministerien haben ihre Amtssitze bezogen. Auf besondere Feierlichkeiten aus Anlaß des Umzugs wird verzichtet. Aber am Ende der ersten Woche veranstaltet die Bundesregierung ein Fest mit dem Motto »Angekommen in Berlin«.

Die kommende Woche umfaßt die 52. und 53. Sitzung des Bundestages. Aber obwohl das Parlament sich nach einer kurzen Festveranstaltung, bei der es sich an sein erstes Zusammentreten vor fünfzig Jahren erinnert, und einer Debatte über die Parlamentarierinnen in dieser Zeit sogleich der Routine in die Arme wirft, ist es keine Woche wie irgendeine andere. Es ist die Woche, auf die wir gewartet haben. Nachdem Ministerien und Kanzler ihren Arbeitsbeginn in Berlin vermeldet haben, betritt nun der Souverän in Gestalt seiner Vertretung die Szene. Unübersehbar nimmt die Politik ihren neuen Schauplatz in Besitz.

Das hat schon etwas, und die Halbjahrhundert-Perspektive, die sich in diese erste Berliner Arbeitswoche schiebt, ist dafür ein nützlicher Blick-Öffner. Mit einem Male nimmt sich die Gründung der Bundesrepublik aus wie eine große Rochade, mit der die junge Republik seinerzeit ihr politisches Zentrum aus der Gefahrenzone der Ost-West-Konfrontation in die Sicherheit des westlichen Rheinufers verlagert. Nun, in einer veränderten Welt, kehrt dieser politische Schwerpunkt dahin zurück, wo die deutsche Politik ihre stärksten Prägungen erfahren hat, im Guten wie im Bösen. Nur das in Schwang gekommene Urteil bleibt Geschwätz: dass die Politik in Bonn in einer geschützten Idylle gesessen habe, während sie erst jetzt in die Dimension verantwortungsvollen Handelns hineinwachse. So harmlos war das halbe Bonner Jahrhundert auch nicht. Es hatte seine abenteuerlichen Seiten, und nur sein Erfolg macht sie heute vergessen.

Aber ein Einschnitt ist die Wiedereröffnung Berlins als politische Hauptarena eben doch. Nun muß sich zeigen, was an dem rhetorischen Schlagabtausch war, mit dem sich die politische Klasse die letzten Warte-Jahre vertrieben hat: Wird Berlin die Politik, ihre Maßstäbe, am Ende gar die Bundesrepublik verändern? Oder wird sie so bleiben, wie Bonn sie gemacht hat? Die Frage hat den Charme, daß die Antwort nur lauten kann: beides. Natürlich wird sich der politische Betrieb, diese unendliche Geschichte, die ein paar tausend Menschen auf engstem Raum täglich aufführen, angetrieben von Machtwillen, Ehrgeiz und der unbändigen Lust am Strippenziehen, nicht ändern, nur weil sie sich nun zwischen Reichstag und Staatsratsgebäude abspielt. Aber ohne Folgen wird es für sie auch nicht bleiben, daß sie hineingerückt ist in eine Stadt mit Ecken und Kanten, in den Teil des Landes, in dem sich die Dinge härter begegnen als anderswo.

Aber es soll ja auch nicht ohne Folgen bleiben. Man hätte den Umzug besser bleiben lassen, wenn er nicht mehr wäre als ein Tapeten- und Adressenwechsel, nach dem die Regierung Großstadtluft schnuppert und die Abgeordneten auf die Spree statt auf den Rhein blicken. Er soll die Republik näher und massiver konfrontieren mit den Herausforderungen, vor denen sie steht: Einheit, europäische Mittellage, Erneuerung ihrer Strukturen für die Zukunft. Er soll die in Ehren fünfzig gewordene Bundesrepublik neu begründen und befestigen in einem veränderten Land, in einer sich mächtig wandelnden Welt.

Täuscht es, wenn man den Eindruck hat, etwas von der Aufbruch-Bereitschaft, die ein solcher Anfang verdient, sei in Berlin endlich spürbar? Vielleicht ist es doch nicht nur das schöne Spätsommerwetter, das in diesen Tagen eine zarte Hochstimmung über die Stadt legt, vergleichbar den Wochen, da Christos Reichstagsverhüllung ein Gefühl der Leichtigkeit des (Berliner-)Seins verbreitete. Wie weggewischt sind die Auseinandersetzungen über den Umzug, wie ausgelöscht die Vorbehalte gegen die Stadt. Fast möchte man die Formel hervorholen, mit der Berlin in alten Zeiten seine Zuversicht ausgedrückt hat: »Berlin, jetzt freue dich!« Aber freuen sollten sich nun alle Deutschen.

Wenn aus Wunder Alltag wird

8. November 1999

Der zehnte Jahrestag des Mauerfalls wird in Berlin mit einer Fülle von Veranstaltungen begangen. Im Mittelpunkt steht ein Festakt im Bundestag. Er ist allerdings bis kurz vorher noch umstritten, weil zu den Rednern neben den früheren Staatspräsidenten von USA und Sowjetunion, Bush und Gorbatschow, zwar Bundeskanzler Kohl gehören soll, aber keiner der damaligen ostdeutschen Akteure. Nun erhält auch Joachim Gauck, der Leiter der Stasi-Behörde, das Wort. Für den Abend ist auf dem Pariser Platz vor dem Brandenburger Tor und auf anderen Plätzen der Innenstadt eine große Party geplant.

Haben wir die Erinnerung, die wir verdienen? Gut, es muß im Zeitalter der Event-Kultur vielleicht sein, daß heute abend in Berlin auf einem halben Dutzend Podien eine Remmidemmi-Fete abgehen wird. Wem das nicht paßt, der hat den Bundestag, Diskussionen satt, und schließlich ist niemandem verboten, sich auf seine Weise seinen Erinnerungen und Gefühlen hinzugeben. Außerdem hat die Handvoll Autoren, die die Deutungsmacht über die ostdeutsche Befindlichkeit innehat, die verunsicherte Öffentlichkeit schon zur Feier des Tages mit wahren Breitseiten des Vorbehalts und der Problematisierung eingedeckt. Kann man nicht fast den Eindruck gewinnen, die Sieger über das SED-Regime seien in den zehn Jahren seither zu den Verlierern geworden? Es bleibt die Erkenntnis: Die zehnte Wiederkehr des Tages der Tage, vor dem alle kapitulierten, um nur noch »Wahnsinn« zu rufen, begehen die Deutschen mit gemischten Gefühlen.

Natürlich tut man gut daran, diese Gespaltenheit niedriger zu hängen. Unberührt davon bleibt das Faktum, daß von diesem Abend vor zehn Jahren nichts Geringeres als eine neue Epoche ausgegangen ist. Niemand, der seine Sinne zusammen hat, wird auch die ungeheure Veränderung zum Positiven hin leugnen, die

die Vereinigung für die neuen Länder gebracht haben. Selbst eingefleischte Parteigänger des DDR-Sozialismus müßten zumindest zugeben, daß alles das, was ihr Regime nur versprach und nie hielt, inzwischen längst Wirklichkeit geworden ist. Doch hätte man sich damals vorstellen können, daß derjenige, der prognostizierte, es werde mindestens zehn Jahre dauern, bis die beiden Deutschlands zusammengewachsen seien und der deshalb als Pessimist galt, heute wie ein haltloser Optimist erscheint? Und daß das Verhältnis von Ost- und Westdeutschen zur unendlichen Geschichte werden würde – keine Auflösung abzusehen?

Daran ändert wenig, daß wir mittlerweile auch die Gründe dafür ausreichend seziert haben. Ja, es sind die viel zitierten Mühen der Ebenen nach dem großen Umbruch, die wir erleben. Langsam geht uns auf, daß auch eine glückhafte Umstellung die Menschen überfordern kann. Die Jahre der deutschen Vereinigung haben uns gezeigt, wie es ein Land auseinanderzerren kann, wenn sich für die einen (fast) alles und für die anderen (fast) nichts geändert hat. Nach wie vor ist nicht zu übersehen, daß die Ostdeutschen durch ihr kollektives Schicksal und das reale Gefälle zwischen Ost und West benachteiligt sind. Und ebenso offenkundig ist, daß sich in den Befindlichkeits-Scharmützeln, die wir uns liefern, auch die Neigung der Deutschen zum Lamentieren und zum Mäkeln auf hohem Niveau austobt.

Das alles sind Größen, die nicht leicht zu verändern sind. Sie wurzeln in der Geschichte der Teilung, also darin, wie wir, im Westen wie im Osten, in diesen vier Jahrzehnten geworden sind. An diesem Jahrestag des 9. November 1989 ist deshalb nicht daran vorbeizukommen, daß dieser unerhörte Einschnitt ein Paradoxon hervorgebracht hat: daß wir bekommen haben, was sich keiner mehr ausdenken konnte, nämlich die Einheit, aber noch weit davon entfernt sind, sie uns wirklich zu eigen gemacht zu haben. Es bedarf dafür, versteht sich, großer Anstrengungen über die ganze Bandbreite der Politik hin. Aber mindestens ebenso sehr braucht es Ausdauer, Geduld, die Bereitschaft, gelten zu lassen, und den Versuch des Verstehens dessen, was mit den Deutschen passiert ist – nicht erst heute und gestern, sondern in dieser merkwürdigen Zeit, deren Ende heute vor zehn Jahren begann.

Was sind 40 Jahre DDR wert?

14. Januar 2000

Das Jubiläumsjahr 1999 stand im Zeichen von runden Jahrestags-Feiern: 50 Jahren Bundesrepublik, 10 Jahren Mauerfall. Unklar bleibt, was für eine Rolle die 40 Jahre DDR-Geschichte in dieser Geschichts-Sicht spielen. Der sachsen-anhaltinische Ministerpräsident Höppner hatte die Formel »40 plus 10« als Erinnerungs-Perspektive vorgeschlagen. Ein Kongreß debattierte in Berlin unter dem Thema »1949/89/99 Getrennte Vergangenheit – Gemeinsame Geschichte«. Die Historische Kommission der PDS verfaßt ein Papier unter dem Titel »Doppelbiographie der Bundesrepublik«. Aber eine wirkliche Diskussion zu diesem Thema entwickelt sich nicht, weder im Westen noch im Osten.

Zu den Hypotheken, die wir aus dem letzten Jahrzehnt mit in das neue Jahr nehmen, gehören die Schleifspuren, die der Prozeß der deutschen Einigung hinterläßt. Zwar ist die Verwandlung der einstigen DDR in ein neues, von Kopf bis Fuß, vom Straßenbelag bis zum Dachziegel verändertes Land verblüffend weit vorangeschritten. Selbst das nach wie vor erhebliche wirtschaftliche Gefälle zwischen Osten und Westen stellt dieses Fortschreiten der Vereinigung nicht wirklich in Frage. Doch geblieben ist das schwer faßbare Gefühl, das überall im Rücken des Neuen gewachsen ist. Es ist das Bewußtsein einer Zweitrangigkeit bei allen Erfolgen, eine subtile Gekränktheit trotz äußerer Angleichung. Es ist in den letzten Jahren nicht geringer geworden, im Gegenteil.

Es gibt die Einheit, aber es ist eine Einheit in Schräglage. Es ist ja unübersehbar, daß die Ostdeutschen im öffentlichen Leben unterrepräsentiert sind. Gewiß, neuerdings stammt sogar die Generalsekretärin einer Partei aus dem Osten – aber Frau Merkel ist eben doch die Ausnahme, die die Regel bestätigt. Selbst im Sport, in dem die DDR doch Weltniveau hatte, reicht es nicht zu einem Gleichgewicht, jedenfalls nicht dort, wo die Massen sind –

einsam hält Hansa Rostock in der Bundesliga die ostdeutsche Fahne hoch gegen lauter Westvereine. Und doch liegt der Grund dafür, daß der Osten im vereinten Deutschland fremdelt, tiefer.

Er besteht in der unbeantworteten Frage nach dem Ort der DDR-Vergangenheit in der Nachkriegsgeschichte. Das ist keine historische, sondern eine hoch brisante politische Frage. Sie lautet: Was sind diese 40 Jahre wert auf den neuen bundesdeutschen Waagschalen? Sind sie überhaupt etwas wert? Sind sie nicht vielmehr ein Klotz am Bein? Es ist ja richtig, daß die Vereinigung zwar – was alle wollten – die DDR abgeschafft hat. Doch einhergegangen ist damit auch eine Entwertung von Erfahrungen, Leistungen und Überlebenstechniken, kurz von gelebtem Leben. Und damit wird die Sache doch zu einer historischen Frage. Der sächsisch-anhaltinische Ministerpräsident Reinhard Höppner hat sie im vergangenen Jahr aufgeworfen, als er im Blick auf die anstehenden Jubiläen eine Geschichte forderte, in der auch die DDR so vorkäme, daß sich die Ostdeutschen in ihr wiederfinden könnten.

Weit sind wir damit nicht gekommen. Aber wie sähe denn eine solche Geschichte aus? Es kann nicht die leicht gewendete offiziöse DDR-Geschichte sein, die die PDS verficht, doch auch nicht ihre Es-war-doch-nicht-alles-schlecht-Lesart. Die Antwort liegt, vermutlich, in einer Geschichte, die auf dem Feld dieser 40 Jahre erst aufgesucht, ausgegraben und beschrieben werden müßte. Denn es trifft ja nicht zu, daß – wie gelegentlich behauptet wird – die Menschen in der DDR von den Westdeutschen um ihre Geschichte gebracht worden wären. Die ungleich tiefer gehende Enteignung hat in den Jahrzehnten davor stattgefunden, als die SED dem Land ihr Bild der Geschichte oktroyierte.

Diese Geschichte müßte erzählen, wie Menschen mit einem System, das sie sich nicht ausgesucht haben, umgegangen sind. Wie sie sich mit ihm arrangiert haben, sich anpassend und sich ihm entziehend. Wie sie sich Freiräume ertrotzten und wie sie ihre Eigentümlichkeiten verteidigt haben. In dieser Geschichte müßte erkennbar werden, wie Resignation und Rückzug sich ausbreiteten, bis daraus dann doch der Mut erwuchs, im Herbst 1989 auf die Straße zu gehen. Hier müßte auch vorkommen, was der

Essayist Friedrich Dieckmann das »inwendige Kulturleben« der DDR genannt hat – wozu ebenso die Arbeit mancher Verlage, die Anstrengungen von Künstlern und Schriftstellern oder der aufopfernde Kampf der Denkmalspflege gegen Abriß und Verfall gehörten. Kurz: Zu bitten wäre um eine Geschichte der DDR von innen.

Es wäre übrigens kein Heldenlied. Aber es wäre eine Geschichte, die dem Osten seinen Platz in der Bundesrepublik verschaffen könnte.

Editorische Notiz

Mit Ausnahme des Leitartikels »Der erste Tag der Einheit«, der in der *Süddeutschen Zeitung* gedruckt wurde, sind alle Artikel als Leitartikel in der Berliner Tageszeitung *Der Tagesspiegel* erschienen. Der Abdruck erfolgt in der Form, in der sie damals veröffentlicht wurden. Nur Druckfehler und offenkundige Entstellungen sind korrigiert worden. Auch die Überschriften wurden in der Regel beibehalten. Überschriften entstehen im Gespräch; ich danke den Kollegen, die sie mit mir gesucht und gefunden haben.

H. R.